国家社科基金
后期资助项目
GUOJIA SHEKE JIJIN HOUQI ZIZHU XIANGMU

西美尔的
宗教理论研究

A Study of Simmel's Theory of Religion

邵铁峰　著

社会科学文献出版社
SOCIAL SCIENCES ACADEMIC PRESS (CHINA)

国家社科基金后期资助项目
出版说明

  后期资助项目是国家社科基金设立的一类重要项目，旨在鼓励广大社科研究者潜心治学，支持基础研究多出优秀成果。它是经过严格评审，从接近完成的科研成果中遴选立项的。为扩大后期资助项目的影响，更好地推动学术发展，促进成果转化，全国哲学社会科学工作办公室按照"统一设计、统一标识、统一版式、形成系列"的总体要求，组织出版国家社科基金后期资助项目成果。

全国哲学社会科学工作办公室

目　录

导　论

一　西美尔的学术命运

在 1918 年去世之前，格奥尔格·西美尔（Georg Simmel，1858 – 1918，又译格奥尔格·齐美尔）已经出版了《道德科学导论》（*Einleitung in die Moralwissenshaft*）、《货币哲学》（*Philosophie des Geldes*）、《社会学》（*Soziologie*）等著作，发表了诸多论文与评论。他曾与韦伯、滕尼斯（Ferdinad Tönnies）一道创办德国社会学学会（German Sociology Association），并曾受邀出任会长一职（西美尔拒绝了），亦曾与胡塞尔共理《逻各斯》学刊。当时的知名学者如施默勒（Gustav von Schmoller）、韦伯、特洛尔奇（Erst Troeltsch）对西美尔都极为称许。然而，在当时的大学中，西美尔的成就几乎不被承认。终其一生，西美尔都处于德国的学术体制的边缘地位。造成该境况的主要原因之一是当时德国大学中盛行的反犹气氛。此外，他的一些同事也嫉妒他的受欢迎程度。[1]

1885 ~ 1900 年，西美尔在柏林大学任编外讲师，其工资依赖于学生听课所缴纳的费用。1901 年，在做了长达 15 年的编外讲师后，西美尔终于成为柏林大学的副教授，不过是名誉性的，无权参与学术委员会的事务。西美尔能得此职，在很大程度上是由于施默勒的努力。[2] 1908 年，海德堡大学哲学系亦曾考虑授予西美尔哲学教席。该系将西美尔称为当时哲学教师中"最为独特的人。人们无法以任何一般的流派来定位他；他总是特立独行。……毫无疑问，以其渊博的学识、极富洞察力的理智，西美尔能将社会学从经验性的数据收集与一般性思考提升到一门真正的哲学学科的层次——如果有人堪以此任的话。……（如果西美尔到海德堡大学执

---

[1] David Frisby, *Georg Simmel*: *Revised Edition*（London: Routledge, 2002），pp. 22 – 26.

[2] David Ashley, David Michael Orenstein, *Sociological Theory*: *Classical Statements*（Boston: Allyn and Bacon, 2001），p. 306.

教）作为整体的社会科学与它的所有分支都将找到一位别处所没有的综合性代表"。① 当时，一道被提名的还有李凯尔特（Heinrich Rickert），他与西美尔私交甚笃，且已在弗莱堡大学有哲学教职，故拒绝了提名。其时，韦伯已经从海德堡大学离休，他非常欣赏西美尔的才能，亦对西美尔做了强力推荐。如此一来，似乎很自然的，该教职应非西美尔莫属，但是，西美尔仍未能得到这一职位。② 对西美尔所遭遇的这种冷遇，韦伯极为痛惜。③

不过，公平而言，这种冷遇绝不能仅仅归于诸如反犹气氛这样的外界因素，亦可归于西美尔的学术思想本身的一些特点。伽达默尔曾将马克斯·舍勒（Max Scheler）称为"思想的挥霍者"，因为后者"拿来又给去，他是无限的富有——却不保留任何东西"。④ 基于同样的理由，我们似乎也可将西美尔冠以同样的称号⑤——虽然他的知名度不及舍勒。西美尔一生著述颇丰，论笔涉及哲学、社会学、伦理学、美学等诸多领域；在他的同时代人当中，他不仅被视为社会学家，也经常被视为哲学家、心理学家与美学家。他本人深受康德、黑格尔哲学的影响，但是，较之于这两位巨人让人头疼的严谨性与体系化，西美尔让人头疼的是他的跨学科性、碎片化与琐细。这实际上也是他长期无法被学院体制接受、无学派流于后世而只有

---

① David Frisby, *Georg Simmel*: *Revised Edition*, p. 31.

② Yoshio Atoji, *Sociology at the Turn of the Century*: *On G. Simmel in Comparison with F. Tönnies*, *M. Weber and É. Durkheim*, trans. by Y. Atoji, K. Okazawa and T. Ogane（Tokyo: Dobunkan Publishing Co., Ltd., 1984），p. 48.

③ 该职位空缺了一年，第二年提供给了特洛尔奇，参见 David Frisby, *Georg Simmel*: *Revised Edition*, p. 32。日本学者阿闭吉男提供的另外一种说法是：未聘的原因很复杂，其中一个是，一位公爵夫人介入了这一事务，她认为，西美尔的宗教观过于相对主义化，并且不忠实于圣经。在这种情况下，迈尔（Heinrich Maier）虽然不如西美尔，却得到了聘请，参见 Yoshio Atoji, *Sociology at the Turn of the Century*: *On G. Simmel in Comparison with F. Tönnies*, *M. Weber and É. Durkheim*, p. 48。另外，1915 年（其时，西美尔已身在德法交界处的斯特拉斯堡大学任哲学教授。时值一战，学校被征用为战时医院，教授一职名不副实），海德堡大学的文德尔班（Wilhelm Windelband）与拉斯科（Emil Lask）逝世，空出两个教席，西美尔再次被列为候选人之一，但再次惜败。参见成伯清《格奥尔格·齐美尔：现代性的诊断》，杭州大学出版社，1999，第 15、21 页。

④ 倪梁康：《现象学及其效应：胡塞尔与当代德国哲学》，三联书店，1994，第 301 页。

⑤ 默顿（Robert K. Merton）认为，西美尔"扑向社会学咽喉要害的本能很少使他失望，虽然他常常随后就感到厌烦"。参见〔美〕默顿《社会理论和社会结构》，唐少杰、齐心等译，译林出版社，2006，第 504 页。

"弥散性"影响的重要原因之一。① 这些特点不仅表现在他所关注的研究对象上，他一生撰写了大量有关"不登大雅之堂、非学术对象"，如笑、卖淫、卖弄风情等的小品文，不少发表在并非专载学术论文的刊物上；而且表现在他的写作风格上，西美尔的论文中，令人叫绝的"类比"随处可见，思想灵光亦时时闪现，这种似乎带有诗性的思维方式自然有时显得欠缺逻辑上的严密性，这也是涂尔干、韦伯对他进行批评的原因之一。他最广为人知的大部头著作《社会学》（1908 年出版，但该书问世之前，里面的章节都以论文的形式发表过）与《货币哲学》问世之后，让人疑惑与诟病不已的缘由之一是：它们到底是不是系统性的。② 哈贝马斯慷慨地将西美尔誉为"时代的诊断者"，但终究不无遗憾地提醒我们"西美尔的非系统性"。③ 这对我们的阅读、理解都造成了一些困难。④ 职是之故，不论是在社会学领域，还是在哲学领域，人们对西美尔的反应都显示了一定程度的冷漠。

在社会学领域，与马克思、韦伯、涂尔干这些学界众所周知的古典社会理论家相比，西美尔的知名度显然要小得多。他的思想影响了当时及后世的许多学者，但是，对他的研究长期以来饱受冷落。《货币哲学》于1900 年初版，1907 年增订再版，但迟至 1978 年方有英译本，而他早期（1890 年发表）的著作《论社会分化》（*Über sociale Differenzierung*）至今尚无完整的英译本。⑤ 西美尔死后长遭冷落的原因有很多，不少学者有所

---

① 这一说法是由科瑟提出的，Lewis A. Coser, "Introduction," in *Lewis A. Coser*, *ed.*, *Georg Simmel* (Englewood Cliffs, N. J.: Prentice - Hall, 1965), pp. 23 - 24；皮兹瓦拉（E. Przywara）亦持相同看法：西美尔的思想"飘到四方，消散于他人的思想之中"（〔德〕皮兹瓦拉：《齐美尔、胡塞尔、舍勒散论》，载《东西方文化评论》第 4 辑，北京大学出版社，1992，第 256 页）。

② David Frisby, *Georg Simmel: Revised Edition*, pp. 115 - 120.

③ Jürgen Habermas, "Georg Simmel on Philosophy and Culture: Postscript to a Collection of Essays," trans. by Mathieu Deflem, *Critical Inquiry* 22 (1996): 405.

④ 但是，似乎也正是这种显得琐细的风格适合发挥西美尔"同时代人所不具备的直观理解力"。他文字的精微处与穿透力，不少就体现在这些碎片中。例如，早在 1911 年的《上帝的位格》（Die Persönlichkeit Gottes）〔该论文被 A. Javier Trevino 誉为西美尔的宗教著作中"理智上最有启发性"的一篇，"On Durkheim's Religion and Simmel's 'Religiosity'," *Journal for Scientific Study of Religion* 37 (1998): 194〕中，西美尔对"回忆"的描述，即表现出了现象学的内时间意识。

⑤ John Scott, *Fifty Key Sociologists: The Contemporary Theorists* (New York: Routledge, 2007), pp. 152 - 153.

论及，有人认为，这种"冷落"和一个有着绝大影响力的美国社会学家帕森斯有关。[①] 实际上，在 20 世纪早期的美国社会学界，在一些介绍性文本中亦可见到西美尔的名字。有学者认为，当时，西美尔的知名度尚大于韦伯、涂尔干、马克思。但这之后，他就销声匿迹了。[②] 直至 20 世纪 50 年代，沃尔夫（Kurt H. Wolff）将他的一些文字翻译成英文后，西美尔才逐渐引起学界的注意。之后又通过科塞（Lewis A. Coser）、霍曼斯（Georg Homans）、布劳（Peter Blau）、戈夫曼（Erving Goffman）等人的介绍，西美尔被重新发现，甚至在某种程度上出现了所谓"西美尔复兴"。

在哲学领域，西美尔亦遭受了类似的命运。据伽达默尔所说，海德格尔曾亲口提到他很欣赏西美尔的后期著作，[③] 近些年也已经有学者开始注意到西美尔与诸如胡塞尔、海德格尔这样的哲学家之间的理论联系。[④] 但是，卢卡奇曾经提出的一个著名问题，时至今日似乎依然有效：为何西美尔仅仅成了一个令人称许的、杰出的启发者，而不是真正伟大的划时代的哲学家？卢卡奇认为，对西美尔这种"失败"的解释同时也揭示了他最丰裕的能力：若强调积极的方面，则可见他的毫无约束的、无限的敏感；若强调消极的方面，则是中心的缺失，无力做出最终的选择。西美尔是我们时代最伟大的过渡性哲学家，是真正的印象主义哲学家（philosopher of

① Frank J. Lechner, "Social Differentiation and Modernity: On Simmel's Macrosociology," in Michael Kaern and Bernard S. Phillips, eds., *Georg Simmel and Contemporary Sociology* (Dordrecht: Kluwer Academic Publishers, 1990), p. 155; Heinz – Jürgen Dahme, "On the Rediscovery of Georg Simmel's Sociology," in *Georg Simmel and Contemporary Sociology*, p. 18. 当然，亚历山大已经指出了，帕森斯的《社会行动的结构》原稿实际上是有关于西美尔的论述的。可参见〔美〕亚历山大《新功能主义及其后》，彭牧、史建华、杨渝东译，译林出版社，2003，第 130 ~ 144 页。现在也有越来越多的学者开始注意到帕森斯从西美尔那儿汲取的精神资源，关于这方面的研究，可参见 Gary Dean Jaworski, "Parsons, Simmel and Eclipse of Religious Values," in David Frisby, ed., *Georg Simmel: Critical Assessments*, Vol. Ⅲ (London: Routledge, 1994), pp. 342 – 353; Gary Dean Jaworski, *Georg Simmel and the American Prospect* (New York: State University of New York, 1997), pp. 45 – 60.

② John Scott, *Fifty Key Sociologists: The Contemporary Theorists*, pp. 152, 154. 美国早期对西美尔作品的翻译，可参见 Gary Dean Jaworski, *Georg Simmel and the American Prospect*, pp. 3 – 28.

③ 〔德〕伽达默尔：《诠释学Ⅰ：真理与方法》，洪汉鼎译，商务印书馆，2013，第 347 页。

④ Gary Backhaus, "Husserlian Affinities in Simmel's Later Philosophy of History: The 1918 Essay," *Human Studies* 26 (2003): 223 – 258. 亦可参见 John E. Jalbert, "Time, Death, and History in Simmel and Heidegger," *Human Studies* 26 (2003): 259 – 283.

Impressionism）。① 西美尔没有开宗立派，没有系统性的学术传人，对他的研究长时间的沉寂似乎也印证了卢卡奇的这种判断。

二　西美尔的宗教理论概述

尽管如今人们对西美尔已经有了再发现，但我们仍然不难看到，在社会学领域，人们对西美尔的了解也更多地局限于他对 20 世纪冲突论、交换论与符号互动论的影响；② 在哲学领域，人们对西美尔的了解则主要局限在生命哲学。退一步讲，如果说 "复兴" 这种判断适用于西美尔的社会理论的话，那么，"冷落" 仍适用于描述西美尔宗教理论的研究现状。1999 年，哈曼德（Phillip E. Hammond） 等人编纂并翻译了西美尔大多数的关于宗教的作品，以《宗教论文集》（Essays on Religion） 为名出版。哈曼德在英文版的 "前言" 中简要介绍了西美尔宗教作品的英译情况之后，不无遗憾地承认，在美国，甚至在德国本土，西美尔的宗教思想仍然鲜为人知，③ 甚至西美尔对宗教的兴趣常常被视作令人困窘的。④

然而，综观其学术生涯，西美尔的确不断地在关注宗教问题，这种对宗教的兴趣在其自身思想的发展中占有重要地位。⑤ 1899 年，在给李凯尔特的一封信中，西美尔说："没有任何一门课程能够像宗教哲学一样令我满足，同时，这门课也是德国大学最难教授的课程，因此，我对它有着持久的兴趣。"⑥ 他不仅就宗教问题撰写了一系列的专门论文，而且在诸如《货币哲学》《现代文化的冲突》这样并非直接以宗教为研究对象的作品中亦频频论及宗教问题。西美尔对宗教问题的种种诠释，远不只是 "宗教" 研究。因为在他这里，宗教不仅与其他各种文化现象（如货币）深

---

① Georg Lukacs, "Georg Simmel," in David Frisby, ed., *Georg Simmel：Critical Assessments*, Vol. Ⅲ, p. 98.

② Ruth A. Wallace & Alison Wolf, *Contemporary Sociological Theory：Expanding the Classical Tradition* (New Jersey：Prentice Hall, 1999), pp. 76, 174.

③ Phillip E. Hammond, "Foreword," in Georg Simmel, *Essays on Religion*, ed. & trans. by Horst Jürgen Helle and Ludwig Nieder (New Haven：Yale University Press, 1997).

④ John McCole, "Georg Simmel and the Philosophy of Religion," *New German Critique* 94 (2005)：9.

⑤ John McCole, "Georg Simmel and the Philosophy of Religion," *New German Critique* 94 (2005)：11.

⑥ 转引自 Carl - Friedrich Geyer, "Georg Simmel：eine Religion der Immanenz," *Zeitschrift für Philosophische Forschung* 45 (1991), S. 186。

刻地勾连在一起，不仅是现代性在宗教领域的一种具体表达，而且是现代人的文化命运的一条可能出路。作为时代的诊断者，西美尔对现代社会中宗教处境问题的诊断，对文化的本质及现代文化冲突的解读，对新的宗教形式的哲学构思，无一不反映他对现代人的精神结构和生存处境的反思。在此意义上，对西美尔宗教理论的阐发就是对现代人的生命感觉、价值意识的一种独特的理解。就此而言，对他的宗教理论的剖析，就是对不同于韦伯、涂尔干、马克思的另一条古典社会理论路向的剖析，也是对继承并综合了康德、黑格尔、尼采的另一条哲学路向的剖析。

　　西美尔对现代人的宗教渴望的一个基本论断是：对今天的大多数人而言，宗教信仰的彼岸对象已不具备信服力了，但是，他们的宗教追求并未消失。过去，这种追求一般是通过新的、合适的教义内容而得到满足的，但是，这种新旧宗教教义之间的交替已不再有效。① 这一论断的佐证之一是，他留意到，迈入 20 世纪以来，不少精神程度发展较高的人已经开始以神秘主义（Mystik）满足自己的宗教需要。他认为，这些人转向神秘主义是出于双重动机。第一，已有的客观形式将宗教生活转化为客观、内容确定的序列，已不再能充分地满足宗教生活；第二，现代人的宗教追求（Sehnsucht）并未枯竭，而只是另寻目标与出路。在神秘主义中，宗教形式的明晰性与界限规定都丧失了效力。上帝超越了任何形式，宗教情感也突破了任何教义限制，它的发展仅仅来自灵魂的渴望。但是，神秘主义尚未独立于所有的超验结构而只是独立于确定的、内容得到规定的形式。② 他为现代文化困境中仍有着宗教需要的人指明的出路是宗教性（Religiosität）。

　　总体而言，宗教性是西美尔宗教理论的核心概念，但是，在他的作品中，宗教性可分为两个层面。在第一个层面上，西美尔指出："如果上帝与个体灵魂之间存在一种联系，那么，我们被给予的只是个体灵魂这一方面。宗教仅仅是人借由构成这种关系整体的一个方面的主体态度，或者

① Georg Simmel, "Der Konflikt der modernen Kultur," in *Georg Simmel Gesamtausgabe*, Bd. 16, Hrsg. von Otthein Rammstedt（Frankfurt am Main：Suhrkamp, 1999），S. 202 – 203. 下文只注明全集的简称（*GSG*）、卷数（Bd. x）、出版年份和页码。译文参照了英译本［Georg Simmel, *Essays on Religion*, ed. & trans. by Horst Jürgen Helle and Ludwig Nieder（New Haven：Yale University Press, 1997）］与中译本（《现代人与宗教》，曹卫东等译，中国人民大学出版社，2003）。

② Georg Simmel, "Der Konflikt der modernen Kultur," *GSG* 16, 1999, S. 201 – 202.

说，它只是对这种整体实在的主体反应。它是人的一种感觉、信仰、行为，或者人们可以将它列为一种功能，该功能形成或表现了与上帝的关系中的主体这一方，它只是我们灵魂的一种状态或过程。"① 宗教性是生命整体表达自身的一种内在形式，它的这种特性是以由柏格森与尼采所启发的生命哲学为基础的。在这一层面上，宗教性就是内在的生命本身，它是一种完全的个人宗教，我们可称之为"生命宗教性"。在第二个层面上，宗教性作为一种特殊的情感内容（Gefühlsinhalt），源于个体间相互作用的形式（Form inter – individueller Wechselwirkung），这种情感将自身转化为与一种超验理念之间的关系（Verhaltniß），就形成了一种新的范畴（宗教），使源于人与人之间关系的形式与内容得以充分发挥。② 这种宗教性包含无私的奉献与热诚的愿望，顺服与反抗、感官的直接性与精神的抽象性的独特混合，从而形成了某种程度的情感张力、内在联系的真诚性与坚定性，以及主体在更高秩序内的态度，这种秩序同时被当作内在的、与主体自身相关的。③ 在这一层面（人与人之间的关系）上，西美尔为这一准康德式的问题——宗教是如何可能的——提供了以人类经验为基础的答案。易言之，宗教性就其最终根源（社会关系）而言，仍属经验范畴，我们可将这一层面的宗教性称为"社会宗教性"。

三 研究综述及本书的结构

西美尔在写作上的琐碎风格也时常表现在他的宗教理论方面。韦伯、涂尔干皆有宗教社会学专著，但西美尔的一系列讨论散见于各种论文、著作中，这其中包括专门以宗教为研究对象的，也包括以非宗教为研究对象的，因此，梳理、提取他的宗教理论本身也是一项耗时耗力的工作。

但是，这并不意味着，西美尔的宗教理论本身也全然是碎片化的，相反，他对于宗教的思考确实贯穿着一条主线，即生命宗教性与社会宗教性这两个层面的宗教性最终统一于他的如下看法：并非（客观）宗教创造了宗教性，而是宗教性创造了（客观）宗教。④ 这也是西美尔的宗教理论的整体思路的一条基本线索。从宗教性到宗教并非一蹴而就，亦非排他性的

---

① Georg Simmel, "Beiträge zur Erkenntnistheorie der Religion," *GSG* 7, 1995, S. 9.
② Georg Simmel, "Zur Soziologie der Religion," *GSG* 5, 1992, S. 274.
③ Georg Simmel, "Zur Soziologie der Religion," *GSG* 5, 1992, S. 269.
④ Georg Simmel, "Die Religion," *GSG* 10, 1995, S. 49.

过程，相反，从宗教性到宗教可能是曲折演化的过程，也可能指向多元的信仰对象，而不仅是宗教领域中的上帝。笔者认为，宗教性的两种形式至少表明，西美尔的宗教理论本身所蕴含的生命宗教性与社会宗教性这两个层面分别对应着宗教哲学与宗教社会学这两个领域。概而言之，生命宗教性可划归其生命哲学，社会宗教性则可划归其形式社会学。本书的研究主题即在于分别从宗教社会学与宗教哲学的视角出发，深入分析西美尔的宗教理论，并最终展现这两种视角在他这里的统一性。因此，本书将尽可能地体现西美尔的宗教理论的系统性，注重展示其发展的内部逻辑关联。当然，对这种系统性的强调并不意味着将诸多论题硬性地塞到某个事先设置好的框架中，而是如实地展示这些论题在历史进程中或隐或显的逻辑联系，但又避免窒息它们本有的复杂性与张力。

当然，西美尔的相关论述并没有像我们现在所做的这样进行了一种有意识的区分，相反，他的论述时常显示出极其明显的跨学科性与综合性。这一点已经成了诸多研究者的共识。对西美尔宗教理论的最为全面与深刻的研究应该是克莱齐（Volkhard Krech）的《西美尔的宗教理论》（*Georg Simmel's Religionstheorie*）一书。克莱齐曾参与《西美尔全集》第八卷、第十卷的编纂，他指出，把握西美尔理解宗教现象之方式的难处，至少部分地可归结于这一事实：西美尔并非以一种独一的视角，而是以多种视角来处理宗教问题的。克莱齐区分了四个层次：心理学、社会学、文化研究与生命哲学。值得注意的是，克莱齐勾勒了世纪之交德国学界对宗教的跨学科争论的主要关切所在。人们可以发现，一些主要的新教神学家都成了西美尔的精神来源，如施莱尔马赫、哈纳克（Adolf von Harnack）、利舍尔（Albrecht Ritschl）等。如果人们意识到，神秘主义——对本真宗教体验的寻求——处于当时知识人的关切核心，那么，发现西美尔甚至从埃克哈特（Meister Eckhart）处获取灵感，就不那么令人吃惊了。[①]

麦克科尔的出色研究《西美尔与宗教哲学》（Georg Simmel and the Philosophy of Religion）几乎介绍了所有关于西美尔宗教理论的研究，并为后来者的讨论确定了新的标准。麦克科尔特意强调，西美尔对"文化悲剧"的分析广为人知，但是，其中所蕴含的宗教面向至今未得到重视。麦

---

① Volkhard Krech, *Georg Simmels Religionstheorie* (Tübingen: Mohr Siebeck, 1998). 此处对于该书的概括与评价，参考了 Astrid Reuter, "Review," in *Numen* 47 (2000): 207–209.

克科尔亦注意到西美尔"宗教性"概念的歧义性：西美尔曾将宗教性描述为无须超验内容、教义与机构的纯粹主体性，但是，在《宗教的处境问题》中，他开始将宗教性解释为一种"生命"方式，这意味着"宗教性的"人"宗教地"生存着，而非"有"某种宗教。通过他扎实细致而富有创造力的解读，麦克科尔发现，西美尔的宗教理论揭示了他对现代文化的复杂、含混的态度。①

　　拉尔曼斯（Rudi Laermans）对西美尔的宗教理论的阐释亦注意到了这种含混性。他认为，西美尔的宗教理论结合了康德的知识论与尼采和柏格森的生命哲学；在对宗教性的阐释中，则经常摇摆于个体或心理学与社会或社会学层面。作为生命的基本形式，宗教性同时是一种生存与社会先验形式。在这两种情况中，它都关涉存在之特殊但又可比较的方式，然而，西美尔并没有在作为主观形式与主体间性形式的宗教性之间做出清晰的区分，因此，含混性或双重性难免。拉尔曼斯正确地指出，在1904年发表的《生命的矛盾与宗教》（Die Gegensätze des Lebens und die Religion）中，西美尔提出，人类需要宗教以调节其需求与满足、意愿与行为、理想的世界图景与现实之间的无序，这一论题表明，西美尔跨越了将宗教社会学与宗教哲学分离开来的鸿沟。或者说，西美尔的宗教社会学有时会转换为"虔诚的"社会学（religious sociology）。②

　　日本学者阿闭吉男在比较涂尔干、西美尔两人的宗教社会学时，引用的西美尔的文献主要是《论社会分化》与《论宗教》。这似乎也反映了西美尔研究中的一种尴尬：研究者不知该如何对西美尔的著作进行学科界定。将《论社会分化》归入社会学范畴大概没有问题，但是，《论宗教》是否可以同样归入此范畴，学界并没有统一之见。阿闭吉男认为，西美尔对宗教的哲学思考是将宗教视为人的主观心态。对涂尔干来说，他对宗教的兴趣主要是社会学层面的，宗教哲学并不具有中心地位；对西美尔而言，宗教社会学与宗教哲学是共存的，也是紧密联系着的。③

---

① John McCole, "Georg Simmel and the Philosophy of Religion," *New German Critique* 94 （2005）：8 – 35.

② Rudi Laermans, "The Ambivalence of Religiosity and Religion：A Reading of Georg Simmel," *Social Compass* 53 （2006）：479 – 489.

③ Yoshio Atoji, *Sociology at the Turn of the Century：On G. Simmel in Comparison with F. Tönnies, M. Weber and É. Durkheim*, p. 104.

如果简单地将西美尔的宗教理论归入宗教哲学论域，或是简单地归入宗教社会学论域，均可能有削足适履之嫌，职是之故，本书在坚持西美尔的宗教理论的系统性的前提之下，亦试图兼顾这两种视角，从宗教社会学与宗教哲学两个角度来展开讨论。事实上，我们也将看到，不论是对客观宗教，还是对生命宗教，西美尔的论述都表现出了极大的张力。例如，西美尔虽然提出了要回归宗教性的方案，却仍然不断地论及客观宗教（他经常会对"上帝之国""基督徒都是兄弟姐妹"这样的教义进行阐释）；他虽然提出了生命宗教的构想，却又显得犹疑不定。本书拟在西美尔整个思想框架中梳理其宗教理论，在学术脉络中把握他的主要思路，展示其宗教社会学与宗教哲学的主旨，并发掘二者之间的逻辑关联。

在具体的讨论中，本书首先处理其宗教社会学（这一部分涉及社会宗教性与客观宗教），其次讨论其文化学说，最后探讨其宗教哲学（这一部分涉及生命宗教性与个体宗教）。这三部分将从整体上展现其宗教社会学与宗教哲学的统一。之所以如此设置，主要出于三方面的考虑。首先，从时间顺序上讲，西美尔的宗教哲学是以生命哲学为底色的，属于他后期的思考，因此，循序进行介绍是一个比较合理的选择。其次，从研究内容上讲，西美尔的文化学说基本上可区分为两个层次，即文化的危机与文化的冲突，前者表现为客观宗教对主观文化的优势，因而可划归宗教社会学，后者则表现为西美尔所设想的个体宗教的可能性与现实性，因而可划归宗教哲学。这表明，对于其文化学说的论述乃是一个重要的中间环节，它上承其宗教社会学，下启其宗教哲学。最后，从论述逻辑上讲，他后期的宗教哲学涉及对其前期的宗教社会学的统摄与重释，以他后期的理论来审视、评判前期的理论，可更清晰地凸显出其前后期思想的连续与修正之处。

本书的第一部分重在论述西美尔的宗教社会学。欲理解西美尔的宗教社会学，首先即需理解其形式社会学，因此，这一部分的第一章主要评析西美尔的社会学的三个层面，即一般社会学、形式社会学与哲学社会学，指出其形式社会学的研究对象是人与人之间关系的互动形式（社会化形式）以及人们卷入这些形式的类型，并通过它与韦伯的宗教社会学的一个比较，凸显西美尔的形式社会学的特点及其对于相对主义方法论的运用。第二章与第三章分别论及西美尔所说的"宗教性"的两个环节，即宗教信仰与宗教的统一化功能。第二章围绕着"宗教信仰"问题，梳理了西美尔对于理论信仰－宗教信仰以及一般的宗教信仰－纯粹的宗教信仰之间的双重区分，特别厘清了他将现代人对货币的信任称为"宗教信仰"的深层原因。在此基础上，研究也指出，西美尔虽然扩大了"宗教信仰"的外延，并始终谨慎地将对货币的信仰视为与纯粹的宗教信仰有所区别的一般性的宗教信仰，但由于他将货币视为功能独立于其质料的纯粹符号，视为一种纯粹形式化的理想的表征，这实质上与他对宗教信仰的界定产生了矛盾。第三章关注在个体人格兴起的历史语境中，西美尔是如何保证宗教的"统一化"功能的。这一章重点发掘了货币在现代文化中对于个体自由的双重作用，即个体自由随着经济世界的客观化（Objectivierung）与祛人格化（Entpersonalisierung）而提升，但同时，自由淡化了规定性的维度，使得现代人的灵魂中心欠缺确定性。在这种处境中，宗教所提供的统一化功能与"上帝"观念大有干系，后者既存在于社会统一中，也是该统一的表达，从而维系着人之此在的统一（Einheit des Daseins）。第四章将社会理论与神学的对话作为基本框架，分别以"社会的统一"与"个体的统一"为中心，分析了西美尔是如何将神学论题转化为社会学表达的，又是如何将一种神学意蕴贯彻到他的宗教社会学中的，呈现了他对于社会理论与神学之对话这一议题的贡献。

第二部分重点讨论了西美尔的文化观念，并将他所理解的现代文化区分为两个层次，即文化的危机与文化的冲突。其中，第五章论述文化的危机的两种表现，即手段取代目的与客观文化的胜利，二者在宗教领域中则分别具体地表现为终极目标的缺失与客观宗教对主观文化的优势，宗教性与宗教的对立从而变成了现代文化的一个病症。第六章重点讨论了文化的冲突即生命与形式的冲突，指出内在生命的本质总是只能在形式中得到表现，而形式却有着自己的独立法则与稳定性，并进而与创造自身的灵魂活力相对峙，这种矛盾就是文化真正与永恒的悲剧（Tragödie der Kultur）。从文化的危机到文化的冲突的转变过程中，西美尔的重心亦相应地从客观宗教转向了一种私人宗教。本书在第一部分的最后一章（第四章）与第二部分的最后一章（第六章）都将重点放在了个体问题上，主要就是为了从学术史的脉络中突出这一问题在西美尔的宗教理论中的特殊地位。

第三部分主要探讨西美尔的宗教哲学，注重在哲学史的脉络中考察西美尔对诸如主体、死亡、人格性等问题的思考。第七章展示了在基督教的上帝退场与现代主体兴起的背景下，西美尔以精神与灵魂的区分来阐释现代文化中的大众化、理智化趋势的优势，以及人们对灵魂拯救问题的冷漠。他也指出，内在宗教性的分化才使得客观宗教成为可能，而这种宗教性本身不是在保证外在于它的形而上存在或价值，相反，它自身就直接地是这种存在或价值，其宗教意义全然位于个体灵魂的品质与活动中。由此，西美尔的宗教哲学就有可能避免传统形而上学中的存在－存在者或神－人之间的对立。第八章提出，西美尔的宗教哲学最终亦融入了主体哲学的浪潮，并成为一种"宗教无神论"。他认为，人的神化或神的人化都难免人与神的对立，但人能够从一开始就克服诸如存在－存在者或神－人对立这样的二元论，因为他们可在灵魂的信仰中，将其宗教存在视为超越了信仰与其对象之间关系的绝对。这一章进一步整理了西美尔对于灵魂的理解，并结合西方的身心关系观指出，西美尔在身体－灵魂的关系问题上坚持的是亚里士多德－阿奎那这一路线。他对于生与死的讨论预示了海德格尔所说的"我在，故我死"，并将基督教的"复活在我，生命也在我"改造成了"死亡在我，拯救也在我"。第九章则试图证明，西美尔笔下的"宗教人"可谓是基督教的"我是我所是"的世俗化版本，他所设想的"宗教人"不仅将宗教作为所有（Besitz）或所能（Können），而且他们的存在本身就是宗教性的。他们以宗教的方式生存，正如我们的肉体以"有机"的方式而运作。西美尔以人在时间中的"回忆"来保证灵魂之统一性，回忆使得过去的事件可保持着自身的同一性并作为后来的事件而再现，从而不仅使过去影响现在，而且使现在亦影响过去。因此，在他看来，人格性并非一个单一的、不变的中心，而是一种不断生成的未完成的事件。西美尔对人格性的统一性的诠释发现了"是"与"有"之间的对立，它不仅在后来的海德格尔的哲学中有所体现，而且与以尼采为代表的"怨恨"观念史之间存在某种精神联系。不过，由于人只能在时间中，并只能通过回忆来联结各个时刻，因此也就无法成为完全、真正的人格－存在。

第一部分

西美尔的宗教社会学

西美尔很早就展示了自己在社会学方面的才华，佐证之一即为：涂尔干自西美尔的《论社会分化》（1890）问世之后就开始对后者的社会学产生了兴趣，他曾翻译过后者的《社会集体的自我保存》（Die Selbsterhaltung der socialen Gruppe）——《社会学》的第八章——并刊于他 1898 年创立的《社会学年鉴》第一卷上。① 针对西美尔的一些主要观点，涂尔干也撰写了一些批评性的文章。

　　具体到宗教社会学方面，西美尔在学术史上亦有着特殊的地位。他的《宗教社会学》（*Zur Soziologie der Religion*）于 1898 年 9 月发表，《论宗教》（*Die Religion*）第一版应他的学生马丁·布伯（Martin Buber）之约于 1906 年列入"社会"（Die Gesellschaft）丛书（同时列入该丛书的还有滕尼斯的《论习俗》与松巴特的《资产阶级》），修订版则发表于 1912 年。相比之下，涂尔干的《宗教现象的定义》1899 年发表于《社会学年鉴》，《宗教社会学与认识论》发表于 1909 年，《宗教生活的基本形式》发表于 1912 年；韦伯的《新教伦理与资本主义精神》发表于 1904～1905 年，《宗教社会学论文集》结集出版时，则是 1920 年。这表明，西美尔的宗教社会学研究要早于涂尔干与韦伯。实际上，在还深受达尔文、斯宾塞思想影响的早期，西美尔所写的《论社会分化》就已经涉及宗教与社会之间的关系。② 因此，将西美尔称为宗教社会学的先行者与开拓者并不为过，虽然他不久就被人们遗忘。

　　之所以被遗忘，大概是因为西美尔包括宗教论著在内的作品不像韦伯、涂尔干的那样工整。西美尔作品特有的非系统性、跳跃性与想象力，既会使读者惊叹于他敏锐的洞察力、穿透力与启发性，又难免会使读者产

①　Yoshio Atoji, *Sociology at the Turn of the Century: On G. Simmel in Comparison with F. Tönnies, M. Weber and É. Durkheim*, pp. 99 – 100, 102.

②　Yoshio Atoji, *Sociology at the Turn of the Century: On G. Simmel in Comparison with F. Tönnies, M. Weber and É. Durkheim*, pp. 91, 121.

生被思想追逐的疲惫感：他总是不停地从这一现象转到另一现象，从这一概念转向另一概念，但在一个地方往往又不进行彻底的说明，当我们准备进入这一个问题的时候，他的笔触可能已经移向了另一个问题。因此，当我们叹服于他的想象力，又遗憾他未能将这一问题深入下去的时候，我们可能会在其他论作中发现他对同一问题进行了发挥，虽然难免重复，但总是会与其他现象、其他问题联结在一起，因此，必然会显得有所深入、有所新意。这种写作手法看起来似乎不可能如同涂尔干、韦伯的那样线索分明：读者在阅读西美尔的作品时，或许会感到他的思想在对无穷无尽的断片的描述、把握中变得越来越丰富，却不免显得庞杂。

西美尔的相对主义原则使他能够在诸多的形式、内容之间自由漫步，克服遥远现象之间的距离。他的宗教理论亦体现出这一特征。一方面，爱欲与宗教、货币与宗教、社会与宗教之间的类比联系散见于诸多作品、主题中，它们之间的相似性是西美尔特意提醒我们要注意的；另一方面，他在一些议题的论述中所表现出来的相似性，如宗教性理论与价值理论之间隐而不显的关联，虽然他并未特意指明，我们却能根据他论述中体现出的相似逻辑和阐释而在它们之间建起联系。笔者在此所做的工作之一就是努力在他的诸多作品中提取他的宗教理论，将他在不同主题、不同论域中的思想断片串联起来，并在糅合这些断片的同时，指出西美尔思想的连续性，进而与宗教社会学中的相关论题联系起来看他的宗教理论的解释效力。

第一章　西美尔的社会学与方法论

一　西美尔的社会学

西美尔在早期的著作《论社会分工》与《道德科学导论》中十分明显地表现出了斯宾塞式的对人类社会进步发展的信仰，但是，尽管有着明显的达尔文主义倾向，西美尔却拒绝了斯宾塞与孔德对社会学的理解。后二者将社会学视为无所不包的综合性科学，是所有其他科学的女王；西美尔则认为，为了将社会学建设成为一门真正独立的关于社会的科学，社会学须拥有得到明确界定、承认科学分析的对象。在其成熟期，西美尔拒绝了达尔文的乐观主义，而深受黑格尔、叔本华与尼采的影响。他的生命哲学与他的朋友柏格森相似，历史 - 文化哲学则有着狄尔泰的色彩。但是，总体而言，他最为重要的方法论是有所修正的康德原则——尤其是康德的知识论——的应用。[①] 同韦伯、涂尔干一样，西美尔的社会学也非常明显地受到了康德哲学的影响。

在《社会学的基本问题》（Grundfragen der Soziologie）中，西美尔指出，反对将社会学确立为一门独立科学的意见主要有两种，一种是对"社会"概念的过分削弱，另一种是对"社会"概念的过分提高。第一种观点认为，所有的生存都指向个体及其特征与经验，社会作为一种抽象，虽然对于实际目的是不可或缺的，对现象的某种暂时的概括也是有用的，却不能成为一个超出个体本质及事件的对象。对于这种观点而言，社会太微不足道，以至于不能界定为一门科学领域。第二种观点则认为，人之所是与所为，皆内在于社会，一种关于"人"的科学同时却不是"社会"的科学是不可能的。这种思想认为，历史学、心理学与规范性科学这些个别

① M. Francis Abraham, *Sociological Thought: From Comte to Sorokin*, *Marx*, *Spencer*, *Pareto*, *Durkheim*, *Simmel*, *Weber*, *Mannheim*（Bristol, IN.: Wyndham Hall Press, 1989）, p. 139.

学科皆可由社会科学所取代。社会化（Vergesellschaftung/sociation）已经将所有的人类旨趣、内容与过程都合并为特殊的整体。这种界定将社会学视为无所不包的科学，与第一种观点各走极端。[①]

针对第一种观点，西美尔指明，单独的个体绝不是人类世界的最终元素或原子。"个体"概念作为不可分解的整体，不是认知对象，而只是体验（Erleben）的对象。我们了解这一整体的方式与其他的认知方式不同。对于人，我们能够科学认识的是单个的特征，后者可能仅仅发生一次，也可能存在于彼此的影响中，每一特征都要求相对独立的考察。对其根源的推导，又将我们引向了心理、文化、环境等不可胜数而又无时无刻的影响。只有分析与把握这些元素，将它们化约为简单而又深刻的水平，我们才能接近为所有更高级的精神综合提供基础的"最终之物"。[②] 这意味着，对每一个个体的科学认识都不得不陷入无穷无尽的追溯过程，因此，西美尔实际上取消了对个体进行科学认识的可能性。对西美尔而言，个体本身就是无数元素相结合的产物。但是，西美尔并不是要找出一种可替代个体的"终极"元素。实际上，根据他的相对主义，寻找所谓终极元素根本是徒费心力。对于考察方式而言，水彩、字母、水确实"存在"，但是，绘画、书、河流仅仅是综合（Synthesen）。这种综合作为统一体不是存在于客观现实性中，而是存在于涉及它们的意识中。易言之，"形式"总是一种联系，总是由主体添加于客观现实之上。[③]

在西美尔看来，第一种（个体）实在论，它对社会概念，以及因此而对社会学的批判，实质上取消了任何可以认识的现实，因为它将这种现实推移到了一种无穷后退的过程中。西美尔提出，认识应当根据一种完全不同的原则来把握，该原则从相同的外在现象综合中提取出大量不同但又确定、统一的认识对象。人们可将这一原则标示为综合与人的精神之间不同距离的象征。我们从不同的距离（Abstand）来看同一个空间对象，则后者呈现为不同的图像，但是，在每一种距离中，该图像以自己确定的方式，且只是在这个方式的意义上是"正确"的。"个体"与"社会"也是在这个意义上显现的。[④]

---

①　Georg Simmel, "Grundfragen der Soziologie," *GSG* 16, 1999, S. 63.

②　Georg Simmel, "Grundfragen der Soziologie," *GSG* 16, 1999, S. 65 – 66.

③　Georg Simmel, "Grundfragen der Soziologie," *GSG* 16, 1999, S. 66.

④　Georg Simmel, "Grundfragen der Soziologie," *GSG* 16, 1999, S. 66.

　　针对第二种观点，西美尔指出，直接的真实性不是由一系列的个体事件的认知来把握的，相反，这种真实性首先是由作为图像的综合而给予的。只有认识目的能够决定，人们是应该在个体层面，还是应该在集体（社会）层面上探讨直接显现或体验的现实性，因此，这两种层面并非真实（Wirklichkeit）与抽象（Abstraktion），相反，它们作为我们的观察方式，都与"真实"存在着距离。它们不可能是"科学"，只是借助"个体"或"社会"范畴而采用或吸取了认识的形式。① 这意味着，在一个特定概念的引导下，任何一门科学都只能从现象的整体性或体验的直接性中提取出一个序列或一个层面，社会学亦然。按照他的理解，法学、政治学、文学、心理学、神学等学科将会继续存在，因此，他也否定了诸如孔德、斯宾塞的以社会学取代神学的方案。这表明，西美尔既否定了个体实在论，又否定了社会实在论。

　　在西美尔看来，社会学的研究对象是通过抽象化过程（Abstraktions-sprozess）呈现出来的，但是，单就此而言，社会学并未与诸如逻辑学或国民经济学这样的学科区分开来，因为后二者同样在特定概念（如认识或经济）的引导下，构造了来自事实而又相互关联的图景，发现了它们的规则与演化。我们要承认的是，每一学科所建构的图景都只是整体的一部分。所有的图景都是在人与人之间的相互作用中得以表现的，或者说，它们本身就是这种相互作用，后者不能被追溯至自认为是自为存在的个体那里。②

　　根据西美尔的理解，社会学可分为一般社会学（general sociology）、形式社会学或纯粹社会学（pure sociology/formal sociology）、哲学社会学（philosophical sociology）。关于一般社会学，西美尔首先强调，尽管社会学几乎涵盖了所有的人类生存领域，但是，它与所有其他形式的科学一样，未能避免抽象的片面性。他的一个基本观点是，能够直接把握人类生存整体性的科学并不存在。所有的社会现象，无论它以何种质料来表现自身，都必须服从于该质料的自然法则或内在逻辑。任何的理智成就总是与思想、法则、客观行为这样的限制联系在一起的。但是，西美尔也指出，在对事物的抽象中，任何事实都不可能仅通过自身的逻辑来实现，而需要历

---

① Georg Simmel, "Grundfragen der Soziologie," *GSG* 16, 1999, S. 68.
② Georg Simmel, "Grundfragen der Soziologie," *GSG* 16, 1999, S. 71 – 72.

史或心理力量。对认识而言，事实是不可能直接把握的整体，被我们认作客观内容的，是采用某种特定因此也是片面的范畴的结果。① 一般社会学以历史－社会生活为研究对象，这实际上是对与形式相对的"内容"的研究。

关于形式社会学，西美尔认为，社会是个体之间的相互作用，那么，描述这种互动的"形式"就是最严格与最本质的"社会"意义上的社会科学的任务。一般社会学的领域是由整个历史生活构成的，而形式社会学是对于形式本身的研究。它从社会现象中抽象出社会化元素，并将社会化形式与形形色色的内容与意图分离开来。社会化形式如同语言内容的语法。② "社会化"这一概念体现了西美尔试图避免方法论上的个人主义（它从本体论上宣称，只有个体才存在）与社会整体主义（其中，诸如国家、教会这样的集体实体被物化为自主的社会人格）的意图。社会生活形式使得研究诸如家庭、交换关系等对象成为可能。③

关于哲学社会学，西美尔认为，哲学社会学关注的是生命、我们的普遍存在、精神的整体性，并询问这种整体性的证明。哲学社会学由两个领域构成：一个包括具体研究的条件、基础概念与前提，这些不可能由研究本身来完成，因为研究须以这些为基础；另一个包括具体研究的完成与联系，并且被置于与某些问题和概念——它们并不内在于经验和直接的对象知识中——的关联中。第一个领域是具体问题的认识论（Erkenntnistheorie），第二个则是形而上学（Metaphysik）。④ 可以说，哲学社会学处理的是人类的基本本质与不可避免的命运。⑤

在西美尔社会学的三个领域的划分中，最广为人知的是他的形式社会学，后者的研究对象是人与人之间关系的互动形式（即社会化形式）以及人们卷入这些形式的类型。这些形式包括上下级、冲突、交换、竞争、分工、合作、党派的形成、社会性等。欲理解西美尔的宗教社会学，首先即需要理解他的形式社会学，因为西美尔确实认为，社会学的特有研究对象

① Georg Simmel, "Grundfragen der Soziologie," *GSG* 16, 1999, S. 76.
② Georg Simmel, "Grundfragen der Soziologie," *GSG* 16, 1999, S. 82 – 83.
③ Bryan S. Turner, "Simmel, Rationalization and the Sociology of Money," in David Frisby, ed., *Georg Simmel*: *Critical Assessments*, Vol. Ⅱ (London: Routledge, 1994), p. 277.
④ Georg Simmel, "Grundfragen der Soziologie," *GSG* 16, 1999, S. 84 – 85.
⑤ Georg Simmel, "Grundfragen der Soziologie," *GSG* 16, 1999, S. 83.

就是社会生活的形式，而非社会生活的内容。社会学得以存在的全部理由就在于对社会形式的抽象考察。正如几何学得以成立，是因为可以从事物中抽象出空间形式。所以，有学者认为，形式社会学是一种社会空间几何学（geometry of social space）。①

对西美尔的形式社会学，涂尔干在 1900 年发表的《作为科学的社会学领域》（La sociologia ed suo dominio scientifico）中专门做了批判。涂尔干指出，西美尔所说的"抽象"实际上是从具有不同内容（目标、意图、旨趣）的团体中提取出共有的形式，如支配、服从、竞争等，但是，这种观点"只能使社会学滞留于形而上学的状态。恰恰相反，这种状态正是社会学首先要摆脱的"。② 在涂尔干看来，把群体想象为空洞的形式只是一种古怪的念头。他这样问道："你会在各个地方都能遇到的行为，无论其追寻的目标实质上如何，都存在着结构。而且，确切无疑的是，无论这些目标有什么样的差别，它们都有共同之处。但是，为什么只有后者拥有社会性的特点，前者却没有呢?"③ 因此，在涂尔干看来，西美尔对抽象的运用不仅在方法论上是错误的，因为这种方法将具有同样性质的事物分割开来了；而且这种方法所获得的抽象结果（即社会学的对象）也是不确定的。涂尔干与西美尔对社会学研究对象、方法论的理解尽皆不同，又在同一时期诉诸努力欲将社会学建立为一门独立的科学，涂尔干对西美尔做出批评不足为怪。但是，将"形式"与"共同性"联系了起来，涂尔干无疑指出了西美尔形式社会学的一个重要特点：正是"形式"与"共同性"之间的关联，才使西美尔能够自由地在"宗教"与"社会"、"货币"与"宗教"之间做出类比。下面笔者将通过西美尔与韦伯的宗教社会学的一个比较来展示他所理解的形式相似性与相对主义方法论，这种比较也将涉及二人的宗教社会学中的一些不常为人关注的方面。

---

① M. Francis Abraham, *Sociological Thought*: *From Comte to Sorokin*, *Marx*, *Spencer*, *Pareto*, *Durkheim*, *Simmel*, *Weber*, *Mannheim*, p. 151.

② 〔法〕涂尔干：《乱伦禁忌及其起源》，汲喆等译，上海人民出版社，2003，第 250 页。

③ 〔法〕涂尔干：《乱伦禁忌及其起源》，第 251 页。弗莱尔（Hans Freyer）指出，作为社会现象几何学的纯粹社会学，它的错误可能是致命的，因为它将社会学思想领到错误的道路上去。社会现象应当被理解为历史过程，它们总是在时间之流的特殊情境中发生，但是，在西美尔处，这些都变成了静态结构。根据弗莱尔的批判，西美尔欲将社会学建立为一门逻各斯 - 科学（Logos - Wissenschaft），而这对社会学对象的本质乃是陌生的。Rudolf Heberle, "Simmel's Method," in Lewis A. Coser, ed., *Georg Simmel*, pp. 116 – 118.

二　形式相似性：西美尔与韦伯的宗教社会学的一个比较

据韦伯夫人所记，韦伯与西美尔曾于 1908 年在海德堡意外相见。[①] 在西美尔谋求教授席位的过程中，韦伯亦曾鼎力相助。对韦伯而言，西美尔是文化哲学家、历史哲学家、社会心理学家，但首先是文化人。西美尔的理论贡献与启发性洞见之所以有独特的价值，是因为他有着无法被他人模仿的敏锐观察力。[②]

从认识论的角度来看，韦伯的解释社会学与西美尔的形式社会学之间存在不可忽视的联系。[③] 学界有一种观点，认为韦伯在《新教伦理与资本主义精神》中对"经济伦理学"的讨论部分地依赖于西美尔《货币哲学》第三章中对"目的序列中的货币"的讨论。具体而言，韦伯在西美尔的《货币哲学》中发现了一种超越理想图型之非历史建构的方法，西美尔的研究方法使得韦伯对文化发展动态进行一种历史建构成为可能。不过，特纳认为，这种说法并未触及要点，要点应该是西美尔对作为一切人类活动尺度的抽象和普遍的货币体系的研究，为西方社会的理性化进程的文化表现提供了一个基本模型；而韦伯对西方社会的理性化进程的解释，尤其是对货币经济的发展、作为科学的经济学、社会交换关系等问题的解释，乃是对西美尔的货币理论的细化与扩展。[④] 易言之，特纳看到的不是方法论

---

① 转引自 Yoshio Atoji, *Sociology at the Turn of the Century：On G. Simmel in Comparison with F. Tönnies, M. Weber and É. Durkheim*, p. 47。

② Lawrence A. Scaff, "Weber, Simmel, and the Sociology of Culture," in David Frisby, ed., *Georg Simmel：Critical Assessments*, Vol. I（London：Routledge, 1994）, p. 256.

③ 关于这一点，滕布鲁克认为，韦伯的"理想类型"与狄尔泰和西美尔的思想有关，可以参考 F. H. Tenbruck, "Formal Sociology," in Lewis A. Coser, ed., *Georg Simmel*, pp. 84 – 86。不过，弗里斯比则认为，这一说法证据不足，参见〔德〕西美尔《金钱、性别、现代生活风格》，顾明仁译，学林出版社，2000，第 214 页。阿闭吉男认为，韦伯的解释社会学的首次出现是以西美尔的社会学理论为前提的；兰德曼（M. Landmann）甚至认为，即使是韦伯，也从西美尔那儿继承了作为"宗教社会学"这样一个新的科学领域，即在宗教社会学方面，西美尔实际上是韦伯的先行者，参见 Yoshio Atoji, *Sociology at the Turn of the Century：On G. Simmel in Comparison with F. Tönnies, M. Weber and É. Durkheim*, pp. 87, 91。毋庸置疑，韦伯曾经读过西美尔的《货币哲学》，他在《宗教社会学论集》导论中明确提及了《货币哲学》："西美尔的《货币哲学》一书里，'货币经济'与'资本主义'被过分地混为一谈，而妨害到了他对事实的讨论。"（〔德〕韦伯：《新教伦理与资本主义精神》，康乐、简惠美译，广西师范大学出版社，2007，第 5 页）

④ Bryan S. Turner, "Simmel, Rationalization and the Sociology of Money," in David Frisby, ed., *Georg Simmel：Critical Assessments*, Vol. II, p. 284.

上的联系，而是更具实质意义的问题意识上的深层联系，即韦伯对西方理性主义的解释与西美尔的货币理论之间有着不可忽视的理论关联。不过，我们在此要处理的只是一个相对有限但二人均曾涉及的问题，即宗教伦理与经济之间的关系。确切而言，就是宗教伦理是否能为经济行为提供一种心理上的驱动力或反驱动力。虽然韦伯研究了包括犹太教、天主教、新教在内的多种宗教，并且显示出一种系统性，而西美尔关于各个宗教的论述显得琐碎、不成系统，但是，我们仍然可以在二人的犹太教－新教－天主教研究方面做一个简单的比较，以此彰显西美尔形式社会学的"形式"性。

众所周知，韦伯的整个宗教社会学致力于研究为什么理性化的西方文明竟然与新教——而不是其他宗教——存在"有择亲和"（elective affinity）的联系。在这一问题意识的指引下，韦伯自然注重发掘新教与其他宗教的不同之处。他由两个关联——加尔文主义在世界图像建构上的彻底性格与在实践上的妥协性格——导引出所谓韦伯命题。新教伦理在信念上极度拒斥现世，表现出来的却是极度地支配现世，由此浮现了一种理性主义形态所具有的前提与后果。① 在加尔文宗处，宗教信徒要在时时刻刻都面对被选或被弃的、有系统的自我检视下形成救赎确证，这即为一种系统化的伦理实践。伦理实践中的无计划性、无系统性被解除，代之以首尾一贯的方法，整个生活被彻底基督教化。在现世之中（但是为了来世）将行为理性化，正是禁欲主义新教的职业观引起的结果。禁欲的新教职业伦理不仅限制了财产享受或者非理性地使用财产，还将获利冲动合法化与伦理化，从而与资本主义精神形成了"有择亲和"的关系。

相比之下，犹太教及天主教的伦理在韦伯笔下则呈现出不同的样貌与结果。首先，韦伯看到了，犹太人对金钱亦有着强烈的欲望，但是，犹太教与清教的唯一不同之处在于，它相对缺乏体系化的禁欲主义。② 确切地说，犹太教缺乏由个人之救赎确证的观念所产生出来的一种与"现世"的统一关系。犹太人所展示出来的经济心态（Wirtschaftsgesinnung），是有决心、有机制地和冷酷地利用任何赚钱的机会，然而这样的心态恰恰与近代资本主义的特色相反。③ 其次，韦伯也指出，天主教的禁欲与加尔文宗的

---

① 〔德〕施路赫特：《理性化与官僚化》，顾忠华译，广西师范大学出版社，2004，第34～35页。
② 〔德〕韦伯：《宗教社会学》，康乐、简惠美译，广西师范大学出版社，2005，第292页。
③ 〔德〕韦伯：《宗教社会学》，第296、305页。

禁欲之间的决定性区别在于，前者的讲求系统性方法的禁欲仅止于修道僧，却不在俗世之中；而后者的伦理生活样式的系统化则是整个生活的彻底基督教化，它就在俗世之中，虽然不是为了俗世。①

　　这里需要强调的是，韦伯虽然指出了禁欲的新教职业伦理对于资本主义精神的作用，却倾向于一种因果多元论。他并不是要整个地反对历史唯物主义，而只是拒绝前者确立一种单一与普遍的因果解释的企图。② 他申明，以对文化与历史的唯心主义因果诠释代替同样片面的唯物论，并不是他的主旨："我们只是想明确指出，此种资本主义'精神'在世界上的质的形成与量的扩张，宗教影响力是否参与发挥作用，并且发挥到何种程度？"③ 实际上，"有择亲和"概念已经清楚地揭示了韦伯的意图，它表示在理念与利益之间存在一种"聚合"（convergence）或"共振"（resonance），而不是宣称新教伦理"创造"了现代资本主义世界观。④

　　韦伯始终将犹太教或天主教置于与新教的经济伦理的对立之中，其重点在于以这些比照性的成分突出这些宗教与西方理性化文明不甚合拍的地方，但是，西美尔对于新教、犹太教及天主教对金钱的态度的阐释却极其不同。首先，他明确地将犹太人对"与金钱有关的一切事宜"所具有的特别能力和兴趣与他们所受的"一神论教育"联系了起来。他认为，几千年来，犹太人总是习惯崇拜一个统一的、至高的本质对象，并习惯于在其中寻求所有个别兴趣的目标和交会点，他们将这种性格运用于经济领域，从而取得了经济上的成功。⑤ 如果说，韦伯在新教伦理与资本主义精神之间

---

① 〔德〕韦伯：《新教伦理与资本主义精神》，第 105 ~ 106 页。当然，韦伯也提到了其他的区别，如天主教会某些制度的实施，尤其是赎罪券的贩卖，也扼杀了有系统的禁欲的萌芽。同上书，第 106 页。

② H. H. Gerth & C. Wright Mills, trans. & ed., *From Max Weber: Essays in Sociology* (London: Routledge & Kegan Paul, 1970), p. 47.

③ 〔德〕韦伯：《新教伦理与资本主义精神》，第 69 页。

④ Marshall Gordon, *In Search of the Spirit of Capitalism: An Essay on Max Weber's Protestant Ethic Thesis* (Aldershot, Hampshire, England: Gregg Revivals, 1993), p. 49.

⑤ Georg Simmel, *Philosophie des Geldes*, GSG 6, 1989, S. 305 – 306. 当然，这种一神论观念并非唯一的解释性因素，西美尔在《货币哲学》中对犹太人经济行为的成功做了多维的社会学解释，其中一个很重要的理由就是犹太民族在社会群体中的"陌生人"（Fremde/stranger）身份及地位。参见 Simmel, *Philosophie des Geldes*, S. 281 – 291，尤其是第 285 页以下。译文参照了英译本 [*Philosophy of Money*, trans. by Tom Bottomore and David Frisby (London, Boston& Routledge & Kegan Paul, 1990)] 与中译本（《货币哲学》，陈戎女等译，华夏出版社，2007）。

发现了有择亲和的话，那么，西美尔就是在犹太教伦理与货币的统一功能之间找到了有择亲和，因为在他看来，在金钱与上帝中，一切的多元性与对立之物皆可找到一种目标与交会点。这事实上赋予了金钱一种与上帝同等独特的至高地位：二者都是不受相对性束缚的绝对，都是对具体之物的超越，都可通过自身通达万物。

其次，西美尔对天主教的相关分析亦呈现同样的路向，即着重发掘天主教的上帝与货币之间的形式相似性。在西美尔看来，天主教对金钱的态度与犹太民族形成了鲜明的对比。在天主教中，对利息的拒斥就是对货币本身的拒斥，但是，天主教徒与犹太人对金钱的不同心态，却是出自同样的原因，即金钱与宗教的相似性，因为宗教与神职人员对金钱事务所经常表现出来的敌意或许可追溯至对至高的经济统一与至高的宇宙统一之间的心理上的形式相似性（die psychologische Formähnlichkeit）的直觉，或者，神职人员已经意识到，在金钱兴趣与宗教兴趣之间存在竞争的危险。① 西美尔从这些现象中看到的是：作为绝对手段的货币成了各种目的序列的统一点，这在心理上与上帝观念达成了一致，并因此可能篡夺上帝的权位。无论是犹太人对金钱的欲望，还是天主教徒对金钱的拒斥，其根源都在于金钱与宗教的形式相似性，因此，尽管犹太教、天主教对金钱的心态不同，反映出来的却是一种深层的共同性，这也是西美尔甚至能够在最截然相反的现象之间做出类比的缘由之一。西美尔的形式社会学对于"形式"的坚持确实使他能更多地留意事物之间显示的相似性。

最后，西美尔在《货币哲学》中并非丝毫没有提及新教徒的赚钱欲望，然而，与韦伯形成鲜明对比的是，他在犹太教与新教之间找到的仍然是一种共性，即它们都有着对金钱的强烈兴趣和欲望。西美尔提醒我们，柏拉图《法律篇》（Gesetzen）中已经指明，公民被禁止持有任何形式的黄金或白银财富，一切贸易和商业原则上都让外来人去做。② 外来人由于其社会地位的限制，不能与他所寄居的社会群体发生有机联系，这反而为他们从事不涉个人色彩的经济交易提供了条件。具体到新教教派，如同英国的贵格派一样，法国的胡格诺派由于其受人关注与受限制的社会地位，故将更大的紧张运用于金钱活动上。即使在贵格派已经完全获得了政治平等

①　Georg Simmel, *Philosophie des Geldes*, *GSG* 6, 1989, S. 306. 货币与宗教的竞争关系及相似性在《货币哲学》中多次提及，这些论述虽然简单，但颇具启发性。

②　Georg Simmel, *Philosophie des Geldes*, *GSG* 6, 1989, S. 286.

之后，他们依然将自己排除在其他兴趣之外：他们不宣誓，因此不能担任公职；他们鄙弃任何与生活的装饰相关的事物，甚至包括体育；他们也放弃了农业活动，因为他们拒绝缴纳什一税。因此，金钱活动就成为他们唯一的外在兴趣。① 虔敬派亦然，他们的勤奋与贪婪不是某种伪善的表现，而是病态的、逃避任何文化兴趣的基督教世界的表现，是一种虔敬的表现。这种虔敬无法容忍任何与它相对立的世俗高贵，却宁可容忍一种世俗的卑贱活动。② 其中，西美尔的问题意识依然在于展示：货币作为纯粹的手段，无须任何实质的规定，因此可适用于任何目的，不论是高尚的，还是卑劣的，所以，新教徒尽管在世界图像上极度排斥现世，却并不妨碍他们渴望获取金钱。

当犹太人与新教徒都同样有强烈的赚钱冲动时，西美尔在其中找到的是同一个原因，即货币作为绝对手段的特质；当犹太人与天主教徒表现出对金钱的不同心态时，西美尔在其中找到的仍是同一个原因，即货币与上帝在心理上的相似性。如果说，韦伯的比较研究突出了两种宗教之间的"对立"，那么，西美尔的比较研究则将不同宗教对金钱的态度最终归结为货币本身的特质。这种差异自然与他们不同的问题意识有关，但是，倘若我们从西美尔的形式社会学出发来理解这一差异，就会发现，这种"相似性"实际上与其形式社会学有着莫大关联。在《宗教社会学》中，西美尔宣称，唯物主义历史观从经济形式中推导出所有的历史生活内容，并且让风俗、法律、艺术、宗教、科学体制与社会结构都由集体物质生存条件这样的方式来决定，这种做法实际上是将极其复杂之过程的一个方面夸大为唯一的内容。他的一个基本观点是，社会生活的形式与内容的发展，是通过多元的领域与多元的呈现方式而表现出来的：同样的内容以不同的形式出现，同样的形式以不同的内容来表达。③ 理解形式－内容之间的区分对我们理解西美尔的宗教社会学，乃至其宗教哲学，都是至关重要的，甚至可以说，这一观念是他整个宗教理论的基石。

克拉考尔（Siegfried Kracauer）在探讨西美尔的思想时，特意用不少的篇幅论及西美尔对"类比"（Analogie）手法的运用。若两个对象处于"类比"关系中，那么意味着两者服从于同一个普遍法则，即这两个对象

---

① Georg Simmel, *Philosophie des Geldes*, *GSG* 6, 1989, S. 281 –282.

② Georg Simmel, *Philosophie des Geldes*, *GSG* 6, 1989, S. 282.

③ Georg Simmel, "Zur Soziologie der Religion，" *GSG* 5, 1992, S. 272.

或事件有着相同的形式。① 类比不仅意味着事物彼此之间并非处于孤立状态中，还意味着同处类比关系中的事物位于同一形式范畴。在西美尔处，形式或纯粹社会学的研究对象就是人与人之间关系的互动形式以及人们卷入这些形式的类型，如上下级、冲突、交换、社会性等。这种社会学如同语法，将语言的纯粹形式与内容分离开来：不同的内容可表现为同样的形式，同一内容亦可以不同的形式为媒介。正是因为对纯粹形式的关注，才可以撇开其中不同的内容。因此，无论是两种"统一"功能之间的类比，还是犹太人对"金钱"与"上帝"这两种渴望之间的类比，都是出于形式社会学对研究对象的理解：社会互动形式。类比法的形构本身就出自社会互动形式的抽象，在类比的运用中，人们能够从异质的现象中发现形式一致性，② 即克拉考尔所强调的"类比"仍然是以形式社会学为基础的。以此为前提，西美尔自然关注的是如何从不同的社会 - 生活现象（内容）中抽取出同样的形式，因此，他才关注犹太人对金钱与对上帝的渴望中表现出心理相似性，关注犹太教与新教之间盈利冲动的形式相似性。

三　相对主义

如前所述，西美尔的社会学可分为三个部分，即一般社会学、形式社会学与哲学社会学。虽然西美尔有时会离析这三个层面，但更常常将三者整合为一个整体，③ 这一点同样适用于他的宗教社会学，因此，要想"吃透"他的思想，必须不时穿越这三个层面，既要对它们进行个别的分析又要进行全面的综合。例如，西美尔所解释的"社会"与"宗教"的形式相似性是以他的形式社会学中的形式 - 内容的区分为基础的，但是，他对"生命的悲剧"——生命试图无形式地、直接地表现自身，却总是不得不以各种外在形式范畴来具体化，这就是现代文化最深刻也不可解决的形而上冲突——的理解明显表现出与一般社会学同样的逻辑：生命获得形式就意味着它不得不流于片面性或碎片化，这正如社会学亦不能避免抽象的片面性一样；而生命宗教涉及人的存在整体，又显然涉及哲学社会学论域，因此而超越了一般社会学和形式社会学。

①　Siegfried Kracauer, *The Mass Ornament*：*Weimar Essays*（Cambridge：Harvard University Press，1995），pp. 236 – 238.

②　Volkhard Krech, *Georg Simmels Religionstheorie*, S. 32.

③　George Ritzer, *Classical Sociological Theory*（New York：McGraw – Hill, 1996），p. 266.

　　不少学者认为，孔德、涂尔干、韦伯等社会学家与哲学家的中心关切是他们时代所面对的问题，西美尔的关切则是非历史的。[①] 这种说法并无不妥，因为西美尔社会学的核心概念"形式"本身就是独立于历史 - 社会内容的。以"宗教性"为例，与作为形式的"宗教性"（不论是社会宗教性，还是生命宗教性）相比，教义变迁、机构演化、神职人员的变动都只是次要因素。社会学诚然以社会生活的社会化（Vergesellschaftung/sociation）形式作为研究对象，但是，根据西美尔一贯的辩证思维，这种非历史的研究路向亦需具体的历史 - 社会内容作为补充或者佐证。在他的著作中，抽象 - 形式方法与具体 - 历史内容是相互渗透的。以这种方法，西美尔才能将他所使用的相对主义展示为认识论与理论向导。[②]

　　"相对主义"（Relativismus）是西美尔一生都十分注重的方法论原则，可以说，这一原则是西美尔社会学视角的核心。[③] 早在 19 世纪 80 ~ 90 年代，西美尔已经凭借《论社会分化》（1890）与《道德科学导论》（1892/1893）等著作获得了国际知名度，尤其是在美国、法国。这些著作表现出明显的达尔文主义色彩，相对主义方法论亦在其中得到了初步的勾勒，但是，在德国学术界，达尔文主义与相对主义方法并未被接受。新康德主义者强烈地批判西美尔的相对主义，例如，狄尔泰拒斥西美尔将社会化形式（forms of sociation）作为社会学对象的研究方案，他认为，西美尔的研究方案将个体与个体行为置于次要的地位而贬低了它们的意义。[④] 这也是新康德主义对西美尔的相对主义不满的代表性观点。

　　针对这种疑问，西美尔特意在《货币哲学》中对自己的相对主义世界观与方法论做了进一步的说明。他指出，相对性并不意味着对真实性的取消，相反，它是真实性概念的积极兑现与完成。真理是有效的，尽管它是

---

① Kurt H. Wolff, "The Challenge of Durkhein and Simmel," in David Frisby, ed., *Georg Simmel: Critical Assessments*, Vol. I, pp. 193, 196.

② Frank J. Lechner, "Simmel on Social Space," in David Frisby, ed., *Georg Simmel: Critical Assessments*, Vol. III, p. 98.

③ Bryan S. Turner, "Simmel, Rationalization and the Sociology of Money," in David Frisby, ed., *Georg Simmel: Critical Assessments*, Vol. II, p. 277.

④ Natalia Canto Mila, *A Sociological Theory of Value: Georg Simmel's Sociological Relationism* (Bielefeld: Transcript, 2005), pp. 95 - 96. 不过，西美尔的《论社会分化》一书颇受 1890 年以前的狄尔泰的启发和影响。关于狄尔泰对西美尔的学术影响，以及二人在西美尔谋求教职中的不和、学术观点上的差异，可参见 Horst Jürgen Helle, *Georg Simmel: Einführung in seine Theorie und Methode* (München: Oldenbourg, 2001), S. 47。

相对的；也正因为它是相对的，才是有效的。根据西美尔的理解，教条主义、怀疑主义以及批判哲学要么是空洞的，要么是自我否定的，要么陷入了循环推理，只有相对主义的认识论原则不会将自身排除在外。① 相对主义毫无保留地认识到，在我们达成的每一个判断之上，都有着更高级的判断，后者决定前者是否为真；但是，这个更高级的判断，作为我们面对自身而建构的逻辑权威，进一步要求——可被视为一种心理过程——某个更高级的判断赋予自身合法性，同样的过程又可在后一个判断上重复发生。这是一个无穷的过程，即两个判断内容之间的合法化可以交替进行，同一个内容要么可以充当心理实在（psychische Wirklichkeit），要么可以充当逻辑权威。② 如果说理论信仰（关于理论信仰的讨论，可参见本书第二章）中始终存在一种使所有存在得以存在的理论假设（上帝、以太、一等）的话，那么，在这种相对主义中，它们并未遭受被抛弃的命运，而是被置于与其他事物的互动中。对西美尔来说，精神与理智生活的所有表现都以一种无法穷尽的方式相互联系着，没有任何一个单一的对象可从这种联系网络中脱离而出。易言之，无数社会现象之间都存在我们知道或尚未知道的联系，这种联系是必然的。通过揭示社会现象之间的共有意义与原始基础，他将一系列现象从孤立中解放出来，在网络中对个别现象的意义进行解释。③

　　日本学者北川东子曾这样来描述西美尔的方法论原则："错综复杂地交织起来，不加整理的相互关联，进入纠缠不清的交错关系当中——这些都不是思考的障碍，反倒是思考的前提。这种折中的思想倾向是根植于西美尔的拟态式的精神，即适应众多题材和背景而渐次改变肌肤颜色的精神之中的。如果体系式的精神是通过整体展开的终结来完成自己的精神的话，即是以死来完成的精神的话，那么，拟态式的精神就是不知终结的精神，是活着作出反应的精神。同时，也是一种没有出处、不知来由的精神，也是一种失去了家园的精神。"④ 也就是说，西美尔所理解的相对主义指代的是一种内在生活与外在生活之间的无始无终的过程，各个因素总是在相互作用、相互关联、相互影响，其中，没有任何元素是第一，也没

①　Georg Simmel, *Philosophie des Geldes*, GSG 6, 1989, S. 116 - 117.

②　Georg Simmel, *Philosophie des Geldes*, GSG 6, 1989, S. 118.

③　Siegfried Kracauer, *The Mass Ornament*: *Weimar Essays*, pp. 232 - 233.

④　〔日〕北川东子：《齐美尔：生存形式》，赵玉婷译，河北教育出版社，2002，第 32 页。

有任何元素是第二。① 在此意义上，这种相对主义毋宁说是一种"关联主义"或"关系主义"，他试图表达的只是将万事万物都置于"互动"中。如果说相对主义构成了西美尔社会学乃至社会哲学的轴心，那么，互动则是这一关系模式的核心概念。②

如前所述，西美尔在《社会学的基本问题》中专门驳斥了个体实在论，这也可以视为他对新康德主义的回应。对西美尔来说，社会学首先是一门关于关系及其形式的学科，个体并非最终、绝对的元素，而是一种集合性存在，由大量的关系组成。他坚持，即使那些看似只有一个方向的关系亦涉及互动性。因此，他的相对主义只是将真实视为由动态关系的效果和过程构成的事物，相应地，"互动"也演变为一种广泛的形而上原则。③这种原则一直延续至其生命哲学时期。

就西美尔对"关系"的重视而言，他的这种思路与布尔迪厄所理解的场域也是颇为相通的。根据场域概念进行思考就是从关系的角度进行思考，针对社会理论中的行动者与结构的二元争论，布尔迪厄曾言简意赅地指出："被称为'结构主义'的观点赋予'主导性的意识形态'和'国家的意识形态机器'一种永动力，从而将所有行动者置于进行结构再生产或者进行结构转化的游戏之外；而被称为'个人主义'的观点则重新引入行动者，但是这些行动者已经被简化成了计算机中可以相互置换的没有历史的纯意愿。在上述两种情境中，被忽略的是在惯习与从历史中继承得来的客观结构的关系中形成的实践活动的真实逻辑，教师的日常分类行为就是这一逻辑的实施范本。"④ 他同意卡西尔在《实体概念与功能概念》（Substanzbegriff und Funktionsbegriff）一书中的观点，即近代科学的标志就是关系的思维方式，而不是狭隘得多的结构主义思维方式。他把黑格尔的公式改为"现实的就是关系的"：在社会世界中存在的都是各种各样的关系——不是行动者之间的互动或个人之间交互主体性的纽带，而是各种马克思所谓的"独立于个人意识和个人意志"而存在的客观关系。⑤ 同样，西美尔的

① Georg Simmel, *Philosophie des Geldes*, *GSG* 6, 1989, S. 657.
② Natalia Canto Mila, *A Sociological Theory of Value：Georg Simmel's Sociological Relationism*, p. 161.
③ Olli Pyyhtinen, *Simmel and "The Social"*（New York：Palgrave Macmillan, 2010), pp. 39 – 43.
④ 〔法〕布尔迪厄：《国家精英》，杨亚平译，商务印书馆，2005，第 93 页。
⑤ 〔法〕布尔迪厄、〔美〕华康德：《实践与反思：反思社会学导引》，李猛、李康译，中央编译出版社，1998，第 133 页。

相对主义也并不是平常容易与历史主义或虚无主义联系起来的观念，而是一种类似于布尔迪厄的场域的关系性的世界观。卢卡奇显然已经十分清楚地看到了这一点，因此，他反对将西美尔视为相对主义者。①

西美尔的相对主义将万事万物均置于互动关系中，这亦为他的形式－内容的区分提供了一种整体性：假若每一形式范畴都代表着一个完整自足的世界，有着自身的逻辑与必然性，那么，各个世界（如宗教、艺术、科学、法律等）之间就只能处于静态的和谐状态中，但是，一旦将它们置于相对主义网络中，则每一现象就会与其他现象发生联系，进而打破了每一世界固有的界限。因此，在本体论意义上，不存在一个让研究者排列此重彼轻的碎片的等级。每一个碎片、每一个社会片断，都包含着昭示"整个世界的总体意义"的可能性。碎片不仅能够成为社会学思考的出发点，而且其重要性就在于它与本质之间的关联。将碎片视为整体的象征，能够将它从孤立状态中解救出来，而将之置于一个更宽广的情景中，大量使用类比也有同样的作用。② 实际上，甚至形式社会学本身就蕴含着西美尔的追求"整体"的冲动。西美尔强调，社会学作为特殊的科学，不是各个社会科学的集合。若将社会学与宗教科学（如教会组织系统、宗教史等）联系起来，由后者提供质料，则社会学能够从中抽取出它们的社会形式。因此，形式社会学从其研究对象与研究方法上看，就试图抵制今天通行的学科分化。③ 不过，严格而言，对于整体性的思考并非也不可能由形式社会学完成，担任这一任务的乃是西美尔所说的哲学社会学。

西美尔对社会生活、文化现象非同寻常的洞察力，似乎来源于他敏锐的审美触觉。他总是津津有味地从关系性网络中择取出一小断片来进行鉴赏，其中，既无马克思式的批判，又缺少韦伯式的悲观，更无涂尔干式的"道德"承担。然而，就是在这些断片中，他总是能够建立起与其他断片以及与整体之间的联系，诸如货币与宗教、宗教性与爱欲、宗教与艺术等的类比，比比皆是。也正是从这些分散的类比中，我们反而能在西美尔并非明确建立起联系的断片之间发掘出联系，进而把握断片与整体生命的联系。

---

① Georg Lukacs, "Georg Simmel," in David Frisby, ed., *Georg Simmel: Critical Assessments*, Vol. I, p. 100.

② 〔英〕戴维·弗里斯比：《现代性的碎片：齐美尔、克拉考尔和本雅明作品中的现代性理论》，卢晖临、周怡、李林艳译，商务印书馆，2003，第70页。

③ Volkhard Krech, *Georg Simmels Religionstheorie*, S. 33.

第二章　宗教信仰

一　宗教信仰

在《论社会分化》一书中，西美尔已经从心理学视角对宗教进行了解释。当他在宗教教义的信仰与认识程度的变更中处理宗教问题时，他似乎将宗教信仰与一种精神的依赖性联系起来了。这给人这样一种印象：宗教信仰只是因为理智上的不完善而出现的现象，因此，宗教信仰与精神自主性的高级阶段并存的可能性被排除了。但是，西美尔并没有将二者的这种关系视为普遍有效的，我们首先须看到这一事实：他在这种关系中提到的不是一般的宗教信仰，而是特定的宗教信条。[①]

如果说此时西美尔只是在宗教信仰与宗教教义之间做了初步区分的话，那么，他的宗教社会学自始就注意到两种信仰——宗教信仰与另一种信仰——之间的差异。在《宗教社会学》中，西美尔表示，人与人之间的关系并非建立在彼此可证明的了解之上，相反，我们的情感和心理影响是在特定的、可称为"信仰"的观念中得到表达的，这种观念又反作用于实践关系。没有这种信仰，社会将会瓦解。[②] 从这段话中，我们可以看到两层含义：第一，此处的宗教信仰指的是一种"实践信仰"，而非理论真理的低级阶段或弱化形式，因为它不是像认知那样以可证明性为基础；第二，实践信仰最初指涉的并非宗教，作为宗教的本质，这种信仰最初是作为人与人之间的关系而出现的。

根据西美尔的看法，当人们说"我信仰上帝"时，这种信仰与对以太的存在、月球的可居住性、人的不变本质的信仰是完全不同的。这不仅意

---

① Volkhard Krech, *Georg Simmels Religionstheorie*, S. 15.

② Georg Simmel, "Zur Soziologie der Religion," *GSG* 5, 1992, S. 274 – 275. 诸如子女信仰父母、爱国者信仰祖国这样的例子，在《论宗教》中再一次得到原封不动的运用。可参见 Georg Simmel, "Die Religion," *GSG* 10, 1995, S. 70。

味着，虽然无法得到确证，但我依然接受上帝的存在；而且意味着我与上帝之间的一种内在联系、一种献身感与一种生活导向。① 在《宗教社会学》中，西美尔并未以明晰的术语来区分这两种信仰，但是，在他学术后期所发表的《论宗教》《论宗教的认识论》中，他已经有意识地使用固定的术语来区分这两种信仰。

在《论宗教》中，西美尔认为，信仰乃是宗教的本质，对宗教信仰的认识，首先须将它与理论意义上的信仰区分开来。知性意义上的信仰（Glauben in intellektueller Bedeutung）属于知识序列，是同一序列的较低阶段。它是针对推理而言的"真"，这种真在量上少于我们所声称知道的。② 关于理论信仰，西美尔举例说，在形而上学或认识论研究中，我们能够推导出上帝的存在是合理或必要的前提。在此意义上，对上帝存在的信仰即如同对以太或物质的原子结构之存在的信仰一样。③ 根据他的这种理解，则安瑟伦关于上帝存在的本体论证明以及阿奎那从自然理性出发对上帝存在的五种证明均属于理论信仰的范畴。不过，在《论宗教》中，西美尔并未进一步就理论信仰做出说明，而是集中转向了宗教信仰的独特本质。

只是到了《论宗教的认识论》一文中，西美尔才花笔墨分析了"理论信仰"的本质。他征引康德的道德哲学作为例证，认为根据康德，对上帝及不朽（Unsterblichkeit/immortality）的信仰乃是保证至善（höchsten Gutes/sovereign good）——德性与幸福的一致——的道德必然要求。这种要求是绝对的，在任何情况下我们的道德本质都不可丢弃，因此也必须信仰它实现的可能性：没有这种信仰，我们的努力即毫无意义，因为至善的实现在超验条件下方有可能，这种悬设自然并无理论证明。④

宗教信仰无法确证，然而，按照西美尔的说明，它与理论信仰之间至少存在两个关键区别。第一，理论信仰能够变换其内容，而信仰主体并不因此就变成了另一个人，因为信仰的功能（Glaubens - funktion）未变。但

---

① Georg Simmel, "Zur Soziologie der Religion," *GSG* 5, 1992, S. 274 – 275.
② 《论宗教》此处的行文与《论宗教的认识论》（Beiträge zur Erkenntnistheorie der Religion）中涉及宗教信仰与理智信仰之区别的文字是相同的，可参见 Georg Simmel, "Beiträge zur Erkenntnistheorie der Religion," *GSG* 7, 1995, S. 14 – 15。
③ Georg Simmel, "Die Religion," *GSG* 10, 1995, S. 69.
④ Georg Simmel, "Beiträge zur Erkenntnistheorie der Religion," *GSG* 7, 1995, S. 15.

是，在宗教信仰中，不存在内容（Inhalt）与功能（Funktion）之间的相互独立：信仰一个不同的神就是一种不同的信仰。① 易言之，在理论信仰中，信仰上的内容与功能是可以相互独立的，只要能够担负前提性的功能，内容是否变换就是次要的；宗教信仰则不同，信仰的内容和功能是不可分的。第二，西美尔只简单指出，较之于理论信仰，宗教信仰不仅意味着信仰不可确证的上帝，而且意味着个体与上帝之间的一种内在联系。在宗教信仰中，上帝作为信仰主体献身的指向，与理论信仰的上帝全然有别。

　　西美尔的一个基本看法是，宗教信仰并不局限于宗教领域，而是弥散于社会现象之间。他以十分肯定的语气说道："没有这种宗教信仰，我们所了解的'社会'（Gesellschaft）就不可能存在。"② 他声明，这种信仰绝非一种前提式的理论假设，而是一种独特的、在人与人之间生长的心理产物。作为一种社会力量，信仰自身必然与所有其他可能的知识、意志与情感性的联结力量相联系，同时，它又在上帝信仰中以纯粹、有效的形态呈现自身。宗教信仰是这种信仰的一种扩大化（Vergrößerung）与绝对化（Verabsolutierung），同时，它又使自身的本质在每一种低级混合的表现中变得可见。这种信仰并不是通过延伸到超验领域才成为宗教性的，超验（Transzendente）只是这种信仰的一种尺度与表现形式；相反，它在其社会表征中已然是宗教性的了，这种社会表征自始即渗透着形式的宗教功能的能量。③

　　在此，我们可以发现，西美尔与涂尔干在这一点上是一致的，即从一种初级的、简单的阶段出发来揭示自己研究对象的真正内核。作为涂尔干最有雄心的一部作品，《宗教生活的基本形式》通过对原始宗教的讨论，意在展示所有思想范畴（认识、评价、情感表达等）的"社会"根源，④ 在这本书中，涂尔干以他所能发现的最原始的人类学材料为依据，⑤ 从方法论上赋予了最简单的宗教，即图腾，以特殊地位。与涂尔干相同，西美

① Georg Simmel, "Beiträge zur Erkenntnistheorie der Religion," *GSG* 7, 1995, S. 17-18.

② Simmel, "Die Religion," *GSG* 10, 1995, S. 73.

③ Simmel, "Die Religion," *GSG* 10, 1995, S. 74.

④ Ken Thompson, *Emile Durkheim: Revised Edition* (New York: Routledge, 2002), p. 122.

⑤ 涂尔干并未到过澳大利亚，他的研究主要是以一些民族志资料为基础。田野调查的欠缺是许多学者对他的结论进行诟病的原因之一。Robert Nisbet, *The Sociology of Emile Durkheim* (London: Heinemann Educational, 1975), p. 166.

尔认为，欲理解宗教最为高级、独立的阶段，需在不发达阶段下一番功夫。欲探求宗教的根源，只需运用一种已被普遍认可的方法，即所有高级、纯粹的生命形态（如语言、艺术、宗教等）首先是在试验、萌芽性的状态中出现的，与其他的形式和内容交织在一起，因此，必须在这些未开化的阶段寻找才能把握这些生命形式的高级与独立阶段。① 沃尔夫曾经指出，西美尔的《宗教社会学》的研究路向中蕴含的社会学元素与涂尔干的宗教研究方法极为相似。② 不过，具体何处相似，沃尔夫并未细谈。特里维诺则指明，涂尔干与西美尔都主张从宗教的不发达形式来开始自己的分析，但是，涂尔干的分析是从社会形式（social form）——氏族——开始的，西美尔则是从心理形式（psychological form）——有着神圣性、忠诚性、献身性等特点的人与人的关系——开始的。③

　　表面看来，二人确是通过返回宗教的初级阶段来把握宗教本质，但是，二人的方向截然相反。在最简单的社会中寻找最简单的宗教，涂尔干是将宗教作为一种“社会事实”来看待的，并且“最初级的”实际上就意味着“最本质的”。如果按照涂尔干的逻辑，那么，西美尔所说的最纯粹的宗教性也应该是在它最初级的阶段出现的，但是，并非如此。西美尔认为，首先在萌芽性的初级阶段出现的“宗教性”总是不可避免地与其他的形式、内容混杂在一起，只有当它摆脱了与这些形式、内容的纠缠，发展至自身纯粹的状态，才是宗教性这一形式的高级阶段。当涂尔干将最纯粹的宗教追溯至最简单的社会中的最简单的宗教时，西美尔则将最纯粹的宗教性与宗教——宗教性的最纯粹的对象世界——联系了起来；涂尔干要做的是将其他形式、内容剥离出去，透析真正的宗教本质，西美尔则是要将宗教性视为社会形态与宗教形态共有的形式范畴，它总是不可避免地与其他形式、内容糅杂在一起。

　　不过，特里维诺对于涂尔干与西美尔的一个区别——社会形式（氏族）与心理形式（宗教性）的区别——的总结是十分中肯的。对西美尔来说，对人与人之间关系的信仰作为一种社会必要性，成为人自发形成的

① Georg Simmel, "Zur Soziologie der Religion", *GSG* 6, 1992, S. 267.
② Kurt H. Wolff, "Review of Sociology of Religion," *Journal for the Scientific Study of Religion* 2 (1963): 258.
③ A. Javier Trevino, "On Durkheim's Religion and Simmel's 'Religiosity'," *Journal for Scientific Study of Religion* 37 (1998): 195.

独立的、典型的功能。人与人在日常生活内容与最高内容的交往实践中总要依赖于信仰的心理形式（die psychologische Form des Glaubens），以至于产生了信仰需要，并为自己所创造的对象提供合理性，正如爱或敬仰冲动功能自发地将自身投射到对象身上。[1] 在西美尔处，宗教性信仰既是宗教的开端与前提，又可能是宗教的成熟状态。但是，当西美尔说"信仰"是社会的必要因素的时候，这种信仰尚不是宗教世界中的纯粹的宗教信仰，而是混合着其他社会杂质的宗教信仰。根据西美尔的阐释，我们实际上可以将宗教信仰进一步区分为"一般的宗教信仰"（这种信仰始终弥漫于社会现象、社会关系之间）与"纯粹的宗教信仰"（这种信仰作为一般性宗教信仰的绝对化，只存在于宗教领域）。无疑，一般的宗教信仰中亦蕴含着纯粹的宗教性信仰元素。宗教信仰的这种内部区分表明，信仰的对象就其本质而言，可能并不仅是宗教领域内的。

可以看出，西美尔对宗教信仰的界定是通过两个步骤来完成的。第一步是对宗教信仰与理论信仰的区分，这可谓是对两种异质信仰之间的区分；第二步是对一般的宗教信仰与纯粹的宗教信仰的区分，这可谓是对同质的信仰内部的进一步区分。西美尔在《宗教社会学》中十分肯定地指出，宗教情感与冲动并不仅仅表现在宗教里，它们还存在各种各样的关系中。[2] 由此能够推论出，宗教信仰也在人与人之间的关系中体现出来，对上帝的信仰只是摆脱了经验对象与相对尺度。[3] 对自我（Ich）、他者及上帝的信仰的结果相似，是因为它们只是相同的心理张力状态（Spannungszustand）之不同表现的社会学对象。[4] 宗教信仰的确不仅仅局限于宗教，但是，宗教中的宗教信仰是它的纯粹状态，而社会关系中所蕴含的宗教信仰则是一种不纯粹状态。同时，人与人之间的关系有着诸多的形式，这些形式又承载着各式各样的内容，宗教形式只是其中的一种形式。能够将不纯粹的宗教信仰亦称为宗教信仰，只是因为我们预先使用了成熟状态的名称来称呼其开端与前提。[5] 所谓"成熟状态"无外乎"纯粹状态"，不过，这种纯粹状态也只可能是一种"理想类型"式的存在：它仅仅在理论上可

---

[1]　Georg Simmel, "Zur Soziologie der Religion," *GSG* 5, 1992, S. 276.

[2]　Georg Simmel, "Zur Soziologie der Religion," *GSG* 5, 1992, S. 267.

[3]　Georg Simmel, "Die Religion," *GSG* 10, 1995, S. 70 – 71.

[4]　Georg Simmel, "Die Religion," *GSG* 10, 1995, S. 73.

[5]　Georg Simmel, "Zur Soziologie der Religion," *GSG* 5, 1992, S. 269.

能，并成为社会学的研究对象，而不可能存在于现实中，因此，在现实的宗教世界中，宗教信仰难以避免地混杂着非宗教元素。① 由于将社会现象中的信仰亦称为宗教信仰，因此，尽管在"一般的宗教信仰"与"纯粹的宗教信仰"之间、"一般宗教性"与"纯粹宗教性"之间确实存在差别，但是，它们属于同一形式范畴，这种差别显然并非质的差别。西美尔破除了"宗教信仰"的"宗教"束缚，而将它扩展到了普遍的人与人的关系之中。

无独有偶，欧克肖特（Michael Oakeshott）亦曾表达过类似观点，即宗教生活就是最完整意义上的生活本身，就是被一种信仰所主宰的生活，这种信仰认为，生活的价值就在于当下，而不在于过去或未来。"对一个宗教的人来说，生命极其短暂而无常，以致它无法被储存起来；生命太有价值，以致它不能用来去取悦他人、过去和将来；生命太珍贵，以致不能抛洒在他还没有确信是他心中至善的东西上。因此在这个意义上，我们在某个时刻都是宗教的人；而这种时刻之所以不经常来光顾我们，不是因为别的原因，而是因为我们对生活本身抓得不牢，是因为我们对那种整体而不是部分地满足我们生活本性的生活，以及那种从不会抱有追悔的生活相对地无知。"② 就此而言，这一观点与西美尔对于宗教信仰的解释是相通的。但是，在欧克肖特这里，尘世生活与宗教生活的区别最终就是两种信仰体系、两种价值尺度之间的区别；对于西美尔来说，尘世生活中的信仰与宗教生活中的信仰最终仍然是同质的，而不是异质的，正是这一点构成了二人最关键的区别。

在西美尔看来，人们的信仰需要是实践性的，这是一种无法与理论信仰相通约的宗教信仰。由于人与人之间的互动是自发的，他似乎认定，实践信仰的合法性即在于它的自发性。这种信仰总是有着对象化冲动，但其对象则可能是多元的，宗教只是其中一种表现形式。易言之，宗教作为客观现实，必然可回溯至宗教信仰，但是，宗教信仰并不一定以宗教为指向，而是会投射到不同的对象或内容上。关于宗教信仰的非宗教对象，西美尔经常提

---

① 西美尔曾明言："与科学逻辑相同，宗教逻辑亦经常宣称要涵括或主宰所有其他的逻辑。它一旦寻求这种野心，偶像崇拜因素、规章制度因素与世俗因素即会涌入，但是，这些因素服从的却是非宗教逻辑。" Georg Simmel, "Die Religion," *GSG* 10, 1995, S. 45.

② 〔英〕欧克肖特：《宗教、政治与道德生活》，张铭、姚仁权译，上海译文出版社，2019，第 54 页。

及的一个事物就是现代文化中最具有代表性的象征标志，即货币。

二　对货币的宗教信仰

西美尔在其学术生涯早期就已经触及"货币"这一经济社会学论题，他的《货币心理学》是在施默勒的影响下写就的，该作品尚受到人种心理学（Völkerpsychologie）与达尔文主义的强烈影响，不过，在这篇论文中，西美尔已经发现了现代文化中货币与上帝在心理上的相似性。[1] 19 世纪 80 年代之后，西美尔对货币的认知也随着理论导向的变化[2]而相应发生了变化，集中体现为《货币哲学》，这本书可谓西美尔对金钱、对现代文化的一种全面的解读。作为他少有的大部头著作，该书对社会交换和分工的影响、物化、大城市生活等论题进行了全面讨论，其问题意识的宽广和深远，少有人企及。可以说，离开《货币哲学》就不能把握西美尔的哲学和社会学。[3] 西美尔在 20 世纪 50 年代后被社会理论学界重新发现，甚至在 80 年代出现了所谓西美尔复兴，挟此之势，他的货币理论也得到了更多的关注。

西美尔对货币的关注与诠释，从根本而言，乃是对于现代文化的描述与反思，因此，《货币哲学》讨论的不是经济问题而是文化问题。西美尔在《货币哲学》"前言"中说道："本研究整体的意义和目的无非是：要从经济事件的表面提取出有关所有人类的终极价值和意义的一条方针。"[4] 货币研究的整体也并不在于论断某种个别的知识内容及其证明，而在于阐明如下的可能性，即从生活的每一碎片中寻求其意义的整体性。如此一来，在现代文化中的生存的整体意义势必成为西美尔在《货币哲学》中所重点关注的问题，他在《货币哲学》"综合卷"中对"个体自由""现代生活风格"的阐述均可视为对现代文化的一种独特的社会学理解。因此，在书中时常能见到一系列关于金钱和宗教的类比以及金钱对宗教生活的影响，就并不令人奇怪了，这不仅是因为货币经济对于价值、意义的稀释作用与宗教维系价值的作用构成了现代社会的两极，而且是因为货币的唯智

---

① Georg Simmel, "Zur Psychologie des Geldes," *GSG* 2, 1989, S. 64.
② Natalia Canto Mila, *A Sociological Theory of Value: Georg Simmel's Sociological Relationism*, pp. 97 – 98.
③ 〔德〕西美尔：《金钱、性别、现代生活风格》，第 241 页。
④ Georg Simmel, *Philosophie des Geldes*, *GSG* 6, 1989, S. 12.

主义特质与客观宗教的困境同样属于现代文化病症的表现。

关于现代人对货币的宗教信仰这一问题，我们可将西美尔的相关论述总结为两个方面：第一，货币的统一化功能与上帝的相似性；第二，货币的距离化效果与上帝的相似性。

首先来看第一个方面，即作为人与人之间交换活动的物化，西美尔认为，货币是纯粹交换功能的具体化，货币价值或流通的正常运行依托于"信仰"。① 施莱尔马赫曾经指出，基督教以前的信仰形式将情感与特定的时间、地点联系在一起，而基督信仰使虔诚、对上帝的渴望（Verlangen nach Gott）成为一种持续的精神状态。西美尔将现代人对金钱的渴望（Verlangen nach Geld）与施莱尔马赫笔下的这种渴望做了类比。② 在《现代文化中的货币》（Das Geld in der modernen Kultur，1896）一文中，他提出，世界万物与矛盾皆可在上帝观念中得到统合。而金钱在现代生活中日益成为一切价值的绝对充分的表现形式与等价物，它成为一个中心，所有彼此对立、疏远之物皆可在此找到它们的公分母。货币导致了对具体事物的超越，使我们相信金钱的全能（Allmacht）。这种相信价值交会在金钱上的信念，在心理学方面与上帝观念相类似，它更深刻地证实了金钱是我们这个时代的上帝这种抱怨。③ 在这篇论文中，西美尔已经基本上勾勒出

---

① Georg Simmel, *Philosophie des Geldes*, GSG 6，1989，S. 211. 此处需要注意的是，西美尔原文使用的是"Glaube"，而中译本与英译本使用的分别是"信任"与"trust"，似乎是为了与后文提到的宗教"信仰"（belief）区别开来。但是，西美尔在提及对上帝的信仰时，使用的仍是"Glaube"（religiöse Glaube）一词。中、英译本的处理方法似乎丢失了原文中所特意赋予这两种现象之间的类比（analogy）联系，也丢失了这两种"信仰"之间的同质性。*Essays on Religion* 一书在翻译"理论信仰"与"实践信仰"时，使用的分别是"theoretical belief"与"practical faith"，参见 *Essays on Religion*，pp. 108 – 109。法格尔（Ivan Varge）也注意到了这种区分，参见 Ivan Varge，"Georg Simmel：Religion and Spirituality，"in Kieran Flanagan and Peter C. Jupp, eds.，*A Sociology of Spirituality*（Burlington，VT：Ashgate，2007），p. 153。

② 西美尔对基督教伦理学之普遍化倾向的分析只散见于他作品中的一些片段。但是，整体而言，这种分析与韦伯的结论是一致的。西美尔经常以一种空间隐喻（spacial metaphor）来传达他关于人类共同体与神圣权力之间关系的观念，他认为，基督教保证其此世有效性的伦理学准则的特点在于它对人－神关系的界定。原始宗教中高度私人化且变幻莫测的神圣存在使它们极难确立一系列标准化的法则；相反，基督教的上帝远离日常生活的俗务，且要求信徒服从表达出来的标准。参见 Jim Faught，"Neglected Affinities：Max Weber and Georg Simmel，"in David Frisby, ed.，*Georg Simmel：Critical Assessments*，Vol. I，p. 161。

③ Georg Simmel，"Das Geld in der modernen Kultur，"GSG 5，1992，S. 191。

了货币在现代文化中的神化现象以及它的整合功能与宗教的整合功能有相似性的原因，即对具体事物的超越；此外，对上帝的渴望与对金钱的渴望之间的心理相似性更深刻地指向了现代人在"上帝之死"之后的文化处境中对终极目标的心理需要，亦使得货币拜物教成为可能。

　　在 20 世纪初出版的《货币哲学》中，西美尔进一步重申了在《现代文化中的金钱》一文中所提出的观点：金钱就是现代人的上帝。但是，他的思想显然已经得到了深化，货币的本质与心理功效在更深广精微的层面上得到了阐发。他对货币的纲领性看法则是一脉相承的，即货币的经济整合功能是以它的"绝对手段"地位为基础的。他认为，目的性行动的基本意义是主客之间的互动，只要我们存在，就不得不卷入这种互动之中。在此，他仍然使用了他乐此不疲的"类比"法：我们的行动是一座桥梁，目的内容正是通过这一座桥梁才从心理形式转化为现实形式，而上帝的意志与行为之间不可能存在间距。对于人而言，目的的实现依赖于手段，上帝则可以没有目的，因为他不使用手段。[①] 在西美尔处，目的转化为现实就意味着一种距离的克服。需要的满足，其实质就是主体在与自然、他人、社会的互动中，依赖某种或某些手段消除与主体目的相异的障碍或抵抗。在人类社会不同程度的文明中，目的序列（Zweckreihen）的长度亦有所差异。较之相对原始的社会中简单直接的目的序列，高度分化与多元的现代社会的目的序列要冗长复杂得多，尽管技术的进步确实为人们提供了更为简单直接的手段。[②] 现代社会中的货币则在这种目的序列中处于一种绝对手段的地位，并因此而获得了在现代文化中的支配性地位。

　　其次来看第二个方面。对货币的信仰与宗教信仰之间相似性的另外一个重要方面体现于西美尔在《货币哲学》第六章第二节"信贷"篇中所引申的"距离化"（Distanzierung）效果之于信仰的关系。西美尔认为，用以表现生活内容之构造的景象中，人们最习以为常的是"圆"（Kreis），其中心即自我，自我与客体、他人、理念和需要之间存在一种可称为"距离"（Distanz）的关系模式。[③]"距离"是西美尔社会学中一个非常重要的原则和概念，与他的相对主义方法论、空间社会学乃至价值理论均密切相关。尽管"距离"在他后期的哲学著作中更为明显，但是，正如斯坦霍夫

---

①　Georg Simmel, *Philosophie des Geldes*, GSG 6, 1989, S. 257 – 258.

②　Georg Simmel, *Philosophie des Geldes*, GSG 6, 1989, S. 260 – 261.

③　Georg Simmel, *Philosophie des Geldes*, GSG 6, 1989, S. 658.

（Maria Steinhoff）所论证的那样，在他早期的社会学论著里已经显现出来了。在《社会学的基本问题》中，"距离"概念更明显地与认知旨趣理论联系了起来。西美尔指明，我们借由把握社会及社会化形式的抽象化过程依赖于现象综合与人的心灵之间的距离。他将社会学家与社会之间的关系理解为类似于艺术鉴赏者鉴赏艺术的方式：现实之所以可能呈现不同的图景，是因为人与现实的不同距离。①

　　在西美尔看来，现代文化的一个趋势是人们离精神（Geist）越来越近，离灵魂（Seele）却越来越远，这是一个距离同时增长与缩小的过程。在这种双重的现代趋势中，现代人与其周围环境的关系的发展呈现这样的特征，即离他最近的圆（Kreis）越来越远，目的是接近离他较远的圆。真正内在关系中的距离日益增大，外在关系中的距离则日益缩小。货币在这个双向过程中所起作用的广度与强度，首先表现为货币对距离的克服。只有价值转化为货币形式，利益之间的联系才能够克服利益之间的空间距离。西美尔举例，只有通过货币手段，某个德国资本家和工人才可能卷入西班牙的一桩人事变动。② 可见，这种距离的克服首先是一种"远"的克服，它拉近了人与其外在之物的距离。

　　但是，对西美尔来说，更有意义的乃是，货币充当着相反发展方向——货币的距离化效果——的载体。具体而言就是，货币交易在人与人之间树立了屏障，第一个原因是，交易双方中一方得到了所欲求的东西，另一方则只得到了钱，仍需要寻求第三方来满足自身所需。这就在交易双方因对立的兴趣造成的对抗之外，增添了一种新的疏远性（Fremdheit）。第二个原因，也是我们要着重处理的，即货币导致了交易的普遍客观化，取消了所有的个人色彩与倾向。以货币为基础的关系的数量日增，人对于人的意义——尽管以隐匿的方式——越来越可追溯到金钱利益上来。以这种方式，货币反而在人与人之间确立了一种内在的界限，现代生活方式正是由于这种距离而成为可能，因为若无这种心理上的距离化，大都市中交往的拥挤与紊乱就可能是无法忍受的。诸种关系中要么公开，要么隐匿的金钱性为人与人之间附加了一道距离，这对于我们文化生活的拥挤与摩擦是一

① David Frisby, *Sociological Impressionism: A Reassessment of Georg Simmel's Social Theory* (London: Routledge, 1992), p. 153.
② Georg Simmel, *Philosophie des Geldes*, *GSG* 6, 1989, S. 663.

种内在的保护与协调。①

因此，西美尔在这种金钱关系中看到的并非纯然消极之物，而是注意到了它的积极意义。现代货币经济所促成的客观化关系对于人格特质的限制或取消，派生出一种必要的距离，这使得现代大都市中密集的交往、互动免除了过度的负担。现代社会的非人格性的基础是理智化的主导地位，这在货币的特征中得到了集中体现。西美尔没有明说的是，距离化效果的确使大都市中的人与人之间的频繁互动成为不涉个人倾向的，不涉个人色彩的，也因此是可忍受的，不过，这同时回应了货币的纯粹功能作用：在公共交往中，"我"对于"你"的意义仅仅是一种功能性、程序性的存在，人格或者体现个人特质的交往被挤压到了私人领域。这恰恰构成了马克思严厉批判的对象。②

按照西美尔的理解，货币的距离化效果的意义在其扩展形式——信贷——中的表现，仍可与宗教信仰联系起来。信用交易中需要信任（Vertrauen），西美尔提醒我们注意这样一种态度，即在某些商业交往中，并不是先成为绅士才能赊账，而是要求赊账的才是绅士。即时可现的现金支付方式有着小市民气，因为它将经济序列中的诸多元素都汇集到令人不安的狭小之地（空间），而信用交易则要求一种基于信任而调整的距离。在此，西美尔特地在信用交易与上帝信仰之间做了类比。在信用交易中，价值交换的直接性被距离取代，距离的两极则通过信仰（Glaube）而联结在一起。同样，宗教性越强，上帝与个体灵魂之间的距离就越不可估量，以激起最大限度、能够沟通二者距离的信仰。③

西美尔的本意显然是要说明，交易双方以及上帝和灵魂之间均存在距离，这种距离通过信仰而同时得到维系与克服，因此，它们之间存在形式相似性。但是，我们因此有理由将上帝与个体之间的距离称为"宗教性的距离化效果"。西美尔在《货币哲学》第一章第一节中已经简单地介绍了经济行为能够同时发挥距离化与克服距离的功效，④ 与货币相同，宗教信仰中的距离化效果与距离的克服之间亦是相互包含、相互交错的关系：人

---

① Georg Simmel, *Philosophie des Geldes*, *GSG* 6, 1989, S. 664 – 665.
② 马克思指出，资本主义社会的一大问题在于，不是人的本质构成人与人发生联系的纽带，恰恰相反，在私有制下，产品所承认的不是人的本质的特性和权利，而是使"你"依赖于"我"的产品并因此赋予"我"支配"你"的权力的手段。（马克思：《1844 年经济学哲学手稿》，人民出版社，2000，第 181、184 页）
③ Georg Simmel, *Philosophie des Geldes*, *GSG* 6, 1989, S. 668 – 669.
④ Georg Simmel, *Philosophie des Geldes*, *GSG* 6, 1989, S. 48 – 54.

与上帝之间存在不可逾越的距离，但同时，这种距离须在一定程度上得到克服，以使二者的沟通成为可能。然而，在克服距离的过程中，距离化效果同时发挥着作用。易言之，人们在克服距离的同时，也总是在制造着距离。距离总是同时意味着张力与调节、对抗与和缓：距离本身既产生着距离又否定着距离。在此意义上，我们甚至可以说，"距离"这个概念不仅最完美地体现了西美尔的辩证法原则，而且彰显了他对现代文化的理解。这一点在《宗教的地位问题》与《生命的矛盾与宗教》等一系列论文中得到了更为详尽的阐发，虽然西美尔本人并没有直接将它们联系起来。

简而言之，西美尔是通过两个方面来阐发货币经济中所蕴含的"宗教信仰"质素的：首先，对货币的信仰与对宗教的信仰是同质的，二者同属宗教信仰这一范畴，虽然前者是一般的宗教信仰，后者是纯粹的宗教信仰；其次，货币的距离化效果对于"信仰"有着特殊意义。当然，西美尔本人对货币的宗教信仰因素的分析并不是系统的，在《货币哲学》中明确涉及"信仰"的主要体现在第一个方面。关于货币的纯粹交换功能，西美尔所言甚多，"信仰"反倒只是一种次要的分析变量，虽然绝非无足轻重；而距离化效果实质上已经论及了现代文化中的生活风格。

三 宗教信仰、理论信仰还是系统信任？

西美尔的论证是否毫无漏洞呢？笔者以为，并非如此。虽然他扩大了"宗教信仰"的外延，并始终谨慎地将对货币的信仰视为与纯粹的宗教信仰有所区别的一般的宗教信仰，但是，他的确在这一问题的论述中出现了一些含混与矛盾。

西美尔认为，货币具有价值不是由于它自身是什么（质料价值），而是由于它所服务的最终目的。货币在最初能够行使功能是因为它具有内在价值，但在后来它之所以具有价值，是因为它能够发挥这些功能。作为一种纯粹的符号，货币之纯粹存在形式就是交换与度量功能。交换之外，货币毫无意义。① 正是功能价值与质料价值的分离才使货币成为货币，使它

---

① Georg Simmel, *Philosophie des Geldes*, *GSG* 6, 1989, S. 251 – 252. 吉登斯承认，西美尔对货币与现代性之间的联系的论述是最丰富的，但他不同意西美尔将货币视为一种流通手段的看法。他认为，在今天，货币本身已经独立于它所代表的商品，如同存储在计算机中的数据一样，以纯信息的形式表现出来。（〔英〕吉登斯：《现代性的后果》，田禾译，黄平校，译林出版社，2011，第19～22页）

发挥着纯粹的交换功能。货币的纯粹交换功能使它几乎可以与任何事物、任何价值进行交换，因此，它可以在任何目的序列中居于绝对手段的地位。

在此，西美尔将货币与宗教性进行了类比：与特定的宗教信条的内容相对照，宗教情感（宗教性）是普遍的。[①] 将货币与宗教联结在一起的关键在于：与它所服务的特定目的相比，功能是普遍的。一种金属成为货币是通过它的纯粹交换形式而实现的，正如超世俗观念吸取了宗教情感功能而发展成为宗教。[②] 宗教性之于宗教教义，即如同货币的交换功能之于货币的质料。换句话说，无论是宗教教义在历史中的演变，还是货币质料的变化，宗教性与交换功能都是普遍的。可以看出，西美尔的确有意在现代人对货币的信仰与宗教信仰之间建立起联系，从他在《货币心理学》《现代文化中的金钱》《货币哲学》中一再提及货币与上帝的等同性，亦可看出这一点。

但是，对货币的信仰真的是宗教信仰吗，哪怕是一般的宗教信仰，而不是纯粹的宗教信仰？对西美尔而言，宗教性源自人与人之间的互动，这种互动对于人的生存、社会的维系都是不可或缺的，因为社会本身即为互动。然而，宗教性并不是由宗教主动创造出来的，而是在人与人之间的互动中自发地形成的，是宗教性的对象化冲动将信仰需要投射到了自己所创造出来的信仰对象（货币或上帝）上。因此，并非宗教创造了宗教性，而是宗教性创造了宗教。[③] 根据西美尔的理解，由于社会形态是由宗教性渗透的内容，这将越来越显示，它们的结构决定了它们必然成为宗教性的生活与活动领域。易言之，宗教性既在宗教形态，又在社会形态中付诸实现，宗教信仰亦然。

乍看之下，货币与宗教一样，同属人为的创造物，并反过来通过社会化作用强化了对它们的信仰。但西美尔忽视的一个重要区别是：在宗教信仰中，无论是上帝之于信徒（纯粹的宗教信仰），还是军队之于军人，祖国之于爱国者，人类共同体之于大同主义者（一般的宗教信仰），它们都是直接而确定的信仰对象。在这种信仰关系中：（1）神圣性、献身性、忠诚性等心理－情感特征指向的就是上帝、军队、祖国和人类共同体本身，

---

① Georg Simmel, *Philosophie des Geldes*, GSG 6, 1989, S. 252.

② Georg Simmel, *Philosophie des Geldes*, GSG 6, 1989, S. 253.

③ Georg Simmel, "Die Religion," GSG 10, 1995, S. 49.

而非其他；（2）它们作为信仰对象，能够为信仰主体提供一种生活目的，一种归属感和认同感。

然而，反观对货币的宗教信仰，我们发现，货币的距离化效果的一个特征即手段越来越拒绝和否认目的，最终干脆取代了终极目的，人类因此而与自身疏远。然而，一旦生活只关注货币，那么，在促使价值意识集中于货币身上的那些环境不再存在之后，它就原形毕露了：它只是纯粹的手段。① 即使在现代文化中，手段已经取代了目的，我们也很难想象这个"手段"能为人们提供一种归属感与认同感。

实际上，在《货币哲学》问世之后，涂尔干就撰写了关于此书的评论。他承认，《货币哲学》包含了诸多的独创之见、生动的观察、有趣甚至有时是令人惊讶的比较、大量的历史与人种志事实。但是，总的来说，他怀疑，是否有一位经济学家能够接受西美尔论证的核心理论，因为在他看来，西美尔的货币经济学是以一个含混的概念为基础的：货币可分为金属货币（它本身就有价值）和纸币（它只有纯粹的信用价值）。但是，在西美尔处，两种货币是以相同的方式得到处理的。但事实是，有两种计算类型，它们与社会组织的两种极其不同的形式相联系。只有在经济生活得到社会化，经济功能脱离了某种社会控制——在这种社会中，金属货币体系扮演着更为重要的角色——的程度上，纸币才能替代金属货币。② 易言之，如果涂尔干同意西美尔所说的"对货币的宗教信仰"，就必须加一个前提，即这种信仰只能在纸币这里才能成立。

当然，我们也必须承认，西美尔并未像涂尔干评析的那样忽视了货币与社会组织之间的关系，相反，这种关系乃是他关注的一个要点，但也正是他对这种关系的解释反而进一步暴露了"对货币的宗教信仰"这一论断是颇成问题。西美尔指出，所有的古希腊货币都是神圣的，它们来自祭司阶层，该阶层同时象征着由不同的地区所联结成的统一体。神殿有着超越地方性的中心化意义，货币则通过铭刻共同的神的象征表现了这种意义。凝缩在神殿中的宗教－社会统一体似乎在发行的货币中再次变得畅通无阻，并且给予货币一种超越单个钱币之金属意义的根基与功能。通过社会结构的支持以及反过来对社会结构的支持，货币抛弃了自身的质料，集

---

① Georg Simmel, "Das Geld in der modernen Kultur," *GSG* 5, 1992, S. 189.

② Émile Durkheim, "Durkheim's Review of Georg Simmel's *Philosophie des Geldes*," trans. Peter Baehr, in David Frisby, ed., *Georg Simmel*: *Critical Assessments*, Vol. I, pp. 158 – 159.

中体现为货币功能的意义。① 因此，宗教－社会统一体与货币之间是一种相互支撑、相互巩固的关系，对货币的信仰乃是由其背后的"权力"来保障的，这表明，货币与货币的发行者与担保者之间有着紧密联系，确切而言，货币的纯粹功能是由政治权力担保的。②

米拉（Natalia Canto Mila）已经发现，虽然未曾明言，但西美尔的确暗示我们，人们对货币之纯粹交换功能的信任（trust）与现代社会和政治体系相关。人们对货币的信任并非对其质料价值的信任，而是对他们身处其中的社会与政治系统的信任，对维系货币的国家之稳定性与合法性的信任。③ 米拉的这种说法固然不错，但是，我们要注意的是，在这一层面上，西美尔亦明确表示，现代中央集权国家部分地就是庞大货币经济的产物。④ 与封建制度不同，货币经济能够强化地方对中央权力的依赖。易言之，货币经济与政治权力之间存在的是一种共谋共生的关系，而非单向的关系。

货币日益增长的祛人格化（Entpersonalisierung）之所以与中央集权化和扩张的社会之间有着密切联系，都与独立于金属价值的货币功能直接相关。货币的价值是以其可信赖性（Sicherheit）为基础的，中央政治权力作为货币可靠性的支柱替代了货币的意义。⑤ 在此，西美尔实际上为货币赋予了一种"政治"性格。由于政治权力的无言在场，即使在最私人的交换活动中也存在着第三方。在物物交换经济中，价值内在地与个体特征联系在一起，而在货币经济中，个体只是与价值处于非直接的关系中。尽管个体与价值的转让之间的距离日益增长，但是，所有理性的经济交换都依赖于一种共同体的存在，后者作为第三方，保证了流通的相对价值，因此，一种私人的交换成了公共事务。⑥ 西美尔没有意识到的是，通过将对货币的纯粹交换功能的信任转化为对政治系统的信任，他已经破坏了他特意赋予现代人的"对货币的宗教信仰"维度。

那么，到底应该如何来理解对货币的信仰呢？按照我们在上文对宗教

---

① Georg Simmel, *Philosophie des Geldes*, *GSG* 6, 1989, S. 229.

② Georg Simmel, *Philosophie des Geldes*, *GSG* 6, 1989, S. 213.

③ Natalia Canto Mila, *A Sociological Theory of Value：Georg Simmel's Sociological Relationism*, pp. 183 – 184.

④ Georg Simmel, *Philosophie des Geldes*, *GSG* 6, 1989, S. 224 – 228.

⑤ Georg Simmel, *Philosophie des Geldes*, *GSG* 6, 1989, S. 224 – 225.

⑥ Jim Faught, "Neglected Affinities：Max Weber and Georg Simmel," in David Frisby, ed., *Georg Simmel：Critical Assessments*, Vol. I, p. 169.

信仰的内部区分，西美尔所说的对货币的信仰乃是一般的宗教信仰。西美尔指出，当某人说他信仰上帝时，这不是一种对上帝知识的不完善阶段，而是一种与这种知识路向全然有别的情绪状态（Gemütszustand）。这种情绪状态一方面肯定比知识少，另一方面又多于知识。它可能会依赖于这些知识，却并不来自它们。经济上的信用、对团体的信任都包含这种超理论信仰（die übertheoretischen Glauben）的因素。在知识的弱形式之上，存在一种社会－心理的添加物，即一种与宗教信仰同源的情绪：对货币的"信仰"与宗教信仰被置于同一范畴。

　　不过，我们仍然可以试着根据西美尔来寻找这个问题的答案。西美尔曾特意以铭刻在马耳他钱币上的铭文"*non aes sed fides*"（此乃信用，而非铜币）为例说明"信仰"因素的重要性。他先是后退一步，承认不仅是货币经济，而且是任何经济都需要这种"信仰"——这种信仰只是削弱了的推理知识（dasabgeschwächtes inductives Wissen/a weak form of inductive knowledge）。他紧接着又说明，在借贷和对某人的信任（Vertrauen）的例子中，有一种难以描述的因素，后者在宗教领域中的宗教信仰中得到了最纯粹的表达。[①] 也就是说，西美尔承认，对货币的信仰是一种知性意义上的信仰，因为根据他的区分，理论信仰能够变换其内容，而信仰主体并不因此而变成了另一个人，因为信仰的功能（Glaubens－funktion）未变。但是，在宗教信仰中，不存在内容（Inhalt）与功能（Funktion）之间的相互独立：信仰一个不同的神就是一种不同的信仰。之所以将对货币的信仰称为理论信仰，正是因为信仰的功能基本上独立于信仰的内容。更何况对于西美尔来说，货币之功能独立于其质料，这已经反映了它的纯粹符号的特征。他指出，宗教的价值可通过教士和教会、伦理－社会价值可通过国家权力机构和制度、认知价值可通过逻辑规范来获得具体化，但是，没有任何价值能够像经济价值那样脱离于具体的价值对象或价值过程，没有任何价值能够像经济价值那样成为价值的纯粹抽象载体。[②] 西美尔在此实际暗示了：货币的统一功能的特别之处就在于，它（理论上）能够作为经济价值的纯粹符号，因为它比任何其他领域都更接近于纯粹形式化的理想。在独立于质料价值的过程中，货币日益承担了作为价值符号（而非价值本

① Georg Simmel, *Philosophie des Geldes*, *GSG* 6, 1989, S. 216.
② Georg Simmel, *Philosophie des Geldes*, *GSG* 6, 1989, S. 181.

身）的纯粹功能。这种发展之所以可能，是因为社会性质的变化，尤其是因为信任（trust）的发展。货币是以社会之中的信任为前提的，这种信任又反过来要求社会的稳定。若无这些条件，货币不可能成为与其内在价值相分离的祛人格化现象。① 既然在宗教信仰中，内容与功能不可相互独立，而货币毫无内容，又何来对它的宗教信仰呢？

对于舍勒来说，信仰与信任有着本质性的区别："在行为方面，相信与信仰的本质区分，首先在于行为与位格的关系，也就是（不分相信与信仰的）'信'之行为与位格的关系。信仰乃是行为中心的一种'投入'（Einsetzung），亦即整个统一位格本身为着所信者、为着（相关的）绝对的价值事物之实在存在的'投入'。相信则是某个位格所具有的与其它个别行为交织在一起的个别行为（这个位格或者是理论的位格，或者是实践的位格，或者是'感知'的位格，而决不是整个位格）；相信乃是一个个别行为，它使得行为中心（以及它的价值和存在）在意向中变得完全漠然无殊。在信仰中，是一个虔信的（或者无信仰的）人；在相信中，则是一个眼下在个别行为中相信（或者不相信）某物的人。"② 若按舍勒的这种理解，西美尔将对货币的信任称为"信仰"的做法已属误解，称为"宗教信仰"则完全是大错特错了。

事实上，我们也能发现，尽管吉登斯、卢曼均曾提及西美尔的"信仰"理论及其与"信任"的紧密联系，但他们都是把重点放在信任，而非信仰上。海德格尔曾指出，"世界的欧洲化"（Eropäisierung der Welt）使得自然唯有在可计算、可控制的对象性中显示出来。③ 人在世界中存在就是在充满不确定性的世界中寻求确定性的存在，如何在一个陌生化的社会中保持对系统的基本的信任以维持系统的正常运转，这是二战之后社会学中的一个重要问题。这个问题不仅在此前的西美尔这里已经得到讨论，甚至韦伯也已有论及。韦伯认为，现代世界已不再是那个披着神圣的帷幕的世界了。

---

① Bryan S. Turner, "Simmel, Rationalization and the Sociology of Money," in David Frisby, ed., *Georg Simmel: Critical Assessments*, Vol. Ⅱ, p. 277.

② 〔德〕舍勒：《死 永生 上帝》，孙周兴译，道风书社，1996，第179页。

③ 〔德〕海德格尔：《同一与差异》，孙周兴、陈小文、余明峰译，商务印书馆，2014，第148～150页。Martin Heidegger, *Identität und Differenz* (Frankfurt am Main: Vittorio Klostermann, 2006), S. 155–157。

关于由学术和以学术为依据的技术所孕育的理知主义的合理化趋势，让我们先来澄清一下其现实含义。它是不是表示，今天在座的每一个人，对于自身的生存状态，都比一个美洲印第安人或一个霍屯督人知道得更为清楚？这几乎是不可能的。我们搭乘电车，对车子为什么会前进一无所知，除非你是专业机械师；而且我们没必要知道。我们只要知道电车行驶有一定规则可循，据以调整我们的行为，那就够了。至于这样一个会走的机器是怎样制造的，我们并不知道。相形之下，未开化的野人对他的工具的了解，是我们比不上的。……因此，理知化与合理化的增加，并不意味人对他的生存状态有更多一般性的了解。它只表示，我们知道或者说相信，任何时候，只要我们想了解，我们就能够了解；我们知道或者说相信，在原则上，并没有任何神秘、不可测知的力量在发挥作用；我们知道或者说相信，在原则上，通过计算，我们可以支配万物。但这一切所指惟一：世界的除魅（Entzauberung der Welt）。我们再也不必像相信有神灵存在的野人那样，以魔法支配神灵或向神灵祈求。取而代之的，是技术性的方法与计算。①

就此而言，除魅的世界就是一个陌生的世界：合理但陌生。在这个世界中，熟悉与信任之间的关系已不再建基于一个即刻经验到的、为传统所保证的、邻近的世界。对这种关系的保证不可能再通过把陌生人、敌人以及不熟悉的人排斥在某些界限之外来提供。这时，历史不再是可回忆的经验，相反，它只不过是一个预先确定的结构，这种结构是信任社会系统的基础，信任必须参照这些系统本身。②

卢曼已经敏锐地看到了这一点。他认为，根据功能主义系统理论的研究方式，世界有着无法想象的复杂性，它所包含的可能性超出可能实现的可能性，就此而言，它是一个开放的结构。正是这一点构成了各系统努力在世界中维持自身的问题，世界和系统的关系被看作一个超载的、不断受到威胁的不稳定性的问题。霍布斯要建立的绝对政治统治的必要条件，舒茨所阐述的"他我"（alterego）在世界中在场的理论以及帕森斯的系统理

① 〔德〕韦伯：《学术与政治》，钱永祥等译，广西师范大学出版社，2004，第 167～168 页。
② 〔德〕卢曼：《信任：一个社会复杂性的简化机制》，翟铁鹏、李强译，上海人民出版社，2005，第 26～27 页。

论均是在不断提高的社会复杂性的条件下，人们能够而且必须发展出有效的简化复杂性的方式的理论例证。① 在他看来，信任即为简化复杂性的一种方式。在简单的社会系统中，超越对具体个人的信任模式主要是通过有关真实存在的、自然和超自然的，以宗教为根据的假设或神话、语言、自然法，但是，在分化的现代社会中，这种信任模式是通过系统信任来实现的。② 与西美尔相同，卢曼也认为，任何一个信任货币价值的稳定性、信任花钱机会多样化连续性的人，都假定一个系统在发生功能，而且人们信任的是该功能而不是信任人。这种系统信任是通过连续性的、肯定性的使用货币的经验自然而然地建立起来的。在货币可能满足的情境中，它以一种更精确和有效的方式实现跨越时间和吸收风险的功能，因为它是专门为这些功能而设计的。对货币制度的普泛化信任，取代了对信任的艰难证明，为一个合作社会中的生活提供了确信的基础。③ 与此类似的是，吉登斯也指出，西美尔所谓对"对货币的信仰"可被概括为"对某事物的信奉，而不只是认知意义上的理解"。吉登斯对货币以及对西美尔的信任理论的讨论乃是对社会系统中作为象征标志（symbolic tokens）的脱域（disembedding）机制的讨论，而所有的脱域机制均依赖于信任。④ 由此，在韦伯、吉登斯与卢曼这里，西美尔所谓"宗教信仰"就被扭转成为"信任"问题，而在后两人那里，则被更具体地转化为"系统信任"。

四　弥散型的宗教信仰

西美尔的宗教理论常被赋予"私人宗教"（private religion）的标签，考虑到西美尔对个体法则的重视，对埃克哈特（Meister Eckhart）神秘主义的偏爱，这种观点自有其道理。通常将涂尔干的社会学称为社会唯实论或社会学主义（sociologism），而将西美尔的社会学称为社会唯名论（social nominalism），这种提法⑤也加深了这种印象。但是，西美尔对宗教关系与社会关系的类比，对宗教的纯粹统一功能的强调以及对宗教信仰的弥散性质的讨论表明，其宗教理论绝不限于私人宗教这一维度。按照西美尔

---

① 〔德〕卢曼：《信任：一个社会复杂性的简化机制》，第 6~10 页。
② 〔德〕卢曼：《信任：一个社会复杂性的简化机制》，第 62 页。
③ 〔德〕卢曼：《信任：一个社会复杂性的简化机制》，第 65~67 页。
④ 〔英〕吉登斯：《现代性的后果》，第 24 页。
⑤ 苏国勋：《社会理论与当代现实》，北京大学出版社，2005，第 7~8 页。

的理解，宗教信仰并未受缚于宗教领域，而是弥漫在各式各样的社会关系中。本节要做的，就是汲取西美尔无心插柳的启发，来与弥散型宗教理论建立可能的联系。不过，必须澄清的是，下文论证的一个前提是：笔者无意鼓吹西美尔的宗教理论已经预示或暗含了弥散型宗教理论的走向，而只是尝试挖掘西美尔思想中固有的潜力，找出他对于宗教信仰之"弥散型"的解读。

众所周知，杨庆堃区分了两种类型的宗教：建制型宗教（institutional religion）与弥散型宗教（diffused religion）。前者有其自身独立的神学、仪式与建制，并独立于任何世俗机制；后者的神学、仪式与组织则与社会中的世俗建制密切结合。① 西美尔所说的宗教信仰与弥散型宗教的联结点是在消极的意义上产生的，即二者均无自己独立的宗教建制，而是镶嵌在社会生活、社会现象之中的，与世俗机制并无截然分明的界限。根据西美尔所述，"相同的内容会有多样的形式，而多样的内容则可能有相同的形式"，正是因为形式、内容之间的相互交叉、相互混合，形成一种多元的对应关系，宗教性才有可能在不同的内容中存在并发挥作用。因此，宗教信仰亦可在不同的内容中存在并发挥作用，它指向的不只是诸如上帝、天、梵这样的超验存在者，还可指向诸如国家、民族、组织这样的经验存在者。宗教信仰就其表达方式而言，仍然是一种关系性概念，它之所以能够与弥散型宗教存在相似性，端赖于此。

按照西美尔的解释，没有宗教性的信仰，社会就不会存在，因为这种信仰是维系社会的最稳靠的纽带。即使在后期，他也坚持，无休无止的内在生命（Raetlosigkeit des inneren Lebens）不停地变换思想对象，最终在上帝观念中发现了绝对对象。上帝作为绝对的寻求对象，对其的信仰乃是这种信仰形式、信仰关系的绝对化、超验化。② 无论是宗教性，还是信仰，或者是灵魂的拯救，西美尔对它们的解读呈现一种相同的逻辑形式：从一般的宗教性衍化为纯粹的宗教性，从一般的信仰过渡到纯粹的宗教信仰，从混合着杂质的灵魂升华为纯粹灵魂的本真存在，这些均涉及一种净化与凝缩的过程。反而言之，在神圣形式与世俗形式中都可能弥漫着相同基

---

① C. K. Yang, *Religion in Chinese Society：A Study of Contemporary Social Functions of Religion and Some of Their Historical Factors* （Berkeley：University of California Press, 1967）, pp. 20 – 21, 294 – 295.

② Georg Simmel, "Die Religion," *GSG* 10, 1995, S. 75 – 76.

质，因此，宗教性在孕育、生产出成熟的制度宗教对象之前，有可能成为一种弥散型宗教。

在这一点上，我们可以通过西美尔与涂尔干宗教社会学的一个差异来理解。在涂尔干处，对宗教力的社会本原的揭示，必然要引出这种力如何持续有效地施加在个体身上的问题。力总是针对特定对象的，若脱离了对个体受力方式的考察，对集体力的分析就不是完整的。这即为"人性如何可能"的问题，以西美尔的话来表达就是"社会是如何可能的"问题。涂尔干所指出的日常生活与集体聚会之间的对立就是圣俗对立在社会形态学上的反映，即社会的自我持存陷入了两难境地，因为集体欢腾之外的日常生活，社会在个体身上是不充分在场的。① 相反，正如宗教性不必局限于宗教领域一样，社会亦非外在于个体的存在，西美尔对"社会"的理解能够避免涂尔干那样的圣俗对立，因此，在世俗生活与灵性生活之间并不存在根本的断裂。

在《社会学》的"'社会是如何可能的'这一问题的附录"中，西美尔借鉴了康德的知识论专门处理了这一问题。但是，正如弗里斯比指出的那样，这一问题并不是以严格的康德式的术语来提出的，如"关于社会的知识是如何可能的"，而是定位于更为经验的层面上，即"社会是如何可能的"康德问题中的先验主体被互动中的经验性的人类主体所取代。② 在西美尔看来，自然的统合与社会的统合的决定性区别在于：前者在观察性主体中才得以存在，它是经由主体对感觉材料（Sinneselementen）的整理而产生的；社会各种因素的统合则是直接实现的，无须观察者，因为这些元素（个体）自身就是有意识的、能够进行自我综合。因此，社会实质上就是个体心理的综合与互动。这种统一化（Vereinheitlichung）不需要外在于其构成因素的东西。③ 因此，"社会是如何可能的"这一问题与"自然是如何可能的"问题相比，有着全然不同的方法论意义，对于后一个问题，主体通过认识形式，将给定的因素综合为自然；但是，对于前一个问题，由存在元素自身中的先验条件来回答，通过这些条件，元素（个体）

---

① 汲喆：《礼物交换作为宗教生活的基本形式》，《社会学研究》2009 年第 3 期，第 3~5 页。

② David Frisby, *Georg Simmel: Revised Edition*, p. 121.

③ Georg Simmel, *Soziologie: Untersuchungen über die Formen der Vergesellschaftung*（München: Duncker & Humblot, 1923），S. 22.

将自身与作为综合的"社会"联结起来。①

　　根据西美尔的说明，如果在最宽泛的意义上来理解"社会"概念，它就是个体之间心理的互动。但是，这种互动并不是暂时的、转瞬即逝的，而是频繁的、集中的与持久的，只有这样，才能称为"社会化"。这些相互作用一旦得到了客观化，就形成了国家、家庭、教会、阶级与利益集团等。② 同样地，在人与人之间的互动中产生的宗教信仰一旦客观化，即成了宗教。我们经常将所有这些宏大的体系及超个体的组织与"社会"概念联系起来，它们实际上并非他物，而是直接、无时无刻、来自个体之间又返回至个体之间的互动的巩固。由此，它们获得了独立的存在与法则，并进而与相互规定的活力相对立或对抗。对于西美尔来说，"社会"仅仅是彼此处于互动关系中的个体集合的名称。因此，社会不是实体，亦非有形存在，而是一种过程，是个体命运与性质彼此影响的功能。③

　　虽然同样反对方法论上的个人主义，但是，西美尔对"社会"的理解显然与涂尔干不同。如果说，涂尔干倾向于将社会分析为一种各种力量达成平衡的结构 – 功能系统（structural – fuctional system），是一种"物"的话，西美尔则将社会作为一种动态的互动，社会化的集合。④ 已经有学者指出，与涂尔干相反，在西美尔处，成为上帝的不是自成一类的社会，而是人与人之间的互动过程，后者获得了神化。⑤ 从早期作品开始，西美尔就极力避免"社会"的物化或者实体化。早在 1890 年，西美尔就坚持，社会不是完全自我封闭的实体，也不是一个绝对的实体。较之于部分之间的互动，社会只是第二位的，只是其结果。西美尔的出发点是：任何事物都与其他的事物相互作用，都有永久变动的关系存在。社会现实处于永不止息的变动中，最适合表达这一状态的必然是关系性概念，因此，在西美尔的社会学里，诸如社会结构、社会系统，甚至社会制度之类的概念只扮

---

① 　Georg Simmel, *Soziologie：Untersuchungen über die Formen der Vergesellschaftung*, S. 23.

② 　Georg Simmel, "Grundfragen der Soziologie," *GSG* 16, 1999, S. 68.

③ 　Georg Simmel, "Grundfragen der Soziologie," *GSG* 16, 1999, S. 69 – 70.

④ 　涂尔干与西美尔对社会学的不同理解，可与德国学界对英法自然主义传统的不满联系起来，参见 Donald N. Levine, *Visions of Sociological Tradition*（Chicago：University of Chicago Press, 1995）, p. 211。

⑤ 　〔英〕希林、〔英〕梅勒：《社会学何为?》，李康译，北京大学出版社，2009，第 90 页。

演很次要的角色。。①

在人与人的互动中，每个人都参与其他人的生活当中，宗教信仰即来自这种互动，因此，这种宗教信仰本身即无时无刻地镶嵌在社会之中，神圣与世俗并不存在涂尔干所设想的那种紧张。宗教范畴渗透并形构社会关系，社会关系则使得宗教成为可能，而宗教的深层基础就在于个体对待上帝的行为与个体对待社会共同体之间存在值得注意的相似性（Analogie）。在此，最为突出的就是依附感（Gefühl der Abhängigkeit）。② 同时，人与上帝之间的关系涵括了历时（Nacheinanders）与共时（Zugleich）之中的所有可能关系（Beziehungsmöglichkeiten），由此，它重现了个体与其社会群体之间存在的行为方式。③ 如此一来，日常生活与集体欢腾之间的断裂已经不复存在了。

因此，当日常生活中的社会关系尚未升华为客观宗教时，其中所蕴含的一般的宗教信仰与世俗机制之间的结合就可能成为一种弥散型宗教。西美尔以"宗族"为例指出，在伊斯兰教诞生之前，阿拉伯人的宗教性敬畏的对象乃是宗族。故而，的确存在这样的社会关系，也就是人与人之间的关系，它们就其形式而言，可被视为半成品的宗教。正是这种意义上的社会关系，一旦脱离其社会旨趣内容，提升至超验维度，即形成了独立意义的宗教。④ 在此意义上，宗族之于伊斯兰教诞生之前的阿拉伯人而言，就是他们的信仰对象。

质言之，西美尔肯定了社会关系中的宗教维度，这使得宗教（神圣）与社会（世俗）之间的鸿沟趋于消弭。在人与人的冲突与统合中，自发形成了某种具备宗教性的社会精神基调，后者影响着人对待他人或集体的方式，使得特定的社会关系表现出神圣性、忠诚性等情感特征。宗教只是宗教性的一种派生物，这就意味着，宗教性不必依托于专门的宗教组织与神职人员，亦可能指向一种世俗机制。西美尔多次强调，爱国者与其祖国、忠诚的军人与其军队之间的关系蕴含着不可否认的信仰关系。宗教信仰对世俗生活、世俗机制的广泛渗透和紧密镶嵌，在某种程度上回应并解决了涂尔干式的困境。

---

① 〔英〕戴维·弗里斯比：《现代性的碎片：齐美尔、克拉考尔和本雅明作品中的现代性理论》，第 71 ~ 72 页。

② Georg Simmel, "Die Religion," *GSG* 10, 1995, S. 59 – 60.

③ Georg Simmel, "Die Religion," *GSG* 10, 1995, S. 60.

④ Georg Simmel, "Die Religion," *GSG* 10, 1995, S. 61.

第三章 宗教的统一化功能与个体

一 个体人格的兴起

卢曼指出，现代社会中，关于高层次的目标和规范的共识已经不再可能了，社会的复杂性使得它的统一已不能再通过共同伦理信念来保证了。[①]传统的神学－形而上学之主导地位的丧失与个体人格的兴起是同一个社会分化过程的两个方面。在现代语境中，无论是主动，还是被动，宗教已经丧失了以前的中心地位，而必须面对诸多已经从宗教中分化出来的独立领域，宗教的现代处境的一个特点就是共同体意识的衰落与个体意识的兴起。

如果以个人主义作为理解《新教伦理与资本主义精神》的一把钥匙，则可以说，这本经久不衰的宗教社会学名著为人们展示了这一过程，即英国清教徒牧师班扬（John Bunyan）的《天路历程》（The Pilgrim's Processing）所描绘的那个内心孤独、奋力赶往天国的"朝圣者"最终被笛福（Daniel Defoe）的《鲁宾逊漂流记》中兼任传道工作的孤独的"经济人"所取代。[②] 在资本主义的发展过程中，清教的毫无幻想、带有悲观色彩且具备功利主义性格的个人主义丧失了其宗教根基，转变为功利型个人主义。在韦伯看来，这种个人主义在斯密的"自爱"命题以及在曼德维尔的《蜜蜂的寓言》中得到了集中体现，在营利追求最为自由解放的美国，已经褪去了这种追求最初的宗教意涵，而倾向于和纯粹竞赛的营利激情相连接。[③] 从西方思想的发展来看，人成为韦伯笔下的这种"经济人"代表着

---

① 〔美〕霍姆斯·拉莫尔：《卢曼的社会分化理论述略》，载苏国勋、刘小枫主编《社会理论的诸理论》，上海三联书店，2005，第185～186页。

② 〔德〕韦伯：《新教伦理与资本主义精神》，第180页。

③ 〔德〕韦伯：《新教伦理与资本主义精神》，第55、188页。亦可参见〔德〕韦伯《经济与历史 支配的类型》，康乐等译，广西师范大学出版社，2004，第193～194页。

一种极为重大的转变。与此相对的是，当涂尔干将社会制度作为超越感性经验的客观化的集体观念与情感，进而将宗教视为几乎所有重大的人类制度的来源时，这不仅是简单地将宗教的本质归结于社会，还深入了人性问题：由于人的宗教本性乃是社会存在——这种存在是既存在个体之中又超越个体的实在，所以，这也是对从霍布斯到边沁的以个人主义的利己人性论来构建社会秩序这样一条思路的驳斥。在《社会分工论》中，涂尔干对两种类型的社会做了区分：第一种是由所有群体成员的共同感情和共同信仰组成的，即集体类型的环节社会；第二种是由一些特别而又不同的职能通过相互之间的确定关系结合而成的系统，即分化社会。①与这两种社会对应的则是两种类型的团结，即机械团结与有机团结。机械团结是建立在个人相似性的基础上的，有机团结则是以个人的相互差别为基础。第一种团结之所以能够存在，是因为集体人格完全吸纳了个人人格；第二种团结之所以能够存在，是因为每个人都有自己的行动范围和人格。②涂尔干对团结的类型学说明彰显了他对个体人格兴起之语境下的"团结"主题的重视，也开启了后世社会学领域中的一个重要论题。③

　　个体意识以势如破竹之势在现代社会中扩散，它与社会结构的变迁互为因果，彼此推动，并尤其以经济型的自爱个体表现了出来，这已经成为韦伯、涂尔干这样的学者解剖现代社会的一个关键入口。西美尔对个体人格兴起这一历史－文化现象的分析亦有着明显的现代化－现代性色彩，但他的一个独特之处在于，他将它置于更为普遍的集体与个体的关系演变中来进行"规律"式的冷静剖析。

　　按照西美尔的看法，社会现象与宗教现象在三个方面存在形式相似性，即信仰、统一（Einheit）、个人与上帝/集体的关系。不过，"与上帝的关系"实际上仍可归入"统一"一环。因为"与上帝的关系"本来就内在地蕴含于统一形式中，具体而言，"上帝"观念本身就是绝对的统一。

---

①　〔法〕涂尔干：《社会分工论》，渠东译，三联书店，2000，第89～90页。

②　〔法〕涂尔干：《社会分工论》，第91页。对于涂尔干这种理解的批判，可参见 Steven Lukes, *Emile Durkheim: His Life and Work* (London: Allen Lane, 1973), p. 166。

③　美国社会学家安吉尔认为，机械团结对应的是一种文化与规范相结合的整合，有机团结对应的则是功能整合。涂尔干之后的帕森斯与古尔德纳（Alvin W. Gouldner）都同意，功能整合从属于规范整合。参见〔美〕R. C. 安吉尔《社会整合》，载苏国勋、刘小枫主编《社会理论的诸理论》，第516页。

用西美尔的话来说就是，个体和集体之间的内在道德联系与个体和上帝之间的联系有着鲜明的相似性，后者只是前者的升华与净化。[①] 实际上，在1906年与1912年发表的《论宗教》中，西美尔基本上已经将第三个方面融入第二个方面了。故而，我仍将宗教与社会现象的形式相似性归结为"信仰"与"统一"两个环节。笔者在本书第二章已经考察了信仰问题，这一章将重点关注西美尔对宗教的统一化功能这一问题的论述。

西美尔对个体人格的兴起这种历史 – 社会现象最为细致的诠释可见于其《货币哲学》。根据特纳的解读，《货币哲学》一书尽管复杂，其中心论题却可分为三个部分：第一，向货币体系的转换是与"共同体"（Ge-meinschaft）向"社会"（Gesellschaft）的转变相对应的；第二，货币在现代社会的主导性是对非人格、抽象社会关系的反映或再现；[②] 第三，通过非人格的交换关系，货币创造了更大的个体自由，但同时又使人类生活更服从于官僚制度、数量的管制。[③] 特纳的归纳仍然显得过于简单，至少西美尔对价值理论的构建、对现代生活世界的现象学铺陈，尤其是对现代人的心性体验的情感社会学描述，都是在研究《货币哲学》时不得不关注的问题。但是，具体到对现代社会的宏观理解，特纳的观点，尤其是他对《货币哲学》第二个中心论题的总结，仍然可以为我们提供一个有价值的参考。

本书在第一章对货币的讨论中已经涉及了现代文化中人与人关系的客观化现象，但是，尚未指明非人格的、抽象的社会关系之于个体人格发展的作用。按照西美尔的观点，群体的扩大将会增加非人格的、抽象的社会关系，进而能够为货币经济提供充分的空间，即群体的大小与货币经济的发展存在不可忽视的关联。西美尔在对个体人格的兴起这一历史 – 社会现

---

① Georg Simmel, "Zur Soziologie der Religion," *GSG* 5, 1992, S. 281.

② 按照西美尔的观点，与情感相比，知性与货币具有如下的相似性：（1）二者都不关心对象的独特性，情感则有着独特的对象；（2）二者对实在的建构具有普遍与客观的有效性，而情感始终保持主观有效性；（3）理智与货币形式对人是中立的，情感形式则不同；（4）理智、货币与空间的联系不如情感那么紧密；（5）与知性相比，情感在精神的演化中是首要的、基本的表现。简而言之，理智、货币与情感的不同在于它们所能达到的抽象与分化水平不同。较之于情感，理智与货币独立于它们指向的对象、应用它们的主体与空间限制。参见 Jürgen Gerhards, "Georg Simmel's Contribution to a Theory of Emotions," in David Frisby, ed., *Georg Simmel*: *Critical Assessments*, Vol. Ⅲ, pp. 123 – 125。

③ Bryan S. Turner, "Simmel, Rationalization and the Sociology of Money," in David Frisby, ed., *Georg Simmel*: *Critical Assessments*, Vol. Ⅱ, p. 278.

象进行说明时，坚持的是因果多元论：个体人格的兴起的确有着多元的原因与结果，它至少与社会关系的客观化、群体的扩大、货币经济的发展等社会现象彼此互为因果，而且社会关系、群体、货币经济这些现象彼此亦互为因果。① 他的这种思路仍然是与他的相对主义方法论和对"互动"的理解密切相关的。在此，本节着重处理的是"群体的扩大"这一现象之于个体人格的意义。

在群体与个体的关系问题上，西美尔的一个基本看法是，个体的个性特征与约束它的社会影响、旨趣、关系等，在彼此的发展过程中，表现出一种普遍的关系，即存在与行动的个体性是根据包围个体的社会群体（Kreis）的延伸而发展的。② 这种解释呈现了对"空间"的重视：个体的空间与社会的空间乃是一种成正比的发展关系。具体而言，群体在规模上的扩展将会为个体人格的发展提供充裕的空间。

西美尔假设有两个社会群体，即 M 与 N，二者在特征及思想立场方面皆截然不同，但是，每一群体都是由同质与联系密切的元素构成：量上的扩展产生了一种不断增加的分化（Differenzierung）；越来越多的人通过日益专门化的手段去争取生计，这种必然性亦使得个体在内在性质及其表现上原本最小的差异也日趋尖锐；在参与者的数量范围内，竞争将迫使个体发展其专门性（Spezialität des Individuums）。这一过程在 M 与 N 中的起点无论如何不同，它必然会使二者越来越相似。③ 不同的社会群体有着相同或者相似的分化形式：竞争关系、较弱的一方联合起来对抗较强者、个体之间联系的增多、个体之间因质的分化而出现的吸引或排斥，等等。随着这种分化，人们的各种需要与倾向也会增长，并超越它们原初的空间、经济与精神关系中的界限。

西美尔认为，我们所献身的群体关系越是紧密，我们所拥有的个体自由就越少；但是，正因如此，这个群体仿佛是一个个体，它与其他的集体

---

① 这一点也体现在西美尔的宗教理论中，他强调，宗教的起源不是唯一的。如果人们将恐惧或爱，祖先崇拜或自我神化，道德冲动或依赖感视为宗教的内在根源，乃是全然的错误。相反，若是将各个元素视为宗教的一种起源，就可信得多。易言之，西美尔反对将某种单个动机或元素夸大为宗教本质的普遍法则。Georg Simmel，"Zur Soziologie der Religion，" *GSG* 5，1992，S. 266。

② Georg Simmel，*Soziologie：Untersuchungen über die Formen der Vergesellschaftung*，S. 52.

③ Georg Simmel，*Soziologie：Untersuchungen über die Formen der Vergesellschaftung*，S. 527 – 528.

有着截然分明的界限。相应地，我们在其中实现自身、涉及我们利益的群体一旦扩大，我们个体性的发展空间也就会增大；但是，作为整体的部分，我们所拥有的特质减少了，作为社会集体的整体也不如小的群体那么有个体色彩。因此，不仅是共同体相对的狭小紧密，而且——或者说，首先——是它的个人主义色调，对应着个体的相似。简而言之，独特的社会集体，其构成元素（即成员）是大同小异的；不那么独特的集体，其元素则是独特的。① 个体性与集体的独特性成反比关系发展。西美尔的这种思路与涂尔干两种团结的区分是颇为相通的。

西美尔在对群体扩大的论述中，亦论及社会分化、劳动分工、竞争等诸多问题，这是因为这些问题本身就是相互纠缠的。分化的过程就是社会变迁的过程，在这种变迁中，群体原初的向心力由不断增长的个体化与集体元素之间的相互排斥所取代。换句话说，群体的扩大伴随着个体人格的兴起以及个体之间的竞争、更为专门化的分工。西美尔指出，小的、原始的集体是自给自足的，尽管有着某种技术上的分工，但相似性仍然是无处不在的，即每一个成员都是为了集体本身而劳作，每一份劳效在社会学上都是向心的。但是，一旦集体的限制被突破，并进入与其他集体的产品交换关系中，那么，在该集体内部就会产生出口产品与内部消费产品之间的分化——这是两种全然不同的内在生活导向。② 他的这种看法已经指出了现代社会的一大特点，即中心的消散。但是，这种普遍的去中心化趋势反而为个体的发展开辟了空间。因社会分化而导致的中心的消散也使得诸多系统从宗教中独立出来。

西美尔指出，正是集体的中间形态凸显了它与普遍的、更高的形态及个人的、更低的形态之间的相互联系：对内团结，对外排斥。与更高形态相比，中间形态可谓相对的个体，但是，与更低形态相比，它又可能呈现为集体形态。③ 在此，这三种形态之间似乎是滑动的，并无固定的界限。但是，西美尔仍然倾向于相信，我们可以在这三种状态中做出明确的区分。他认为，单个人的狂热献身最适用于最狭小与最广阔的群体，而不是

---

① Georg Simmel, *Soziologie：Untersuchungen über die Formen der Vergesellschaftung*，S. 531 – 532.

② Georg Simmel, *Soziologie：Untersuchungen über die Formen der Vergesellschaftung*，S. 528 – 530.

③ Georg Simmel, *Soziologie：Untersuchungen über die Formen der Vergesellschaftung*，S. 537.

中间形态。为家庭牺牲的人，可能也会为祖国、为人类这一普遍的理念牺牲，在"城邦"构成了最广阔的实践生活领域的时代，或许也会为城邦及其荣誉而牺牲。但是，人们几乎不会为诸如"省份"这样的中间形态而牺牲。纯粹空间的"近"与"远"，如果其心理学意涵将"近"与"远"置于一个实践上统一的范畴之下，那么，它就正对应着二者的转化意义。一方面，它使我们最内在的心理旨趣与同我们朝夕相见、同我们日常生活相牵绊的人相联系；另一方面，又与那种与我们有着不可逾越的距离的人相联结，这种距离带来了与不可满足的追求同样巨大的激动不安。相反，对于那种非近却又非不可触及的人，我们则相对冷漠。① 不过，分化与个体化使得人们与最近者的纽带松动了，却是为了建立一条新的同遥远者的纽带。②

　　在此，西美尔对空间上"近/远"与心理学意涵上的"近/远"之间关系的探讨指出了现代文化中的一个双重趋势，即真正内在关系中的距离日益增大，外在关系中的距离则日益缩小。尤为重要的是，如果说，在《社会学》中，西美尔在群体规模的扩大与个体性的发展这两种现象之间建立起的联系还倾向于一种"普遍规律"式的研究，即这种联系可能发生于任何群体，而不仅限于现代社会，那么，在《货币哲学》中，西美尔借助货币这一媒介更清楚地指出，货币作为一种抽象的符号，它是在相对"广阔"的社会群体的经济互动中形成的。通过纯粹的"量"的性质，货币能够以最精确机械的方式表现不同的个体劳动的价值与个人倾向。因此，货币最早在经济领域内显示了群体的扩大与个体性的发展之间的一般社会学关联。③ 群体的扩大为货币经济的发展与个体性的发展均提供了空间，这意味着人与人之间面对面的直接关系的减少，而非人格化、客观化的关系的增加。通过法律、习俗与利益等不断拓展的连接与整合，群体亦不断延伸扩大，这就是货币由其实质价值（Substanzwert）向功能价值

---

① Georg Simmel, *Soziologie*：*Untersuchungen über die Formen der Vergesellschaftung*，S. 539.

② Georg Simmel, *Soziologie*：*Untersuchungen über die Formen der Vergesellschaftung*，S. 530. 群体的扩大，会使自身与外在于它的环境之间的差异变小，也会使其中人与人之间的纽带相对松动。西美尔的这种思路已经开启了特洛尔奇的宗教分类法（即大教会、小派与神秘主义）及斯达克《信仰的法则》中对堂会与社会文化之间张力的演变规律的总结。当然，西美尔的这种研究暗含着一个自由主义式的前提，即他假设了群体的扩大会带来一元论价值观在社会层面上的衰微乃至解体。

③ Georg Simmel, *Philosophie des Geldes*，*GSG* 6，1989，S. 476.

（Funktionswert）过渡的基础。[①] 集体的扩大原本是货币演变为纯粹交换符号的充分条件，这本身也是个体自由的一个重要前提，同时，如果货币存在并流通，那么，它必然要求一种普遍化的信任氛围，这种信任超越了以一个狭小共同体中的成员之间的相互熟悉为基础的信任，[②] 成为一种广阔的共同体中的抽象的系统信任。西美尔肯定的是，货币经济是高级文化的产物，小的经济群体不足以提供货币经济运转所需要的条件。因此，群体规模从小到大的演变，个体在这一过程中所获得的自由空间，代表的正是现代文化的一个发展趋向。

传统的基于血缘、人格、共同信仰等因素而联系起来的社会业已解体，取而代之的是非人格、功能互补的社会。在这种思考中，无论是涂尔干式的有机团结，还是西美尔式的社会群体的演化，都体现了一种非人格化与客观化的社会关系，其中，发挥关键性作用的正是以权力或金钱为媒介的系统整合，这同时也意味着价值共识、规范话语的失落。在这种社会中，个人确实获得了更大的人格自由，共同意识则遭遇了衰落，个人主义的兴起成为现代文化必然要认真面对的一个问题。

二　货币与个体的自由

自由主义与个人主义之间的理论联系历来是学界的一个重要论题，从自由主义新近的两个界定性运动，即伯林的《两种自由概念》（*Two Concepts of Liberty*）与罗尔斯的《正义论》（*Theory of Justice*）来看，尽管二者以不同的方式影响了自由主义，却一致重申了自由主义与个人主义的联系。[③] 从整体来看，西美尔的社会学热衷于分析一种经济理性主义与个人主义之间的生成关联，但是，他的敏锐之处在于，他通过对货币的分析充分展示了现代人的自由的复杂性。如果说，在《论社会分化》中，西美尔主要强调了货币之于个体自由的积极意义的话，那么，在《货币哲学》中，他的分析变得更为复杂，也少了些乐观。他注意到货币经济妨碍个体自由的一面，这表现了他更为成熟的立场，即现代秩序最为基本的特色是

---

① Georg Simmel, *Philosophie des Geldes*, GSG 6, 1989, S. 221.

② Gianfranco Poggi, *Money and Modern Mind*: *Georg Simmel's Philosophy of Money*（Berkeley and Los Angeles: University of California Press, Ltd., 1993）, p. 148.

③ Colin Bird, *The Myth of Liberal Individualism*（Cambridge : Cambridge University Press, 1999）, pp. 14－15.

它能够同时分化与提升某些本来对立的元素。① 易言之，西美尔对货币经济及劳动分工的分析仍然是二元的：它们既推动了个体自由的发展，又贬低了个体自由。

在《货币哲学》中，西美尔花大量笔墨阐述了货币经济对于个体自由的双重意义。货币经济之于个体自由的第一种意义在于，它一方面取消了发达的货币经济之前的人身依附方式，另一方面使得彼此依赖的特殊方式成为可能，之所以说这种依赖特殊，是因为它反而会给予最大限度的自由以空间。② 西美尔对自由的社会学界定有几个因素需引起我们注意。首先，若自由意味着内在的独立性感觉与个体性的发展，那么，自由这一范畴就不是"关系"的缺失，而是一种与他人的"特殊"的关系。其次，西美尔认为，如果人与人之间的关系皆由近（Annäherung）与远（Distanz）的元素构成，那么，独立性就是这样一种状态：远的元素达到了最大值，但近的元素并未完全消失，正如"左"的概念无"右"亦无法存在一般。因此，唯一的问题是：同时在客观事实及主观意识中，远与近的元素处于何种状态或关系中才能够最适当地促进独立性？对西美尔而言，这种最适合的状态就意味着，尽管有着与他人扩展了的关系，但是，所有真正个人性质的因素都被从这种关系中清除出去了。在这样的客观（即无个人因素）依赖关系中，主体是自由的。它的原因与结果以人格的互换性（Auswechselbarkeit der Personen）为基础，在自愿进行或受关系结构影响的主体交换中，依赖性的主体因素显得无关紧要，这是自由感的特征。③ 西美尔以货币经济中的雇佣劳动者为例说明，尽管他们的处境远非令人满意，但这却是走向解放的过渡阶段，因为与奴隶、佃农相比，雇佣劳动者的决定性区别在于：他们能够挑选与替换雇主，且在与雇主的关系中祛除了个人性质。易言之，交换的客观化、普遍化表征的是人与人之间关系的客观化。

个体自由随着经济世界的客观化（Objectivierung）与祛人格化（Entpersonalisierung）而提升。货币经济和现代分工将人与人之间的依赖关系发展到前所未有的地步，吊诡的是，就是在这种客观的依赖关系中，个体更强烈地指向自身，更积极地意识到自己的自由。货币是这一关系绝对理

① Donald N. Levine, *Visions of Sociological Tradition*, p. 209.
② Georg Simmel, *Philosophie des Geldes*, *GSG* 6, 1989, S. 392.
③ Georg Simmel, *Philosophie des Geldes*, *GSG* 6, 1989, S. 397 – 398.

想的载体。①

　　货币经济之于个体自由的第二种意义则在于自由的消极面向，即人的功能化。关于人的功能化的解释，实际上就是关于人的异化的解释，但吊诡的是，这种异化是与人在现代文化中得到的自由联系在一起的。如前所述，如果说，自由作为一种特殊的关系性概念意味着不依赖于他人的意志，那么，它首先就是不依赖于特定的个人意志。在现代分工中，我们的生存越来越依赖他人的劳动，但是，与其说我们依赖的是具体的个人，毋宁说我们依赖的是人的客观的、具有金钱价值的性能，后者可由能被交换的人完成。人们的行为和存在越是依赖复杂的技术所创造的客观条件，就必然越是依赖更多的人，但是，所有这些人对主体的意义仅在于：他们是纯粹功能的载体（Träger）。②来自劳动分工的现代经济生活的趋势使个体依赖越来越多的人，同时又越来越独立于某个具体的人。因为他依赖的是功能而非功能的承担者。③既然人只是作为功能而存在，则人只能是匿名的人，人与人之间的差异无足轻重。在经济世界的所有现象中，独一的元素也丧失了它们独特的意义，成为可交换的，而需要满足的功能则日益重要，并使得人们越发依赖这些功能。在这种情况下，所谓个体的独特性自然也就无从说起。正如特洛尔奇嘲笑的那样，资本主义注定不断反复抵消它的前提，即个人主义。资本主义一方面体现着现代人及其世俗性与理性主义，另一方面又更新着社会依附关系，以及一切曾经反抗过这种依附关系的反对力量。④

　　总体而言，西美尔的著作确实很少透露出他对于政治的兴趣。虽然在《货币哲学》中他亦引用了大量的历史－社会的政治、经济事实来佐证自己的观点，但是，我们很难从中提取出西美尔的任何政治观点。少有的例外，大概算是他在一战中突然迸发出来的政治热情。⑤在战争中，他撰写了一些充满爱国热情的评论，为战争鼓吹号角，甚至引起了一些朋友的强

　　①　Georg Simmel, *Philosophie des Geldes*, *GSG* 6, 1989, S. 404.

　　②　Georg Simmel, *Philosophie des Geldes*, *GSG* 6, 1989, S. 392.

　　③　Nicholas J. Spykman, *The Social Theory of Georg Simmel*, pp. 221 – 222.

　　④　〔德〕特洛尔奇：《基督教理论与现代》，朱雁冰等译，道风书社，1998，第 14～15 页。

　　⑤　与韦伯相反，西美尔在政治领域是极不敏感的。有一种观点认为，他在战争期间的政治评论必须被视为美学的而非政治的思考。参见 Lawrence A. Scaff, "Weber, Simmel, and the Sociology of Culture," in David Frisby, ed., *Georg Simmel: Critical Assessments*, Vol. I, p. 255。

烈反感。但是，随着战争的发展，西美尔又改变了之前所表现出来的狂热而趋于冷静。① 不过，他在《货币哲学》中对"个体的自由"的讨论完全可以被看作政治学上的阐发，其意义足可与贡斯当、托克维尔与伯林对自由的论述相提并论。在此问题上，西美尔极具洞察力的一点是对"消极自由"与"实质自由"的区分。他指出，自由概念不仅仅限于"免于做……的自由"（Freiheit von etwas），还是"去做……"（Freiheit zu etwas）的积极自由。② 自由本身只是一个空洞的形式，只有随着并通过其他生活内容（Lebensinhalt）的提升方可变得有效、生动与有价值。易言之，一个完整的自由概念须同时涵括独立性（消极）与规定性（积极）两端。若单就此而言的话，并不能看出西美尔自由理念的特别之处。他最具有洞见也最具启发性的地方在于，他将自由"比例"化：每一个自由行为均展示出一种对已克服状态的凸显、延伸与由此而获得的状态的凸显、延伸之间的特殊比例。③ 个体的自由在此前提下反而成了一个问题，正如精神与灵魂之间的失衡，自由在现代文化中亦出现了失衡，即消极自由获得极大的延伸，指导性的积极自由却无相应的延伸。

西美尔以缴纳金钱租税的农民为例，指出农民的确得到了自由，表面看来这种自由可以做任何事情，但事实上，由于这种自由缺少指示性、确定性的内容，它使得人们处于虚空（Leerheit）与动摇（Haltlosigkeit）中，使得偶然、无常与诱惑的冲动有可能毫无障碍地得到传播。在这种情境中，放弃上帝的人所得到的自由无非给任意的短暂价值成为上帝创造了空

---

① 在 1915 年 7 月 4 日发表的《欧洲与美国：一种世界史的思考》（Europa und Amerika：Eine wettgeschichtliche Betrachung）中，西美尔写道："今天对我们来说，很难得到一个关于我们与美国的关系的纯粹图景，因为我们仍必须将德国视为欧洲国家，与其他欧洲国家处于一个整体之中。"他认为，德美利益的基础在于：德国不仅仅是德国，还是欧洲的一部分。美国的军火交易绝不仅仅是壮大了美国自诩的供货商角色，它更是美国希望加快世界史指针向西转动的巨大助推器。欧洲正在自杀，美国却看到了坐到世界首席的机会。在他看来，美国在一战中的表现可谓世界史上投机的杰作，使英国亦相形见绌。美国的动机与德国相反，是因为它与包括英国在内的整个欧洲相对立。西美尔希望德国撤出这场战争，他直言不讳地指出，美国不会为了直接的经济利益而背信弃义，它——如威尔逊总统所言——既不支持亦不反对参战的任何一方，但是，它反对的是所有的欧洲国家，反对的是作为整体的欧洲。这是他极少数的直接与政治有关的文字。（Georg Simmel, "Europa und Amerika：Eine wettgeschichtliche Betrachung," *GSG* 13, 2000, S. 138）

② Georg Simmel, *Philosophie des Geldes*, *GSG* 6, 1989, S. 550.

③ Georg Simmel, *Philosophie des Geldes*, *GSG* 6, 1989, S. 551 – 552.

间。解放的农民、利欲熏心的商人、领薪水的公务员，看似将其人格独立于束缚、限制，事实上却出现了截然对立的情况：他们献出了自我的积极内容来交换金钱，金钱却无法向他们保证积极的内容。① 积极的生命内容的交换就意味着个体价值的出售，而货币给予的自由只是一种潜在的、形式的、消极的自由，这种自由反而可能为短暂无常的欲望冲动创造更充沛的空间。

西美尔认为，货币与自由主义之间的关系也正是在此被揭示出来，我们的时代的确拥有比以往任何时代都更大的自由，但是，这种自由并不那么令人愉悦，它已经造成了混乱、迷惘与失望。② 在他看来，现代文化中前所未有的自由恰恰成为现代文化病症的一种表现。自由原本意味着独立性与规定性的结合，但现代文化只是制造出了消极自由的空间，而并未指示积极自由的方向。人们有了自由，却已经丧失了终极目标，灵魂的中心欠缺确定性，这反而为形形色色的偶像崇拜或者沉溺于当下可见的目标、刺激提供了最大的空间。对于尼采来说，毁坏生命的社会化的主要原则就是基督教及其意识形态帮凶，对于西美尔来说，则是货币。这种社会化，对于尼采来说，是通过道德和意识形态而产生的，对于西美尔来说，则是通过"物"产生的。③ 西美尔看到，人们可把货币的效用标示为单个个体的原子化（Atomisierung der Einzelpersönlichkeit），这种趋势不过是在个体中得到延伸的整个社会的普遍趋势。当把兴趣集中在货币上，人们就发展出一种与社会整体相对的、具有独立意义的趋向与感觉。他发现，一切关系的金钱性与传统的社会责任之间的衰退有着不可忽视的关联。④ 原子化的个体、对自我利益的追逐与公共兴趣的衰退，这些都是西美尔对现代文化中空洞自由的解说词。

在宗教社会学领域，对于这一论题最具影响力的探讨是贝拉的公民宗教理论。虽然贝拉反复表白过，他关于公民宗教的观点受益于涂尔干，⑤

---

① Georg Simmel, *Philosophie des Geldes*, *GSG* 6, 1989, S. 552 – 553.

② Georg Simmel, *Philosophie des Geldes*, *GSG* 6, 1989, S. 555.

③ Scott Lasn, *Another Modernity：A Different Rationality*（Oxford：Blackwell Publishers Ltd.，1999），p. 128.

④ Simmel, *Philosophie des Geldes*, *GSG* 6, 1989, S. 464.

⑤ Robert Bellah, "Civil Religion in America," *Daedalus* 3（1988）：116；Robert Bellah, "Comment：Twenty Years after Bellah：Whatever Happened to American Civil Religion？"*Sociological Analysis* 2（1989）：147.

而且他对美国政治生活中的宗教维度的概括、对功利型个人主义的批判也十分明显地反映了涂尔干的影响，[①] 但是，当他更直接地将道德看作政治的必需，更直白地将柏拉图视为自己的同路人时，公民宗教理论与柏拉图、亚里士多德[②]之间的联系就再清楚不过地表现出来了。从思想史的角度来看，公民宗教连接或弘扬的是柏拉图－亚里士多德的共和传统，自由主义则是它要反省或补充的另外一种政治传统。

　　自霍布斯的《利维坦》之后，国家在现代自然法中基本上就被缔造为一个技术－中立的工具，这种中立性的关键在于，国家的这种法律要独立于任何实质性的、宗教的真理和正义。[③] 贝拉也同意，从自由主义的立场来看，并不需要，也不应该有公民宗教，因为国家本来就被设想为一台纯粹中性的法律机器，它的唯一功能就是维护个人的权利。但是，从共和主义的立场来看，韦伯所说的"守夜人"的角色是不够的，共和国必须在积极的意义上合乎道德。他提倡的实质上就是一种道德的政治，一种政治与道德不可分离的主张。贝拉从自由的积极维度批评了自由主义立宪政体对公共参与和善的生活的忽视，因此，他不同意卢克曼的以自我为中心的"无形的宗教"这一消费自选的模式。在他看来，将宗教自由理解为"宗教对政治没有兴趣"或"宗教是纯粹个人的事"忽视了宗教自由的积极的政治意义，只是关注个人利益也必然会败坏共和德性与公共参与，"不顾一切地关注自我利益是共和德性败坏的最好定义，注重自由国家中个人生活方面尤其是经济方面的趋势，会损害对共和国

---

① 在《社会分工论》中，涂尔干注意到这样一种看法，即只有个人之间产生相互依赖的关系，个人才能依赖社会，而个人相互依赖的前提是可以自由缔结私人契约。由此，所谓社会团结就成了个人利益之间自然达成的一致关系，而契约只是这样一种一致关系的自然体现。这就是所谓"契约团结"。针对将社会团结归结为契约关系的这种提法，涂尔干指出，在这种"契约团结"中，社会关系变成了游离于一切规定的经济关系，变成了当事人双方自由协定的结果。但是，问题在于，即使相互利益可以促使人们相互接近，但那只是暂时的而不能持久：因为自我利益本身是世界上最没有恒久性的东西，以自我利益为基础，人们只能形成短暂的接触和联系。（参见〔法〕涂尔干《社会分工论》，第161～162页）

② 有意思的是，贝拉将亚里士多德视为社会学的奠基者，并认为这一观点是涂尔干本人也认同的，因为后者开始在波尔多大学授课的时候，就将《政治学》指定为学生的基础教材。参见 Robert Bellah, *Religion in Human Evolution：From the Paleolithic to the Axial Age*（Cambridge, Massachusetts：Belknap Press of Harvard University Press, 2011），p. 595.

③ 〔德〕卡尔·施密特：《霍布斯国家学说中的利维坦》，应星、朱雁冰译，华东师范大学出版社，2008，第78～82页。

来说至关重要的公众参与，而自由社会生产的财富对共和国基本的政治平等则是致命的"。①

贝拉讽刺道，自由主义部分是为了应对新出现的经济秩序而发展的一种政治生活观念，这种传统产生了"在政治思想史上显得最为狂热的乌托邦思想，即认为：仅受一己之利益驱使的公民行为当其通过合适的机制而得到组织时，便可产生一个良好的社会"。② 事实是，自由主义的立宪政体不但无法提供高层次的道德和精神承诺（上层建筑），而且在以共和德性教化、培养公民方面（基础结构）再次表现出无能。③ 由此，德性问题就成为回溯共和主义的现实理由。贝拉在《美国的公民宗教》与《宗教与美利坚共和国的正当性》中涉及公民德性的文字并不多，但从《心灵的习惯》以来，公民宗教理论的重心越来越多地转移到了个人主义问题上，美国民主制中的个人主义所可能造成的危险是贝拉念兹在兹的一个问题。在为《心灵的习惯》所写的序"今日美国的民主"中，他说道，《心灵的习惯》是一本关于美国的个人主义的书，也是一本关于抵消个人主义的破坏性后果的种种努力的书。④ 与此相应的是，能够约束个人主义的公民德性成了重中之重，在这一问题上尤其显明了公民宗教理论与古典共和主义之间的深层关联。

贝拉一直忧虑，民主制度可能会蜕变为专制、暴政，而功利型个人主义的蔓延不仅无力阻止这种可能性，反而可能成为其助推器。他频繁提及的托克维尔曾扼要地说明了这种个人主义与专制之间的联系。

> 不惜一切代价发财致富的愿望，对商业的嗜好、对物质利益和享受的追求，便成为最普遍的感情。这种感情轻而易举地散布在所有阶级之中，甚至深入到一向与此无缘的阶级中，如果不加以阻止，它很快便会使整个民族委靡堕落，然而，专制制度从本质上却支持和助长

① 〔美〕贝拉：《宗教与美利坚共和国的正当性》，孙尚扬译，载苏国勋、刘小枫主编《社会理论的知识学建构》，上海三联书店，2005，第168～169页。

② 〔美〕贝拉：《宗教与美利坚共和国的正当性》，孙尚扬译，载苏国勋、刘小枫主编《社会理论的知识学建构》，第168页。

③ 〔美〕贝拉：《宗教与美利坚共和国的正当性》，孙尚扬译，载苏国勋、刘小枫主编《社会理论的知识学建构》，第174页。

④ Robert Bellah, "Democracy in America Today: Preface to the 2007 Edition of 'Habits of the Heart'," *Sociology of Religion* 2 (2007): 213–217.

这种感情。这些使人消沉的感情对专制制度大有裨益；它使人们的思想从公共事务上转移开，使他们一想到革命，就浑身战栗，只有专制制度能给它们提供秘诀和庇护，使贪婪之心横行无忌，听任人们以不义之行攫取下义之财。若无专制制度，这类感情或许也会变得强烈：有了专制制度，它们便占据了统治地位。①

与托克维尔、贝拉不同，西美尔并没有去细致地探究这种自由如何会让人们逃避自由，如何有可能产生专制，但是，他的确注意到，精明的专制政体总会为自己的臣民选择一种方式，来保证纯粹个人关系中最大可能的自由。他指出，意大利文艺复兴时期是最可怕的专制时期，同时也是个人主义思想最不受约束的时期。从罗马帝国到拿破仑三世，政治上的专制主义总是将放荡的私人自由主义（Libertismus）作为自己的补充。为了自身的利益，专制主义会在最本质的方面限制臣民，并通过在其他方面给予臣民最大限度的自由，以使专制的程度与方式变得可以忍受。货币纳税以最可行又最符合目的的方式综合了这两点：私人领域中可能的自由绝不会阻碍政治方面权利的剥夺，而这种剥夺恰恰经常得以实现。②

鉴于西美尔批判了货币经济对美德、信念、荣誉等更高价值的破坏，也鉴于他的宗教论述大部分出现于后期，因此，西美尔对社会与个体之间冲突的不懈关注确实有着伦理上的意义。更广泛地说，主客观文化、形式/内容之间冲突的讨论，怠惰厌倦态度的发展所固有的危险，都可视为他对社会生活与道德社会之间充满张力的关系的不懈关注。③ 在消极的意义上，西美尔指出了自由主义中原子化个体对德性的腐蚀作用；在积极的意义上，他指出了个体的自由应当具有的积极意义，即公共责任维度。

三　宗教的统一化功能：上帝与个体

卡萨诺瓦令人信服地证明了，世俗化理论应该足够复杂以解释历史偶然性，即现代世界可能会有公共宗教的合法形式，这些形式可以扮演一种政治角色，虽然并不必然起积极的社会整合作用，但也并不必然危及现代的功能分化，而是会接受宗教的私人化与主体性宗教信仰的多元化。世俗

① 〔法〕托克维尔：《旧制度与大革命》，冯棠译，商务印书馆，2012，第35页。
② Georg Simmel, *Philosophie des Geldes*, GSG 6, 1989, S. 547–548.
③ 〔英〕希林、〔英〕梅勒：《社会学何为？》，第88页。

分化仍然是一种用于界定现代性之特定结构的结构性趋势，但与之不同，宗教私人化乃是历史的选择，是一种无可否认的首选——但仅仅是一种选择。① 自反性的世俗化在推进宗教私人化的同时，也为宗教的公共功能保留了空间。

西美尔虽然并未直接论及公共宗教，但是，他在其宗教社会学中对于宗教的统一化功能的阐发已经充分注意到了宗教的公共意义。根据西美尔的看法，公共生活的诸多规范与产物一般都是由各种力量之间的自由竞技和高级元素对于地位较低元素的管束来承担的。大量的社会旨趣在某段时间内是由家庭来承担的，之后则由一些职业团体与国家机构来担保。他举例说明，风俗、法律以及美德都是社会元素的形式迥异的纽带，所有这些都能够有着对内容完全同一的要求，不同的民族，不同的时代均是如此。通过这些形式，共同体为正确的个体行为创造了一种确定性。宗教亦为这种形式之一。② 同样的内容，在某个时期可能是由人与人之间关系的其他形式所承载的，在另外的时期则可能采纳宗教关系形式，这表明，宗教能够为共同体生活提供一种积极的道德标准。

施达尔曾经指出，西美尔对现代宗教的处境问题最为有趣的说明可见于《货币哲学》。他也指出，在西美尔笔下，货币与宗教确实都有着相似的整合功能，货币在经济世界将所有的对立之物统一起来，上帝则在宗教世界将所有的对立之物统一起来。货币作为一种交换符号，通过将自身内容虚空化而行使其经济整合功能；作为宗教符号之中心的上帝观念，欲行使同样的整合功能，则需随着越来越深广与复杂的社会与理论分化而变得越来越虚空，宗教内容（教义、体制等）开始衰微。西美尔注意到，许多批评家已经开始宣布，"上帝"一词逐渐变得毫无意义，它仅仅成为形式化趋势与现代宗教生活危机的征兆。③ 按照施达尔的解读逻辑，金钱与宗教的整合所赖以发生的原因应当是一致的，都是通过自身的虚空化来达成。这同时意味着，在上帝信仰中得到统一的个人，亦将如同在金钱中得到统一的各种价值一般，被换算成了同样的价值。但是，施达尔的这种观

①　Jose Casanova, *Public Religion in the Modern World* (Chicago: University of Chicago Press, 1994).

②　Georg Simmel, "Die Religion," *GSG* 10, 1995, S. 55.

③　Bradley E. Starr, "The Tragedy of the Kingdom: Simmel and Troeltsch on Prophetic Religion," *The Journal of Religious Ethics* 24 (1996): pp. 141 – 148.

点是经不起推敲的，因为宗教的统一化功能与货币的统一化功能恰恰是在两个相反的方向上发挥效力的。

货币是表现在经济活动中的物与物之纯粹关系的物化，而物与物之间的关系实质上就是人与人之间的关系。人与人之间的交换活动是一种社会化的形式，而交换本身则由货币以一种具体、独立、似乎是凝固的形式予以再现，在此意义上，货币就是社会化形式的一种实体化。现代交换活动的发生就依赖于货币的特别能力：它能把最高的价值和最低的价值都均匀地化约为同一的价值形式，并因此把它们置于同一基本水平上。① 为了在不同的价值之间进行换算，只能将"质"的规定性化约为"量"的规定性。或者说，质被消融在量中。金钱是"低俗的"（gemein），② 因为它是万物的等价物。对许多人来说相同的东西，只能是将"最高"拉至"最低"的水平上，这就是一种夷平过程（Nivellement）的悲剧：它直接指向了最低元素的标准。在西美尔看来，社会层次就是其成员之最低的共同层次：所有人都拥有的只能是连那些拥有最少的人也拥有的。为了使所有人看起来都平等，必须执行一个夷平过程，但是，这种过程并不是通过提升较低者，而是通过将较高者降低到较低者的水平来达到的。因此，集体行为的特征绝非接近于中间（平均），而是接近于最低。③ 货币将这种特征发挥得更极致。可以说，货币的统一化功能正是通过对"质"的取消而得到的。

但是，在宗教中，哪怕是在个体人格已经兴起的现代社会的宗教中，上帝与个体之间的关系却提供了一种不同的范式。以基督教为例，西美尔认为，基督教使人的价值脱离一切相对性，远离一切靠数量决定的事物。"在西方历史上，由于基督教，大众头一次被赋予了生活的终极目标，这是与一切片断、碎片、经验世界的荒悖相对立的绝对的存在价值，即灵魂的拯救与上帝之国。在上帝之国中，每一个灵魂都各有其位，由于每一个体都是其自身的永恒拯救的载体，因此，每一个体灵魂，无论是最不显眼的、最卑劣的，还是风云人物或智者，都有着无限的价值。通过与独一的

---

① Georg Simmel, *Philosophie des Geldes*, *GSG* 6, 1989, S. 334.
② 德语"gemein"一词除了"粗鄙""低俗"之义外，还有"共同的""共有的"之义，试联系前文所提及的货币的本质。
③ Georg Simmel, "Grundfragen der Soziologie," *GSG* 16, 1999, S. 99.

上帝的联系，灵魂折射出一切意义、绝对性与超验性。"① 在宗教中，每一个个体同上帝之间的关系都是属己的，其中，非但毫无质的降低，反而是成全自我的方式，个体之间的差异亦未取消。

因此，货币与宗教代表了社会关系的两极：一种诱导人往"低处走"，一种推动人往"高处走"；一种是人与人之间关系的物化（虽然这种物化并非纯然消极的），一种是人与人之间关系的神圣化。作为一切价值的绝对统一，货币与上帝理念有着形式相似性，不过，货币执行的统一是通过将事物的独特本质的化约来实现的，而上帝理念是通过对人的独特本质的保存来实现的。货币与上帝、上帝与社会总体性的类比，均旨在赋予它们一种绝对性的特征，但是，这种绝对性同时表征着在某一序列中的特殊地位。② 这一点在西美尔对"上帝"理念的讨论中得到了集中体现。

在讨论"上帝"③ 理念这一环节上，西美尔像涂尔干一样，也明确地将上帝与作为整体的社会联系了起来。他认为，如果上帝理念的本质在于，一切多元、对立、不同的存在和意愿均在上帝中找到了起源与统一，那么，人们就可以社会总体性（sociale Gesammtheit）来替换其位置。我们彼此适应的冲动，存在其中的多元联系，用于区分及统合世界各个方面的感官的形成，其源头都是社会总体性。④ 对西美尔而言，上帝是社会总体性的纯粹化与超验化，在此，这种社会"总体性"的特殊之处在于：它

---

① Georg Simmel, *Philosophie des Geldes*, *GSG* 6, 1989, S. 489.

② 例如，西美尔对货币与宗教的地位所做的类比：货币实现了在我们与目的之间进行距离化的功能，它是距离化倾向的最完美的表达。货币作为手段的手段，作为外在生活最普遍的技术编织着目的的序列。没有货币，我们文化的技术手段就不能得到发展。根据这一作用方向，货币也展现了功能的双重性（作为手段与目的）及其统一，由此，它重复了最伟大、最深刻的生命潜能的形式：一方面，货币作为生存序列中的一个同等元素——在个别情况中，则作为第一元素——而存在；另一方面，它又作为支撑和渗透每个单独元素的联合性力量而存在，此时，它超越了任何一种元素。宗教也是这样一种生命力量。一方面它是生命整体的一部分，另一方面它自身就是这个存在的统一与载体；一方面它是生命机体（Lebensorganismus）的一环，另一方面它又通过自身至高与内在地自足性来表达生命机体，从而与后者相对立。（Georg Simmel, *Philosophie des Geldes*, *GSG* 6, 1989, S. 676, 692）

③ 关于"上帝"这一概念，西美尔在《一个宗教哲学问题》及《上帝的位格》中亦有专门论述。

④ Georg Simmel, "Zur Soziologie der Religion," *GSG* 5, 1992, S. 282.

不仅包括持久的社会化形式，还包括短瞬的社会化形式。[①] 西美尔的这种表述亦为我们提供了一种特殊的对应关系。前文根据西美尔对宗教信仰的界定将它区分为一般的宗教信仰与纯粹的宗教信仰，因此，正如后者是前者的绝对化与超验化，上帝亦是社会总体性的纯粹化与升华。一般的宗教信仰可对应于社会总体性，而纯粹的宗教信仰可对应于上帝。

在《论宗教》中，西美尔就这一问题展开了进一步的论述。集体的合成是超越人格性（Persönlichkeit）的、被意识到的统一。由于且只要它被感知为次宗教范畴，社会统一自身就会引发虔诚情绪的独特反应。它的突出形式在其宗教形式中得到表现，在宗教中，上帝观念维系着我们存在的统一（Einheit des Daseins）。可以说，上帝即为社会统一的绝对名号。上帝既存在于社会统一中，又是该统一的表达。诸如上帝这样的元素，其独特而又复杂的社会地位在于，它们一方面属于集体的成员，另一方面又是集体的至高者；一方面，它们将所有其他的成员联合为一个整体，另一方面又在某种意义上作为一种独立与平衡的力量与该整体相对立。[②]

在此，有两点需要注意。第一，在提及"上帝"时，西美尔使用的是"复数"，这就排除了以"某一种"宗教中的上帝或者仅仅以"宗教"中的上帝来垄断宗教性的可能；第二，对统一的再三强调是为了说明超自然存在并不就是上帝，在此，上帝与共同体之间的牵连得到了彰显。例如，原始民族的想象易于趋向创造一种巫魅现实，其中，神首先只是一种"自为存在"（Existenz für sich）。只有当它能够将自己的崇拜者组成一个集体时，它才成为上帝；反之，若无崇拜者团体，则它不成为上帝而是魔鬼。只有将自身与一种共同体发展出某种规整性关系——这种形式原型（Formtypus）是由人的共同体中提取出来的——该魔性存在才成为活生生的、有效的上帝。在此意义上，上帝有着这样的特质：它们只存在于特定的社会形式中。西美尔以犹太教为例说明，若以血缘关系为基础，则上帝为父，信徒为子女。若超越血缘而由不同的部族组成一个政治统一体，则上帝须具备君主的特质，因为它现在更为遥远，一方面它作为内在于整体的更为抽象的形态而存在，另一方面又能将自身的内部成员身份塑造或转变为超越者（Über）。[③]

---

① David Frisby, *Georg Simmel*: *Revised Edition*, p. xvi.

② Georg Simmel, "Die Religion," *GSG* 10, 1995, S. 84.

③ Georg Simmel, "Die Religion," *GSG* 10, 1995, S. 84.

　　西美尔对上帝既内在（于集体）又超越（于集体）的特质的强调与涂尔干对社会既内在（于个体）又超越（于个体）的强调呈现出一种相似的逻辑关系。但是，如果说，涂尔干是将宗教与社会等同起来的话，西美尔则只是认为，社会总体性可以取代上帝的位置，他并未将二者视为等同的："社会"与"上帝"之间只是一种类比的关系，而非等同的关系。他对上帝之于集体的双重性的强调再次表明宗教信仰的一个双向过程："内在于集体"意味着距离的克服，"超越于集体"则意味着距离化结果。西美尔澄清，自己说的并不是"人在上帝中表现自身"这样的老生常谈。他强调的是，上帝不单是个体的特征、力量、道德或道德品质、偏好与需求的理想化，而是个体之间的社会生活形式给予宗教表现以内容。宗教冲动亦弥散于经验现实，它从后者那里获得形式，并孕育至超验领域。超验领域是宗教冲动的场所，正如经验空间是我们外在感官的场所一般。因此，也可以说，社会统一过程引发了宗教反应。[1] 货币与宗教代表着社会统一过程的两个极端，前者的统一建立在对个体的夷平之上，后者的统一则建立在对个体的保全之上。

　　可以看出，西美尔对上帝之于社会统一的意义的说明是与共同体联系在一起的。他举例说，集体的统一在古代宗教中表现为：上帝的旨趣普遍并最终地仅仅指向共同体（Gemeinschaft）事务。[2] 他对上帝特质的限定彰显的并不是其与个体，而是与共同体之间的牵绊，这种理解亦可与涂尔干对巫术与宗教所作的区分相发明。在此基础上，西美尔指出，集体统一的符号或其他象征，哪怕与集体并无直接关联，但是，一旦遭受攻击，即会引发最强硬的回应。同样，宗教作为最纯粹的、超越一切具体个体的社会统一形式，通过与每一个思想（哪怕是无关紧要的）异端作斗争而表现出同样的特征。[3] 西美尔认为，正是在此，个体与集体之间的这些我们称为"道德"的内在关联，最终表现出与上帝之间关系的深刻相似性。个体与上帝的关系并非其他，而就是个体与集体之间关系的浓缩与转化。西美尔

①　Georg Simmel, "Die Religion," GSG 10, 1995, S. 85.

②　Georg Simmel, "Die Religion," GSG 10, 1995, S. 78 – 79. 在西美尔看来，基督教的统一动机亦得益于另一个完全不同的方面：新上帝的位格。最高概念的统一乃是教会统一意识的坚强支撑，因为它的人格化形式与无尽的生命力比新柏拉图主义的太一更为生动与有效。（Georg Simmel, "Die Religion," GSG 10, 1995, S. 80）

③　Georg Simmel, "Zur Soziologie der Religion," GSG 5, 1992, S. 280 – 281.

以依附感（Abhängigkeit）为例，说明个体感到自己与一个来于兹又归于兹的、共同的、更高的秩序相联结，他与它相区别，又期望从中得到提升与拯救，以它来塑造自己的认同。[①]

　　西美尔在此对"个体－上帝"与"个体－集体"关系的形式类比，在个体层面上申明了一种身份及集体意识。宗教通过为个体提供一套独特的、合理的意义系统，发挥着对社会秩序、族群或集体的神圣化作用，这会在个体的心理上激发起有着一定强度的情感反应，一旦个体所在的集体遭受外界攻击，必然会引发激烈反应，并反过来促进该集体内部的团结。在他看来，能够持久保障个体之间的联系并形成社会实在的既非道德、法律，亦非自我利益，而是情感。他对情感作为社会之基础的合法化论证有着人类学性质，霍布斯的前提 homo homini lapus est（人对于人来说成了上帝）即使有效，对西美尔而言，也是人所不可承受的。如果不是为了产生作为团结性元素的积极的社会情感，人与人相互依赖的人类学必然性是不可忍受的。[②] 西美尔虽然论述的是"宗教"，但是我们大可不必将之局限于有着教会这样的独立组织和制度的客观宗教，亦可将之推广到有着宗教性的学说、思想等，如民族主义、爱国主义等。

[①]　Georg Simmel, "Zur Soziologie der Religion," *GSG* 5, 1992, S. 281.

[②]　Jürgen Gerhards, "Georg Simmel's Contribution to a Theory of Emotions," in David Frisby, ed., *Georg Simmel*: *Critical Assessments*, Vol. Ⅲ, pp. 122–123.

第四章　社会理论与神学的对话

一　引　论

个体与社会 – 上帝之间的关系是西美尔在其所有的宗教研究中念兹在兹的一个问题，他对社会的统一与个体的统一的论述带有一种强烈的社会理论与神学的对话色彩。纵观宗教社会学这一门学科的历史，我们不难发现，社会理论与神学向来并非两个漠不相关的领域。早在 1915 年，古伊·塔尔伯特（E. Guy Talbott）就试图展示，神学与社会学这两种学科是互补的。在他看来，神学是关于神与人之间关系的科学，社会学则是关于人与人之间关系的科学，而整部《圣经》既是人类社会的科学，也是神的科学。在此基础上，他不仅将阿摩司、何西阿、耶利米、以赛亚、保罗，乃至美国社会福音的代表沃尔特·饶申布什（Walter Rauschenbusch）等人作为融合了神学与社会学的范例，而且以孔德、斯宾塞等人为例，证明社会科学与神学之间有着重要关联。① 塔尔伯特对社会学的理解以及相关论证都不无简陋，但是，他的这一思路显示了对现代社会学的一种更为开放、包容，也更为清醒的态度。

就人物而言，寇克斯（Harvey Cox）、贝格尔（Peter Berger）这样有着巨大影响力的宗教社会学家本身就是神学家；就作品而言，20 世纪初，马克斯·舍勒对韦伯的新教命题及其方法论的批判带有浓厚的天主教色彩，而后来的贝格尔的《天使的传言》（A Rumor of Angels）则对社会学与神学之间的关系做了新的探索；就学科性质的演变而言，无论是欧洲，还是美国，都经历过从旨在捍卫信仰的"虔诚的社会学"（religious sociology）到中立的宗教社会学（sociology of religion）的转变，道博莱尔（Karel

---

① E. Guy Talbott, "The Relation between Theology and Sociology," *The Biblical World* 46（1915）: 162 – 173.

Dabbelaere）的《从虔诚的社会学到宗教社会学：朝向全球化？》（From Religious Sociology to Sociology of Religion：Towards Globalisation？）[1] 与斯瓦托斯（William H. Swatos）的《20 世纪之交的虔诚的社会学与宗教社会学》（Religious Sociology and the Sociology of Religion in America at the Turn of the Twentieth Century）[2] 分别追溯了 1948 年在比利时成立的国际宗教社会学学会（International Society for Sociology of Religion）与 1938 年成立的美国天主教社会学学会（American Catholic Sociological Society）所从事的研究从带有宗教热情的虔诚的社会学转变为宗教社会学的历史。因此，社会理论与神学之间的关系问题并不是一个由神学家单方面发起且孤独求索的问题，而是社会学家——无论是有意地，还是无意地——主动投入其中并做出严肃探索的问题。西美尔不仅可被列入这种社会学家的行列，而且足可被视为探索这一问题的重要先行者之一。

　　从学界的既有研究来看，追溯社会学的神学养分，或论证神学主题的社会学表达，这些尝试并不少见。例如，萨林斯（Marshall Sahlins）关注犹太教 - 基督教传统中有关人之不完美的教条，并将自己的研究称为分析主流社会科学话语的考古学，他对"需求"（need）、"生物学观念"、"权力"、"神创秩序"等概念进行了梳理，认为西方宇宙观并不是源自启蒙运动，而是有着历史悠久的本土文化结构。[3] 罗德里克·马丁（Roderick Martin）以"异化"概念为核心，考察了包括马克思、韦伯、涂尔干等社会学家的思想，指出社会学吸收了基督教神学、启蒙理性主义、德国观念论以及对法国大革命、工业革命的保守反应等诸多资源的理论关怀，因此，无论社会学本身是否意识到了这一点，它都从神学那里受益良多。[4] 他也论及，至少有三种方式来合法地讨论社会学与神学之间的关系，其中第一种就是以社会学路向来研究宗教及宗教制度，即宗教社会学。

　　如何看待社会学与神学之间的这种联系呢？哈贝马斯的相关观点在学

① Karel Dabbelaere，"From Religious Sociology to Sociology of Religion：Towards Globalisation？" *Journal for the Scientific Study of Religion* 39（2000）：433 – 447.

② William H. Swatos，"Religious Sociology and the Sociology of Religion in America at the Turn of the Twentieth Century," *Sociological Analysis* 50（1989）：363 – 375.

③ 〔美〕萨林斯：《人性的西方幻象》，王铭铭编选，赵丙祥等译，三联书店，2019，第 65 ~ 146 页。

④ Roderick Martin，"Sociology and Theology," in D. E. H. Whiteley and R. Martin, eds. , *Sociology*，*Theology and Conflict*（Oxford：Basil Blackwell，1969），pp. 14 – 37.

界具有普遍性。① 第一，他并不讳于承认，其语言概念和以沟通为取向的交往行为概念从基督教传统当中汲取了营养，甚至他在《认识与兴趣》（Erkenntnis und Interesse）中阐述的交往理论的解放概念亦可被揭示为救赎诺言的世俗转译；第二，他的整体立场是清晰而不含糊的：论证型的语言不可逾越其方法论上的无神论界限，否则就将失去其严肃性。② 两相综合，我们可将其观点概括为：就其规范性意图而言，社会理论"可以"是神学的；就其方法论而言，则"必须"是无神论的，因此，这两个层面之间的关系不是，也不可能是平衡或对等的。诚然，宗教语言具有不同于论证型语言的启示作用与语义学内涵，因而，即使是在后形而上学中，它仍然是不可替代的；社会理论也不妨慷慨承认神学之前赠予自己的礼物，但必须自知并坚守方法论上的无神论界限，因为后者乃是现代人文－社会科学研究的必要前提。就此而言，哈贝马斯的这一立场在很大程度上与卡萨诺瓦所描述的世俗化历史进程中发生的"轴心转换"是相符合的。③

当然，具体到西美尔这里，必须承认的是，西美尔的宗教社会学与基督教神学之间的联系绝非一个全新的话题。例如，拉尔曼斯已经指明，根据西美尔的理解，基督教不仅是第一个普世性宗教，而且是宗教的最为纯粹的形式。④ 尼斯比特（Robert A. Nisbet）在为西美尔《宗教社会学》所撰写的一篇书评中也写道，西美尔具备同时代人所没有的直观理解力，这使他跨越了其他人未能跨越的鸿沟。西美尔在这篇论文中对宗教的处理基

---

① 关于哈贝马斯的宗教观在文献上的简要梳理，可参见〔德〕米夏埃尔·雷德尔、约瑟夫·施密特《哈贝马斯与宗教》，载〔德〕哈贝马斯等《对于缺失的意识》，郁喆隽译，商务印书馆，2013，第36～46页。

② 〔德〕哈贝马斯：《关于上帝与世界的对话》（On Dialogue between God and the World），曹卫东译，《基督教文化学刊》2004年第11辑，第133～134页。

③ 在伊丽莎白·舒士拿·费奥伦查（Elisabeth Schüssler Fiorenza）看来，以罗尔斯、德沃金、格韦夫（Alan Gewirth）为代表的普遍主义强调正义观念涉及普遍有效判断，以瓦尔策（Michael Waltzer）、桑德尔、泰勒、麦金泰尔为代表的历史主义则主张不同的文化与社会有其特殊的正义观念。这两种立场各有局限：普遍主义难以说明道德自我如何建立，道德判断如何用于具体境况，而历史主义则难以摆脱相对主义的困境。哈贝马斯试图通过确立话语活动的普遍形式前提来克服普遍主义与历史主义的片面性，但他的抽象形式正义原则与宗教的历史实质伦理观念——所有人都是同一个上帝之下的兄弟姐妹——不过是一个硬币的两面而已，这表明，话语伦理与宗教传统之间乃是相互依存的辩证关系。（〔美〕舒士拿·费奥伦查：《教会社群作为"话语伦理"的制度基础》，陈维纲译，载张庆熊、林子淳编《哈贝马斯与汉语神学》，道风书社，2007，第103～104页）

④ Rudi Laermans, "The Ambivalence of Religiosity and Religion: A Reading of Georg Simmel," *Social Compass* 53（2006）: 482.

本上是犹太－基督教传统。基督教对他而言，是宗教的最高形式，因为社会与精神统一以一种别处没有的方式表现了出来。① 格劳克（Charles Y. Glock）则这样评论，在《宗教社会学》中，西美尔是社会学家、哲学家，甚至可以说是神学家。② 海勒（Horst Jürgen Helle）曾与尼德（Ludwig Nieder）合作，将西美尔所有主要的宗教著作从德语翻译为英文，在《西美尔的理论与方法导论》（*Georg Simmel：Einführung in seine Theorie und Methode*）一书中，他也论证道，西美尔的"基督教社会学"（sociology of Christianity）的一个显著特征乃是对基督教之独特性的强调，即基督教是长期历史发展的最终阶段。他甚至认为，西美尔的宗教理论亦蕴含着对于早期女性主义神学的贡献。③ 但是，毫无例外地，这些学者都只是泛泛地指出了西美尔的宗教社会学与基督教神学之间存在精神联系这一学术事实，而对于这种联系在西美尔那里是如何具体地呈现出来的，又该如何把握，他们并未给出全面而立体的讨论。

总体而言，在对西美尔的宗教社会学的研究中，一个颇为有趣的现象是：他的宗教社会学与基督教神学之间的联系时常被学者们提及，但对于这一联系，却少有学者进行深入的探讨。本书这一节即试图以社会理论与神学的对话为基本的研究框架，简要地分析西美尔是如何将神学论题转化为社会学表达的，又是如何将一种神学意涵贯彻到他的宗教社会学中的，从而阐释他对于社会理论与神学之对话这一议题的贡献。

二　西美尔对神学主题的社会学表达：社会的统一

如前所述，在《论宗教》中，西美尔敏锐地察觉到了现代文化中的吊诡：分工是现代社会的主要统一手段，但是，越来越细致的分工使得个体越来越单面化（Vereinseitigung）。由于竞争加剧，分工越趋严格，在此过程中，分工是以如下的方式显现的：它推动着社会的内在联系与统一，满足着社会需要，但社会的完善是以个体的不完善（Unvollendeheit）为代价的。④

劳动分工的系统整合功能的发挥系之于对竞争的距离化效果，但它

---

① Robert A. Nisbet，"Review，" *Review of Religious Research* 2（1961）：137 – 138.
② Charles Y. Glock，"Review，" *The American Journal of Sociology* 66（1961）：394.
③ Horst Jürgen Helle，*Georg Simmel：Einführung in seine Theorie und Methode*，S. 147 – 154.
④ Georg Simmel，"Die Religion，" *GSG* 10，1995，S. 93.

仅仅是对竞争的调节，而非排除。而宗教世界中却存在"无竞争性"（Konkurrenzlosigkeit）。西美尔宣称，宗教世界中的"无竞争性"能够显示集体的统一在多大程度上从属于被提升为宗教的功能。集体之所以能够形成统一，是因为它内在地排除了对立和竞争。[1] 无竞争性是作为集体生活形式的统一的先决条件，但是，这种竞争的缺乏只是相对与局部的，只有在宗教领域中才找到了无竞争性的绝对与最集中的实现。[2] 易言之，在消极的意义上，劳动分工是无竞争性的相对化，宗教则是无竞争性的绝对化与超验化。宗教领域的无竞争性实质上乃是社会统一的绝对形式，是对竞争原则的最彻底的排除。

但是，这并不意味着西美尔完全否定了竞争的积极的社会化作用。他对"竞争"的社会学理解在《竞争社会学》（*Soziologie der Konkurrenz*）中得到了勾勒，虽然像涂尔干一样，他也强调，宗教中的信仰与仪轨均为共同的集体实在的表现，且反过来强化了集体意识，但与涂尔干不同的是，他并未将冲突视为病态的。西美尔指出，社会需要和谐与矛盾、合作与竞争、偏爱与疏远等一系列的数量关系，以获得某种特定的形态。这些冲突或对立绝非社会学上纯粹的消极因素，因为如果没有压制性、破坏性的能量，就不可能存在一种更丰富完善的共同体生活。[3] 对冲突、对立、张力的重视是以西美尔为代表的冲突论与系统－功能论的一大差异。在驳斥个体实在论时，西美尔已经指出，从不同的距离来观察同一空间对象，该对象会呈现出不同的图像，个体与社会亦是在此意义上显现出来的。同样，他对手段－目的关系的考察也表现出这种辩证式的思维。对于西美尔而言，追究到底是个体（人）重要，还是上帝（神）重要这样的问题是毫无意义的，他关注的只是二者相互作用的形式、过程、结果等。在同样的意义上，在竞争中，某种价值得到了体现与提高。但是，这种由竞争通过相互作用形式而达成的内容上的升华，并不如其社会学形式那么重要。在一个社会中，参与者竞争的目标总是设法赢取一个或多个第三方的偏爱，由此，竞争就是参与者双方竭尽其能地接近第三方。然而，人们要么习惯于强调竞争的毒化、分裂及破坏作用，要么仅仅承认作为竞争产物的内容上的价值，而忽视了竞争的社会化作用。在古代社会中，紧密单纯的团结

---

[1] 关于天国空间的无竞争特质，在《论宗教》《货币哲学》中都有提到。

[2] Georg Simmel, "Zur Soziologie der Religion," *GSG* 5, 1992, S. 279 –280.

[3] Georg Simmel, *Soziologie der Konkurrenz*, *GSG* 7, 1995, S. 221 –222.

已经被去中心化（Dezentralisation）趋势所替代，这是群体在数量上扩大的必然的直接结果。在现代社会环境中，人们的相互争取，相互适应，只能以竞争为代价才成为可能。① 西美尔将群体的扩大与社会中心的消散联系了起来，并留意到现代社会中的去中心化趋势，却没有尝试去提出一种能够建构、维系社会共识的替代性方案（如涂尔干的人性宗教），而是指出了竞争这一社会化形式对于社会统一的积极意义。也就是说，现代社会中前所未有的激烈竞争并非单纯破坏性的因素，相反，它的社会化作用亦为现代社会中的人们的相互依赖（即涂尔干式的有机团结）创造了条件。

但是，西美尔强调，诸如劳动分工这样的系统整合仍然只是对竞争的调节，而非排除。在他看来，排除竞争的社会学类型主要有两种。一种是家庭，虽然孩子们可能会为父母的爱或遗产而竞争，但是，这种竞争只是由个人偶然性决定的，与家庭的原则并无关联。另一种则是宗教共同体。在这种共同体中，所有人的目标相同，但无须互相排斥。人们的活动同时有效，有着特殊的形式与命运，这可被称为消极的竞争（passive Konkurrenz）。此外，宗教集体中亦可将表面的竞争表现为嫉妒性激情，它试图在追求至善的过程中胜过他人，这可能会推动守诫、善功、谦卑、苦行、祈祷与施舍行为，但这里缺少竞争的特征，即所获之物归属一个人，就必须同时拒绝另一个人。②

总体来看，西美尔对无竞争性的诠释明显是对神学主题的社会学表达，这种表达可以从两方面来展开，第一个方面是从观念－义理出发的，第二个方面则是从组织－制度出发的。

在第一个方面，他将基督教的"不可见的教会"的观念视为对社会分化原则的全面拒斥，原因在于，个体灵魂由于与绝对者之间有着直接联系，所以，它们之间存在着相似性。在此意义上，宗教关系在原则上就排斥分化，因为每一个体的完善无须经由他人的活动来补充。③ 此处不妨一提的是，西美尔对"不可见的教会"的阐述与后现代神学家格伦茨对教会的理解有着明显的一致性，后者曾借鉴米德（George Herbert Mead）、麦金泰尔、尼斯比特、罗伊斯（Josiah Royce）等人的叙事理论，提出了关于共同体的建构性叙事（constructive narrative），进而将之运用于教会学

---

①　Georg Simmel, *Soziologie der Konkurrenz*, *GSG* 7, 1995, S. 226 – 227.

②　Georg Simmel, *Soziologie der Konkurrenz*, *GSG* 7, 1995, S. 230 – 233.

③　Georg Simmel, "Die Religion," *GSG* 10, 1995, S. 93 – 94.

（Ecclesiology）。在格伦茨看来，唯意志论的契约论将教会视为自愿的个体之间的联合，而个体作为信仰者的生存又先于他们置身于会众的生存，因此，与其说教会塑造了其成员，毋宁说教会是由信仰者所构成的。这种契约论视角无异于将使徒的共同体化约为贝拉所说的那种"生活方式的飞地"（lifestyle enclave），然而，教会不是这种东西，而是被注入了特定的建构性叙事的特定合众体。构成共同体的圣经叙事（community-constituting biblical narrative）从原初的过去延伸到终末的未来，通过这种诠释框架，教会成员在个人及共同的叙事中发现意义，因为它将当下与整体的上帝行动，也就是与超验者连接了起来。[①] 教会成员之间的亲密联系以及与超验者行动之间的亲密联系破除了对教会的唯意志论的契约论的理解。

这种思路在西美尔这里已经有了深刻的社会学解释。西美尔认为，根据基督教的不可见的教会的思想，一方面，基督徒都是兄弟姐妹，因为上帝是所有人的父亲；另一方面，尽管在基督教的历史中只得到了不彻底的贯彻，但是，基督教却尝试不用通过分化的中介而达致统一。唯其如此，才获得了个体性情感与团结的综合，这种综合在"每一个体均须为所有其他人的罪负责"的观念中得到了最深刻的表达。在此观念上，基督教与神秘主义的关键性区别即在于，前者对人格性情感的坚持，它拒绝分化的人的自为存在。因此，基督教的内在"社会化"绝非机械的心理学-共产主义之信徒的统一，毋宁说，它的统一是"有机的"（organische），其特殊性就是对生理及外在社会组织的统一化手段——分化——的否弃。[②]

虽然宗教中存在着嫉妒性激情，但正如西美尔强调的那样，就统一概念而言，它的一个内在趋势就是向宗教领域的提升。大概没有一个领域能够像宗教领域一般，其中，非竞争性共存的生存方式将各自目标与旨趣的兼容性表达得如此纯粹与全面，以至于其他集体生活的和谐统一显得像是初级阶段。可能只有在宗教领域中，各个个体的能量方可得到充分的发挥而无须陷入相互竞争，因为根据耶稣的教导，在上帝之国中，人人皆有其位。每个个体的目标都是相同的，但耶稣给予了每个人实现它的可能性，使得人与人之间不是相互排斥（Sich-Ausschließen），而是彼此依赖

---

① Stanley J. Grenz, "Ecclesiology," in Kerin Vanhoozer, ed., *The Combridge Companion to Postmodern Theology*（New York: Cambridge University Press, 2003）, pp. 253 – 258.

② Georg Simmel, "Die Religion," *GSG* 10, 1995, S. 94 – 95.

（Sich – Aneinanderschließen）。① 这一方面的说明仍然可以与前文提及的"上帝是社会统一的绝对形式"这一说法联系起来。无竞争性不仅是对系统整合的反动，亦是一般的社会统一的绝对化。

在第二个方面，西美尔主要从宗教世界中的两种现象，即宗教分工与社会组织，来论述无竞争性的表现。关于宗教分工，西美尔特意论及了基督教的祝圣仪式，这在韦伯那里则隶属于卡里斯玛的传送。在韦伯看来，卡里斯玛可以通过某种仪式传给某个人或在某个人身上创造出来，这意味着卡里斯玛可以和个人分离，成为一种客观的、可传送的实体，这就是职位性卡里斯玛（Amtscharisma）。这方面最重要的例子就是以涂油、圣职任命、按立等仪式来传送宗教性卡里斯玛，以及用涂油、加冕等仪式来传送君王的权威。经此仪式，接受者即可获得"不可磨灭的印记"（*character indelebilis*）：职位性卡里斯玛与个人分离了。在西方，这一过程要快于东方，因为它本身就受到了罗马人对"职位"观念的影响。② 不过，韦伯似乎没有这一点，即对于皇帝地位的解释反过来彰显了主教地位的特殊性，二者之间的不同从膏立礼上即可看出：国王和皇帝的膏立礼并无"不可撤销性"，他们也不会从中得到"灵魂治疗"的能力，主教则不然。这种区别在仪式上的一个表现即在于，圣油不是膏在皇帝的头上，而是涂在双肩之间的后背上。③ 易言之，属灵权力被收缩在（经过合法程序确认的）神职人员身上。

西美尔对这一仪式的阐释则完全围绕宗教内部的分工展开。他指出，正是竞争的缺席使宗教能够在一个完美的序列中同时展现出个体中共存的特殊性与多元性，因此，宗教追求与世俗社会中的互动之间的区别即在于，前者无须因为回应了某个信徒而排斥其他人。在此前提下，它无须像竞争那样将个体特殊性发展至不平衡的地步。④ 他以神职祝圣（Priester-weihe）仪式为例，对宗教领域中的分工与世俗社会中的分工进行了对比。在神职祝圣仪式中，被祝圣者与生俱来的个人质素是无关紧要的，因为他任神职所必需的质素乃是上帝通过祝圣仪式而赐予他的。也就是说，为了

---

① Georg Simmel, "Die Religion," *GSG* 10, 1995, S. 81 – 82.
② 〔德〕韦伯：《经济与历史　支配的类型》，第 368～369、375 页。
③ 〔英〕沃尔特·厄尔曼：《中世纪政治思想史》，夏洞奇译，译林出版社，2011，第 68、80 页。
④ Georg Simmel, "Die Religion," *GSG* 10, 1995, S. 103 – 104.

使人能够胜任神职，祝圣仪式对被祝圣者的质素进行了彻底的改变，使其成为合格的承担者。在世俗的劳动分工中，主体的特殊个性与对主体提出要求的外在力量之间永远存在矛盾，但这种矛盾在祝圣仪式中被先天地克服了。① 从这种对比中，西美尔试图突出的不是卡里斯玛，而是宗教领域内部的无竞争之纯粹性：被祝圣者在其职位上所必需的质素并不是来自个人，而是通过一种神圣的仪式而得到的，因此，宗教分工并不会像世俗社会中的分工那样蕴含着竞争的必然性。

关于宗教的社会组织，西美尔也提到了，宗教救赎教义的精神力量若无法表现为一种社会－组织的统一，即有可能失去效力，因此，正是教会的社会结构保证了它在古代世界瓦解之时，还维系着绝对的价值、超验的稳定性。但是，他的独特之处在于，即使在论述教会结构这样明显的社会学对象时，也注意深挖它与教义之间的联系。在他看来，教义在组织层面所表现出来的有机统一并非某种意在保证新宗教之存在与权力的外在技术手段，而是神秘的"救赎本身的实现"，而被称为"上帝之城"的基督教会以及诺亚方舟最好地展示了这种统一过程。宗教情绪（religiösen Stimmung）吸收了历史中纯粹经验－社会的统一形式（Einheitform），并将自身表现为超验统一。在此，这种特殊的宗教价值同时呈现为集体统一的原因与结果（Ursache und Wirkung），并且——至少在观念上——成为社会互动形式的表达。②

在西美尔这里，经验宗教性从社会生活的领域到客观宗教领域的演变就是从一般、不纯粹的宗教性衍化为纯粹宗教性的过程，集体的统一在社会分工领域与宗教领域的联系与区别就是从相对地排除竞争原则到绝对地排除竞争原则的过程，个体与社会、个体与上帝之间的关系的演变也就无外乎从一般的、不纯粹的依附感到纯粹的、绝对的依附感的过程了。如此一来，他对神学主题的社会学转化与施莱尔马赫的自由主义神学路向之间的亲和性也就很明显了。

在理念与制度这两个问题上，西美尔表现出了与韦伯、涂尔干的一个显著差异。涂尔干明确声称，他所研究的宗教与任何神性观念都无关。③ 韦伯则考察了加尔文主义的预定论，但正如他在对比自己与特洛尔奇的基

---

① Georg Simmel, "Die Religion," *GSG* 10, 1995, S. 96 – 97.
② Georg Simmel, "Die Religion," *GSG* 10, 1995, S. 80 – 81.
③ 〔法〕涂尔干：《宗教生活的基本形式》，渠东、汲喆译，上海人民出版社，1999，第 7 页。

督教研究时所概括的那样，特洛尔奇着重于宗教教义，而他则偏重宗教对实际生活的影响。① 因此，韦伯多次强调，对神学家很有价值的东西在他的研究中并无同等的分量。② 而西美尔偏偏十分热衷于讨论上帝、上帝之国、祝圣仪式这样的神学主题本身可能蕴含的社会学意义，而且同样并非偶然的是，他的这种讨论往往有意识地将神学主题置于与社会理论的区别与联系之中。因此，就社会理论与神学之间的关系这一议题而言，可以说，在古典社会理论中，西美尔的宗教社会学是最有启发性的，也是最有潜力的，因为他在分析宗教时，既保持了与神学之间的创造性对话，又有鲜明独特的学科关注与焦点。③

三　西美尔的宗教社会学的神学意涵：个体的统一

关于社会理论与神学话语之间的关系，泰勒·罗伯茨（Tyler Roberts）在其《揭露与解释：论宗教社会学中的新保护主义》（Exposure and Explanation：On the New Protectionism in the Sociology of Religion）中通过对拉塞尔·麦克卡森（Russel McCutcheon）的著作的分析，阐明了神学与社会理论的交叉点，从而指出，在宗教研究的语境中，神学可以在与宗教研究相互保持区别的前提下批判性地发挥作用。米尔班克（John Milbank）认为，自霍布斯的新政治科学以来，经由政治经济学和实证主义，在通往宗教的实践与理智之途中，总是存在双重性元素，即宗教特殊的、历史的表现必须被置于某种批判话语的更高视角的审视之下，但同时更高视角——国家、人性——常常将自身等同于一种普遍宗教。④ 在这种新的政治科学的视野下，宗教成为一种需要得到解释的现象，而国家或人性却可能同时得到了神化，宗教就是在这个前提下得到科学研究的。在他看来，社会理论的所有最重要的前提都是对基督教神学的修正或拒绝。⑤ 由此出发，他最终将社会理论理解为"世俗化的神学"（secularized theology），并在批判鲍夫（Clodovis Boff）的政治神学时坚决地宣称，神学不需要社会科学，

① 〔德〕韦伯：《新教伦理与资本主义精神》，第6页。
② 〔德〕韦伯：《新教伦理与资本主义精神》，第5、67、232页。
③ 〔英〕希林、〔英〕梅勒：《社会学何为?》，第263页。
④ John Milbank, *Theology and Social Theory：Beyond Secular Reason*（Maden：Blackwell Publishing, 2006），pp. 102 – 103.
⑤ John Milbank, *Theology and Social Theory：Beyond Secular Reason*, p. 1.

因为社会科学最多不过是叙事而已，它们试图通过讲述一个有着特定重点的故事来定位人类历史的终极意义，并试图暗示那些真正构成了充足理由的事件有特定的先决条件。① 罗伯茨（J. Deotis Roberts）则将米尔班克的立场归结为"后现代的准基要主义"，并指出，总体来讲，神学与社会科学之间的结合一直都是由神学家单方面发起的。但是，罗伯茨也承认，20 世纪历史的极限性已经激发了像鲍曼这样的社会学家去进行更为明确的伦理性与规范性的反思。②

不过，罗伯茨的这一看法仍然忽视了社会学家在社会理论与神学的对话中的主动性、开放性。早在 1914 年，法国学者马梅勒特（Albert Mamelet）即撰述说明，西美尔的社会学不仅与他的相对主义相关联，而且渗透着他的生命哲学，因此，他的社会学从本质上就与当时的实证主义社会学，尤其是与涂尔干式的社会学明显不同。③ 同样地，米拉虽然承认需要给予《货币哲学》一种社会学关注，但是，他仍然认为，人的存在意义问题超出了社会学的研究领域。这种看法并不少见。也有学者指出，在西美尔的文章里，人们经常可以看到"整体性"一词，这个颇具有康德哲学色彩的词对西美尔来说是指人们在宗教信息内，在美学文化中所发现的那种整体性的动力。④ 这些观点都注意到了，西美尔的社会学包含着追求整体性的努力，且未在社会学与哲学之间划下一条鲜明的鸿沟。

事实上，根据西美尔对哲学社会学的理解，经验知识自身确实无法为整体性提供解决之道，⑤ 我们的生命、我们的普遍存在以及灵魂的整体性这些超验问题是哲学社会学关注的问题，也正是在这一层面上，西美尔宗教社会学的神学意涵的独特性显现了出来。利博森（Harry Liebersohn）将西美尔的"社会"当作上帝之国在俗世的实现，并因此而将其社会学视为

① John Milbank, *Theology and Social Theory：Beyond Secular Reason*, pp. 250–253.

② 〔美〕罗伯茨：《神学与社会科学》，载〔英〕福特（David F. Ford）编《现代神学家》，董江阳、陈佐人译，道风书社，2005，第 697 页。

③ 转引自 Yoshio Atoji, *Sociology at the Turn of the Century：On G. Simmel in Comparison with F. Tönnies, M. Weber and É. Durkheim*, p. 104. 拉尔曼斯认为，西美尔宗教社会学中的某些思辨性篇什与今天的经验社会学大有不同。[Rudi Laermans, "The Ambivalence of Religiosity and Religion：A Reading of Georg Simmel," *Social Compass* 53 (2006)：480]

④ 〔英〕M. 费瑟斯顿：《格奥尔格·齐美尔专辑评介》，何义译，《国外社会科学》1992 年第 2 期，第 75 页。

⑤ 〔英〕戴维·弗里斯比：《现代性的碎片：齐美尔、克拉考尔和本雅明作品中的现代性理论》，第 70 页。

世俗化的神学，亦将西美尔笔下的主客观文化之间的对立看作犹太教与新教文明的对立，这些看法未免过于牵强武断。①

　　相比之下，哈灵顿的观点（Austin Harrington）则合理得多，他将西美尔的宗教社会学还原为一种独立的模式。哈灵顿对我们上面提到的米尔班克与罗伯茨的看法均持保留态度。他认为，关于社会理论与神学之间的对话，关键的问题不仅涉及宗教实践与仪式的经验性的社会决定因素，还涉及社会学与神学之间双向的规范性对话（two - way normative dialogue）。他将社会理论 - 神学对话划分为四个分析层面：宗教社会学，如涂尔干；关于神学的社会学（sociology of theology），如曼海姆；社会学神学（sociological theology），如解放神学与女性神学；神学意涵的社会学（theological sociology），也就是有意或无意的神学社会理论（theological social theory）。② 在 2008 年，他将社会理论与神学话语之间的关系区分为三种模式：第一种是西方马克思主义（批判理论），以黑格尔辩证法中后一神论或准一神论的弥赛亚主义为基础；第二种是演化 - 功能论模式，以哈贝马斯与帕森斯的晚期著作为代表，这种模式的背后将宗教信仰内容转化成了普遍道德论证的世俗化形式；第三种则与演化 - 功能模式相反，它的思想主要与德国的生命哲学运动相关，最出色的代表是狄尔泰、西美尔与舍勒等。在他看来，帕森斯、哈贝马斯均持一种科学现代化的、单一的宏大叙述；西美尔、舍勒的构想则可使我们能够在进行着的科学询问的过程与实践中，以多元的方式使绝对存在的理念恢复活力，其中，科学常规化（scientific rountinization）倾向可在特殊的超越意识的影响下中断。③ 哈灵顿的这种思路实质上也是许多学者借以讨论西美尔的社会理论与基督教神学之间关系的一条常见的路向，即关注其社会理论所担当的救赎目的。但是，哈灵顿（以及其他一些学者）的路向至少存在两个缺陷。第一，哈灵顿几乎完全忽视了西美尔对基督教的一些神学概念或主题的社会意涵的强调，而这种强调在古典社会理论传统中的韦伯、涂尔干的宗教社会学中基本上

---

① Harry Liebersohn, *Fate and Utopia in German Sociology*, *1870 - 1923* (Cambridge, Mass.: MIT Press, 1988), pp. 152 - 153.

② Austin Harrington, "Social Theory and Theology," in Gerard Delanty, ed., *Handbook of Contemporary European Social Theory* (London and New York: Routledge, 2006), pp. 41 - 42.

③ Austin Harrington, "A Sociology of Demonic: Alfred Weber's Concept of 'Immanent Transcendence'," *Journal of Classic Sociology* 8 (2008): 90 - 105.

是缺席的。第二，同样很重要的是，哈灵顿虽然揭示了西美尔的宗教社会学对于超验理念的深刻阐释，也揭示了这种阐释具有超越经验、超越实证科学的理论关怀，但是，他过于注重西美尔模式与帕森斯模式之间的对立而没有注意到西美尔对宗教以及对灵魂拯救的看法已经与传统基督教大为不同了。

在此，笔者尤其想强调的是，西美尔的宗教社会学固然已经蕴含了生命哲学的因子，但是，本节将尽量谨慎地固持在"社会学"一端，而不急于涉入其生命哲学。对其生命哲学的相关阐释将会在本书第二部分的"现代文化的冲突"一节，尤其在第三部分，即"西美尔的宗教哲学"中详细展开。也就是说，本节强调的是西美尔的"宗教社会学"的神学意涵，重心仍在其社会学命题，而非其哲学命题，虽然就"个体"这一主题而言，本节已经是西美尔的宗教哲学的一个极其重要的预备了。

西美尔的宗教社会学中的"个体"问题实质性地涉及分化问题。从社会学的发展历程来看，与仅仅作为官僚分化和专门分化相比，分化理论在20世纪的发展变得更为丰富。哈贝马斯将分化理解为一种系统向生活世界提出挑战的发展过程。亚历山大则认为，分化固然伴随着文化断裂，但同时也存在由此获得的自由和理性。倘若没有自我能力和道德发展相应提高的可能性，没有机会的扩展与增加，断裂是无法产生的。① 分化过程同时包含两个方向的运动，即断裂与自由。西美尔的宗教社会学与这种思路是颇为相通的，这从他对货币与个体自由之关系的探讨即可略窥一二。从他的第一本著作《论社会分化》② 开始，社会与个体的关系就是他论述社会分化的视角之一，也一直在他思想中占据着重要地位，而在《论宗教》等论著中，"个体"这一主题得到了进一步的彰显。

在《社会学》中，西美尔将劳动分工视作不平等的个人主义（Individualismus der Ungleichheit）的生存处境，其中，劳动分工对个体自由的

① 〔美〕亚历山大：《分化理论：问题及其前景》，载苏国勋、刘小枫主编《社会理论的诸理论》，第 65～66 页。
② 《社会学》中"集体的扩大与个性的发展"（Die Erweiterung der Gruppe und die Ausbildung der Individualität）这一章，部分地来源于《论社会分化》的第三章。参见 Georg Simmel, *Soziologie：Untersuchungen über die Formen der Vergesellschaftung*, S. 527。这也是西美尔作品的一个特色：一个主题会在多篇论文、多本著作中反复出现，如《宗教社会学》中的一部分在《论宗教》中再次出现，《竞争社会学》在《社会学》中亦再次出现，《论灵魂的拯救》在《论宗教》中亦有部分重叠。这种特点也是他作品的"非系统性"的一个表现。

发展是颇有帮助的。但是，在《论宗教》中，西美尔亦敏锐地察觉到现代文化中的吊诡：分工是现代社会统一的主要途径，但是，越来越细致的分工使得个体越来越单面化（Vereinseitigung）。由于竞争加剧，分工越趋严格，在此过程中，分工是以如下的方式显现的：它推动着社会的内在联系与统一，满足着社会需要，但社会的完善是以个体的不完善（Unvollendeheit）为代价的。①

可以说，他对现代个体的这种理解表征着一种现代式的转变。关注个体与作为经济理性主义的资本主义之间的联系，也一直是西美尔思想中的一个重点。如前所述，在《货币哲学》中，西美尔的分化理论更明确地与个体自由联系起来了。从《社会学》到《货币哲学》，不仅个体自由在现代文化中的复杂性得到了清醒的认识，更重要的是，自由也成为社会－文化病症的一种集中体现。在分工中，人与人可进行交换；在消极的自由中，金钱与个体生命的积极内容可进行交换。货币经济推动所有人类关系进入一种符号轨道，从商业交易到私人的爱的关系，它渗透一切，结果就是一种新的人类关系的增长。这些关系仍然构成信任、爱、亲密、快乐与其他情感的表达，但变得越来越抽象，社会关系的基本条件都处于交换状态。② 此即为交换的狭隘化。个体自由在现代文化中遭遇了双重命运，它既得到了提升，又受到了异化。可以看出，西美尔对于现代文化的说明是环环相扣的。现代文化中的各个趋势是可能相互抵消、相互限制、相互交错的，并不存在一种"铁笼"或"机器"那样的总体化趋势。即便是同一种趋势、同一种现象，也可能有着彼此对立的效果，例如，经济世界的客观化既压迫着个体自由，又确实推动了个体自由的发展。

在对竞争的积极作用进行阐释时，西美尔亦指出，这需要以个体与社会之间的张力为背景才是可能的。根据他的理解，从集体的角度出发，则个体的主观动机呈现为客观的社会价值的手段；由参与者的视角出发，则客观价值的生产只是手段，其目的反而指向主体的满足。对种属、集体或环境而言是手段的，对个体却可能是终极目的，反之亦然。③ 西美尔特意强调，这种关系亦适用于人与形而上整体，或与上帝之间的关系。在神圣

① Georg Simmel, "Die Religion," GSG 10, 1995, S. 93.

② Thomas Johansson, Social Psychology and Modernity (Buckingham & Philadelphia: Open University Press, 2000), p. 24.

③ Georg Simmel, "Soziologie der Konkurrenz," GSG 7, 1995, S. 226.

世界筹划的理念中，单个存在无非实现所有尘世活动之绝对终极目的的阶梯或手段；对个体而言，不仅经验实在，而且超验实在都是他实现目的的手段：他通过上帝寻求尘世的幸福、超越的拯救等。正如作为绝对存在的上帝通过人来实现自身，人亦通过上帝来实现自身。①

在《论宗教》中，西美尔指出，个体之于集体的从属关系总是意味着某种强制性规定和个体自由的混合，但是，这种关系必须作为社会生活与宗教生活之间最深刻的形式关系得到揭示。在他看来，社会与个体之间的冲突有可能发生，一方面是因为社会这一特殊形态——个体将自身的社会元素给予了社会——在获得了自己的载体和组织之后就会有诸多的要求和权力，如同一个不同的他者与个体对立；另一方面是因为社会是在个体中，并通过个体而得以存在的。人能够自身分割为不同部分，并将某一部分视为真正的自我，这一自我力求规定人的行为，并因此而与其他部分相冲突。只要人还是社会存在或视自身为社会存在，这种能力就会将人置于与自我的冲动和旨趣相对立的关系中：社会与个体之间的冲突，作为个体存在各部分之间的斗争，延伸至个体自身之中。②在同样的意义上，西美尔将个体生命内部的冲突视为社会与个体之间冲突的延伸，正是循此方向，也可以说，西美尔所理解的生命统一是对社会统一的延伸与深化。

但是，根本而言，面对社会的统一，作为个体的人关心的乃是自身的统一，而不是社会的统一。麦奎利（John Macquarrie）曾将"个体拯救"视为用语上的自我矛盾，因为他相信，宗教总是要使这一希望保持活力，即让经过转化的个人生活在一种经过转化的社会中。这超越了任何政治的维度，同时也具有政治的维度。③西美尔并不会完全反对麦奎利的这一观点，但是，对他来说，重点依然在于"个体"一维，以至于在他的宗教哲学论著中，专门有一篇论文论及个体灵魂的拯救。在《宗教的地

---

① Georg Simmel, "Soziologie der Konkurrenz," *GSG* 7, 1995, S. 226.
② Georg Simmel, "Die Religion," *GSG* 10, 1995, S. 86–87. 如果我们注意到西美尔对货币在生存序列中的地位、上帝在集体中的地位的表述，就会发现，"A 既是 B 的一部分又作为对立面超越于 B"这样的表述方式被西美尔同时运用于货币、上帝、宗教以及社会之上，其用意均在于证明 A 之于 B 的优位性与绝对性。但是，在这种列举中，"社会"的特殊性在于，它本身就是人与人之间互动的集合。因此，货币、上帝、宗教这些事物皆以独特的方式与社会相关，甚至可以说，社会乃是它们的母体。
③〔美〕麦奎利：《探索人性》，何光沪、高师宁译，道风书社，2014，第148～149页。

位问题》① 一文中，西美尔提出，集体的元素之间的关系类似于十指，个体相对独立与自由，但同时又在生存的协作与依存的统一中与他人相联系。社会统一并非无往不利的，它会遭遇抵抗，个体自由也试图避免这种统一。西美尔做了这样一个比方：有机体能够以最严格和最本源的方式来对各部分进行统一，社会统一却无法得到如此的彻底贯彻。② 作为社会的一员，个体需要调整自己，但是，个体的统一与整体冲动（Einheits – und Ganzheitstrieb）与社会安置的角色相对立。易言之，个体的统一冲动与社会的统一形式乃是一种矛盾的关系，因为个体欲完善自身，而非完善社会。西美尔认为，这正是个体对立于社会约束的自由要求的真正意义所在。自由并不意味着独立于社会决定的随心所欲，而是意味着全然的自我负责（Selbst – Verantwortung）。只要我们的行动是人格的纯粹表达，只要我们的自我不被任何外在权威预先决定，那么，在这种行为中表现出来的自我负责就是我们所渴求的，也是我们仅仅拥有的。③ 个体自由意味着，个体就是由其所有行为形成的相关联系的"有机"整体，后者在原则上反对个体归属或依附于某个更高整体。

由此也可以看出，西美尔宗教理论的核心只可能是"人"学，而不可能是"神"学。从历史上看，神学（theologia）一词最早在柏拉图那里出现，在亚里士多德那里指最高的理论科学，而教父哲学家最初往往将"神学"理解为异教关于神的说法。在 13 世纪之前，基督教思想家们并不怎么使用"神学"一词，他们更关心对《圣经》的诠释。④ 不止如此，在此之前，神学的含义也是含混的，任何类型的关于神圣事务的言说均可被看作神学，它既可被用于表示上帝之言（the word of God），亦可被用于表示关于上帝的言说（words about God）。但是，神学开始被系统化之后不久，就被确立为大学中一个受保护的学科。与古典传统不同，中世纪哲

① 关于《宗教的地位问题》的说明：该文在 1911 年发表了两次，第一次是在科勒（Frisch-eisen – Köhler）所编的《世界观》（Weltanschung）中发表，第二次是被收入了西美尔的论文集《哲学文化》（Philosophische Kultur）。目前，笔者所能见到的中、英译文皆以首次发表的，也就是《世界观》中的文本为准，但实际上，该文被收入《哲学文化》时，西美尔做了一些修订，虽然变动不大，但从中可看到西美尔着意强调的一些重点与差异。因此，笔者将以《哲学文化》中收录的文本为准。第一个文本载于《西美尔全集》第 12 卷，第二个文本载于《西美尔全集》第 14 卷。

② Georg Simmel, "Zur Soziologie der Religion," GSG 5, 1992, S. 277.

③ Georg Simmel, "Die Religion," GSG 10, 1995, S. 87.

④ 〔澳〕彼得·哈里森：《科学与宗教的领地》，张卜天译，商务印书馆，2016，第 27 页。

学家回避使用"自然神学"（*theologia naturalis*）一词，并小心地避免将古代异教哲学家称为"神学家"，即使在他们将这些异教哲学家的一神论赞美为"福音的准备"（*praeparatio evangelica*）时也是如此。① 神学与异教思想之间的复杂关联使得直至 16 世纪的宗教改革时期，中世纪经院哲学犹受到"希腊化"（Hellenization）的指控。② 从神学历史的演变来看，米尔班克对现代社会学的指控很类似于宗教改革时期对异教哲学及希腊化的指控。这至少表明，神学的边界也不是一以贯之的清晰、明确的，这在论及社会理论与神学之间的对话时，也是一个需要格外注意的问题。

　　作为宗教社会学之研究对象的宗教不是神学，作为一门学科的宗教社会学也不是神学，在这种差异性的对话中，神学必须面对宗教社会学已经揭示出来的两种转变：第一种是从神学到人学的转变，第二种是从基督教到复数宗教的转变。关于第一种转变，自从费尔巴哈将神学还原为人类学以来，人与超越之实在之间的对话就变成了人与自己产品之间的对话。自此之后，对宗教现象的所有历史学 - 心理学 - 社会学分析都主要是这种概念与方法的扩大运用。一种关于宗教的社会学理论，尤其是在知识社会学框架内的理论，无外乎费尔巴哈将宗教作为人的投射的延伸而已。③ 在神学框架内，人总是有着超验的起源；在费尔巴哈之后的社会学的框架内，超验存在者总是有着经验的起源：不再是神创造了人，而是人创造了神。如此一来，如孔德所说的那样，作为人的科学的社会学也就可以取代神学了。虽然孔德的这一设想不仅不可能为神学所接受，而且迅速淡出了社会学自身的诉求范围，但是，对于"宗教是如何可能的"这一康德式的问题，宗教社会学已经不可能再将之归于某个超验领域了。

　　第二种转变则是"宗教"学与"神"学之间差异的一种表现与延伸。自从缪勒（Max Müller）提出"只知其一，一无所知"的原则以来，基督教就不可能在现代人文 - 社会科学体系中被等同于唯一的宗教了。这对诸如辩证神学的"宗教即不信"这样的主张来说也许不算什么，但毕竟已经

① Amos Funkenstein, *Theology and the Scientific Imagination* (Princeton：Princeton University Press, 1986), p. 4.

② 〔美〕帕利坎：《大公教的形成》，翁绍军译，华东师范大学出版社，2009，第 59～60 页。

③ 〔美〕贝格尔：《天使的传言》，高师宁译，中国人民大学出版社，2003，第 53 页。

充分显明了：人类历史中多样的宗教类型与形态构成了神学必须面对的一个坚硬的历史－社会事实。关于第二种转变，在所有关于宗教的研究领域中，宗教社会学做出了最为有益也最为全面的探究。从图腾制度到人性宗教，从个体宗教到公民宗教，从亚伯拉罕宗教到多神教、民间宗教，从私人宗教到公共宗教、政治宗教等，这些宗教类型或形式不仅突破了传统的基督教模式，而且突破了传统的宗教模式，在宗教社会学中均有充分讨论。宗教的多元化进一步加剧了宗教定义上的困难，[①] 而且它仍可能同时是社会学家与神学家因规范性关怀而面对的最大的智识挑战。[②] 在此语境下，西美尔的宗教理论对于个体以及个体宗教的关注，无论是作为人学，还是作为宗教多元论的印证，都可以构成与神学对话的一个重要思想资源。

　　乔瓦斯基（Gary Dean Jaworski）曾经指出，帕森斯的社会学承担着救赎目的，他的系统理论延续了将上帝之国带临尘世的神学任务。出于这个目的，他的早期著作集中于与终极价值相关的行动，也是出于这个原因，他对韦伯、涂尔干、帕累托给予了足够重视，而相对忽略了诸如马克思与西美尔这样的社会学家。[③] 据此，我们也可以说，西美尔的宗教社会学也承担着神学目的，不过，其目的更多地指向现代文化中的个体命运。西美尔的宗教社会学的神学意涵的关键词是"个体"，而不是像帕森斯、哈贝马斯那样指向普遍化的价值共识。在本书接下来的部分，我们将看到，所谓"个体的统一"已经超越了宗教社会学而进入了宗教哲学的论域，对西美尔而言，这个问题是在个体人格的统一性这里获得了最终的表达。不过，在介绍西美尔的宗教哲学之前，我们要先勾勒出他的文化理论的整体图景。

---

① 基思·罗伯特（Keith A. Roberts）在通常的功能性定义与实质性定义之外，特意指出了宗教社会学中还存在一种对宗教的符号性定义，并强调，宗教符号与非宗教符号之间的区别在于，前者是宏观符号（macro－symbolic），能够帮助人们解释生命的意义，且涉及一种世界观的宇宙论；后者则是微观符号。（Keith A. Roberts, *Religion in Sociological Perspective*（Belmont, CA：Wadsworth, 2004），pp. 9－10）

② Robert Wuthnow, "Studying Religion, Making it Sociological," in Michele Dillon, ed., *Handbook of the Sociology of Religion*（New York：Cambridge University Press, 2003），p. 27.

③ 可参见 Gary Dean Jaworski, "Parsons, Simmel and Eclipse of Religious Values," in David Frisby, ed., *Georg Simmel：Critical Assessments*, Vol. Ⅲ, p. 344。亦可参见 Gary Dean Jaworski, *Georg Simmel and the American Prospect*, p. 60。

第二部分

现代文化中的宗教：从文化的危机到文化的冲突

我们在前面几章分别论及的信仰、货币、个体等问题已经在不同方面涉及了西美尔的文化理论。他对宗教的社会统一功能的诠释对应的是客观化的社会关系、货币经济的发展和社会分化等现象，这些现象只可能是高级文化——此处指现代文化——的产物，他对资本主义社会、政治、经济秩序最具穿透力的批判，如对劳动分工的批判，最终皆可归于文化危机。[1] 在西美尔处，文化是与个体内在整体性的完善联结在一起的，但是，现代文化的危机在于："客观精神"战胜了"主观精神"。日益增长的现代劳动分工为个体强加了前所未有的单面性，客观文化不断滋长，个体文化则节节败退，精神的创造力与自主性遭到压制而萎缩，这也是尼采强烈抨击客观化的夷平过程的重要原因之一：后者甚至将最高者拖低到最低者的水平。德国学者盖尔（Carl – Friedrich Geyer）已经指出，西美尔的宗教理论只是他更为普遍的文化问题（主观/客观文化冲突）的特殊例证。[2]

但是，西美尔对现代文化的诠释不仅包括"文化的危机"，而且包括"文化的冲突"，即生命本身与外在形式之间的冲突。这两个层面分别对应着其宗教社会学与宗教哲学，简单而言，他的宗教社会学仍大量论及客观宗教，包括诸如上帝之国这样的宗教教义与诸如教会组织这样的宗教制度，而客观宗教在现代文化中恰恰是"文化的危机"的表现；他的宗教哲学明显将重心移到了以生命哲学为基础的灵魂－生命本身，此时，生命反对以任何外在形式来束缚自身，在这个层面，客观宗教最终亦不过是生命本身的异化而已，因此，生命需要新的宗教。本书第二部分，也就是对西美尔的文化理论的梳理，可谓是第一部分（宗教社会学）与第三部分（宗教哲学）的一个过渡，既要对第一部分做出适当的总结与延伸，同时亦开始将笔触正式转向西美尔的宗教哲学。

---

① David Frisby, *Sociological Impressionism：A Reassessment of Georg Simmel's Social Theory*, p. 145.

② Carl – Friedrich Geyer, Georg Simmel：eine Religion der Immanenz, *Zeitschrift für Philoso-phische Forschung* 45（1991）：195.

第五章　文化的危机及其在
宗教领域中的表现

一　手段取代目的：终极目标的缺失

列文认为，西美尔系统处理的四个主要论题是：社会分工、作为交换的一般媒介的货币、文化动力学与现代都市。[①] 实际上，关于社会分工、货币以及大都市的讨论均可归入他的文化动力学。西美尔诠释现代文化的努力贯穿其著作，尽管有着不同的形式与重点，但意图始终如一，即展示现代人对外在的物质世界的内在回应。现代文化所提出的问题，在《货币哲学》最后一章中首次得到了成熟的表达。主观/个体文化的萎缩，客观/物质文化的扩张，我们所创造的文化开始反抗我们与人类的目的。[②]

在《货币哲学》中，西美尔是这样界定"文化"的：一种被自然赋予的能量或指向，它的必然存在，恰恰是为了被自身的实际发展所超越，这种能量或指向就构成了文化概念的前提。亦即，文化必然超越纯粹自然的发展、丰富与分化所可能达到的水平。[③] 对西美尔而言，文化是既需要自然又超越自然的存在。从文化的角度来看，生活的价值就是文明化的自然（kultivierte Natur）。自然能量只是文明化进程的原料。在培育事物——它的价值水平（Wertmaß）超越了其自然机体所提供给我们的水平——的过程中，我们也培育了自身：这是相同的、始于我们自身亦终于我们自身的价值升值过程（von uns ausgehende und in uns zurückkehrende Werterhöhungsprozoß），它把握了外在于我们的自然（Natur außer uns）或

---

① Donald N. Levine, *Visions of Sociological Tradition*, p. 208.
② Lawrence A. Scaff, *Fleeing the Iron Cage* (Berkley and Los Angeles：University of California Press, 1989), pp. 193 – 194.
③ Georg Simmel, *Philosophie des Geldes*, *GSG* 6, 1989, S. 617.

内在于我们的自然（Natur in uns）。① 亦即，文化本身蕴含着外在的文明化的自然以及我们对这种文明的重新吸收。文化内部的这种分殊对应的是物质文化（Kultur der Dinge）或客观文化（objektiven Kultur）与个体文化（Kultur der Personen）或主观文化（subjektiven Kultur）。

西美尔认为，文化就是灵魂的完满，但是，与在宗教深刻性、道德纯洁性、原初创造性中显示的不同，灵魂的圆满不是直接经由灵魂自身完成的，而是采取了精神－历史产物的间接路径：主观精神的文化路径经过科学、生活方式、艺术、职业及世界知识而返回自身，达到一种更高更完善的阶段。因此，每一种意在培育我们的行为都受制于目的和手段的形式。但是，问题在于，技术的惊人发展——这种发展不仅仅是物质领域的技术发展——将我们卷入了手段及"手段的手段"的网络，后者通过前所未有的中介手段，使我们远离原本的终极目标。这是所有高度发展文化的内在危险，在这样的时代，整个生活领域都被各式各样的手段所覆盖。手段发展成为目的，事实上造成了意义的丧失。② 在同样的基础上，文化的第二个自我矛盾得到了发展。文化形式本来是为了人的自我表现，但是，精神的客观化却越来越与人对立。艺术作品、社会形式、制度、知识成了独立王国，遵循自身的法则。在高级文化中，主体与客体之间不仅存在质的疏远，而且存在量的差异。书籍、艺术作品、发明层出不穷，并要求个体吸收，而对于个体而言，完全的吸收又是不可能的。物的文化有着无限的发展空间，其结果就是，主体在很大程度上转向了物的文化而相对忽视了主观文化的发展。对于成熟或过于成熟的文化而言，这就是两种最深刻的危险：一方面，手段颠覆并取代了目的；另一方面，客观的文化产物获得了独立性，其发展程度也远远高于主观文化。③

西美尔对"文化"及"文化的危机"的界定有三点需要注意。第一，他明确将文化与人的本质的完满联系了起来，因此，文化的问题就是人的问题，具体而言，就是人在现代文化中的处境与命运问题，这也是西美尔整个宗教理论一直关心的问题。第二，人的完满必须采取精神－历史产物的间接途径，其缘由在于，文化理想的本质是：它扬弃了美学、科学、道

---

① Georg Simmel, *Philosophie des Geldes*, *GSG* 6, 1989, S. 618.
② Georg Simmel, "Die Krisis der Kultur," *GSG* 13, 2000, S. 190 – 191.
③ Georg Simmel, "Die Krisis der Kultur," *GSG* 13, 2000, S. 191 – 192.

德乃至宗教成就自身的独立价值，将它们作为元素或组成部分统一到超越其自然状态的人的本质的发展中去。这种发展不可能不牵涉任何内容而纯粹形式地进行。① 亦即，人的发展与完善总须将那些完成了的精神产物作为材料重新吸收至自身。由是而言，无论是手段取代目的，还是客观文化对主观文化的优势，均为精神与灵魂之正当关系的颠倒。文化的目的是灵魂的圆满，而这种圆满必然采取精神产物的间接途径，因此，精神之独立性就必然会成为一个文化问题。② 第三，生命的客观化就是生命的二元论与精神的对象化。西美尔宣称，这种二元论并非资本主义的历史现象，而是成熟文明的普遍命运，手段－目的关系的混淆与主客体之间的冲突正是人类生命的二元论的内容。人总是处于被自己所创造的对象奴役的危险中，这一命题是西美尔对马克思的意识客观化与自我异化理论的"人化"（humanization）。③ 既然宗教作为形式与内容相结合的一种产物，是文化发展的一个环节，即精神的客观化，那么，它作为有着自身法则而与人相对立的独立王国就是灵魂－精神之冲突在宗教领域中的具体表现。在此，我们暂时集中于文化的危机的第一个表现，即手段取代目的。

在西美尔看来，目的与手段的抽象概念只能在高级文化水平上得到发展，而越来越长的一连串手段不断地取消了具体目的。各种生存内容越是有质的差异，相互隔离，抽象层面上的东西被取缔得就越多，乃至终极目标——它能使我们体验到完整统一的生命——也必须被取缔。叔本华的形而上学将意志视为我们存在的实质（Substanz）。意志必然是不能满足的，因为它作为绝对，没有任何能够满足它的外在之物。相反，只有它本身能够把握自身。这种形而上学就是我们文化处境的表现，即人们对一种绝对的终极目标仍有着热切的需要，但是丧失了坚定不移的内容。宗教情感的衰弱，但同时对这种情感活跃的再度觉醒的需要，均为现代人丧失了终极目标造成的相关产物。④

---

① Georg Simmel, *Philosophie des Geldes*, GSG 6, 1989, S. 619.

② 既然文化的发展——人的本质的发展——不可能纯粹形式地进行，那么，相同的形式就会有不同的内容，相同的内容会有不同的形式。形式与内容之间仍然是相互纠缠、相互交织的，因此，所谓"宗教性"或其他形式范畴，就其理想性而言，归根到底是一种"理想类型"。

③ Albert Salomon, "Money and Alienation," in Lewis A. Coser, ed., *Georg Simmel*, p.136.

④ Georg Simmel, *Philosophie des Geldes*, GSG 6, 1989, S. 617.

照韦伯的看法，清教徒系统化的入世禁欲主义本来是极度拒斥世俗享受、感官文化的，现世的紧张劳作只是从属于彼岸的拯救，但失去宗教伦理钳制的理性主义文明却制造出了无灵魂的专家、无心的纵欲者，这不可不谓是历史的反讽。宗教业已式微，而资本主义生产标榜为价值阙如的形式理性，世俗功利主义笼罩一切，人沦为"职业人"或"秩序人"。这就是现代人焦虑不安的处境。新教伦理所造就的宇宙秩序如今以压倒性的压制力，决定着出生在此一机制中的每一个人（不只是直接从事经济盈利活动的人）的生活方式。意义丧失与自由丧失的铁笼现实佐证的是："理性主义"（rationalism）导致的恰恰并不必然是"理性的"（rational）。这实质上是对黑格尔命题——理性的不现实，现实的不理性——的社会学回应。①

托克维尔亦注意到了笃信宗教与无宗教信仰的人之间的差异。前者能够长久地、习惯地盯住一个固定不变的目标，并不停地奔向这个目标。在此过程中，他们会抑制许多转瞬即逝的欲望，也不会经常更换目标，而是愿意将现世的一切与终极目标联系起来。相反，由于不习惯将人生活动置于终极目标的统筹之下，无宗教信仰的人在怀疑盛行的时代，就会不断受日常偶发欲念的驱使，进而意欲尽快实现当前可见的利益。托克维尔认为，这种状态的民族，一旦进入民主化的社会情况，反而会加剧这种危险。②

韦伯对现代性的分析主要集中于制度－秩序层面，托克维尔则主要从政治科学的视角来展开分析，两人都指出了现代人丧失终极目标而陷溺于短暂的感官享受与偶发欲念之中的历史－社会现象。相比之下，西美尔虽然反复书写货币经济，其着眼点却偏重对现代人的心性体验的现象学描述。③ 对西美尔而言，终极目标的丧失，的确同时推动着宗教情感的衰落

---

① Lawrence A. Scaff, *Fleeing the Iron Cage*, p. 87.
② 〔法〕托克维尔：《论美国的民主》（下卷），董国良译，商务印书馆，2009，第 742 ~ 743 页。
③ 西美尔试图使用一种社会生活现象学（phenomenology of social life），这种现象学不借助历史基础而描述体验世界的方式。他秉持的是现实的美学化（aestheticisation of reality）视角，一方面他能够对体验社会实在的模式作出反思与批判，另一方面又能使他与批判的实践后果拉开距离。正如特洛尔奇指出的，西美尔的洞见与批判可能会使中产阶级感到震惊。参见 David Frisby, *Sociological Impressionism: A Reassessment of Georg Simmel's Social Theory*, pp. 134 – 135。

与觉醒。但是，既然宗教性并不局限于宗教领域，这就意味着终极目标可能不仅仅是由客观宗教来提供的，因此，"宗教情感的衰落"指的是宗教领域中的宗教情感，"宗教情感的再度觉醒"指的却可能是非宗教的，因为正如西美尔所说，人们对绝对的终极目标仍有需要，只是丧失了坚定不移的内容，这意味着，终极目标可能蜕变为非宗教的，佐证之一即为货币的神化现象。

我们之所以再次提及货币，是因为在西美尔这里，现代社会中金钱的神化现象就是货币作为无任何特性规定的纯粹手段，最终转变为一种终极目标的过程。他认为，对大多数人来说，货币象征着目的序列的终点，并给他们提供各种兴趣统一联合的一个尺度、一种抽象的高度、对生活细节的统合，以至于它竟然减少了人们在宗教中寻找满足的需要。货币本来只是人们达到目的的手段，但由于这种手段的绝对性——它可以和任何商品进行交换，它挤到了内在目的和最终目的的前面，最终将这些目的掩盖并取而代之。[①] 如果说对货币的信仰确实如西美尔所说的那样是宗教信仰，那么，在现代文化中，宗教情感显然并没有衰落，因为货币已经成为现代人的上帝。因此，我们只能认为，当西美尔在《货币哲学》中将宗教情感的衰落与货币经济的发展联系起来的时候，他已经将这种情感限制在宗教领域中了，或者说，他所说的宗教情感，指的乃是宗教领域中的特定的、纯粹的宗教情感。在这个意义上才可以说，宗教情感的衰落间接地来自现代货币经济中货币的僭越：它篡夺了终极目的的地位。

西美尔此处将宗教情感限制在宗教领域，他的一个前提仍然是客观宗教在现实世界中的衰落，但是，当他论及"宗教情感的再度觉醒"时，宗教情感却不限于客观宗教领域了。亦即，这种情感是一种一般的宗教情感，而非纯粹的宗教情感，它指涉的并非宗教领域中的信仰对象了。在这种文化氛围中，可能发生的重大变动就是，原来只是一般的宗教情感的信仰对象却能够提升为纯粹的宗教情感的信仰对象，本来应由宗教提供的终极目标的缺失可能使各式各样的偶像崇拜神化为终极目标。一种将生活的各个阶段、行动统一于一个恒久目标的聚合剂的丢失，间接地回应着现代人的"自由"，如泰勒所说，人们过去常常把自己视为一个较大秩序的一

①　Georg Simmel, *Philosophie des Geldes*, *GSG* 6, 1989, S. 675.

部分，现代自由是借由怀疑这些秩序而产生的，但是，这些秩序在限制我们的同时，亦赋予世界和社会生活的行为以意义。在现代社会中，神圣的帷幕不再，人们亦不再有更高的目标感。目标的丧失是与一种狭隘化相联系的，人们因为只顾个人生活而失去了更为广阔的视野。①

现代人的焦躁与不安归根结底源自对自身生存整体性的疏离。西美尔认为，一方面，现代技术的宰制地位表明理智意识（intelligenten Bewußtsein）的优势，灵魂的整体性被自然科学－技术时代的喧嚣所抑制，这酿就了紧张而无方向的阴郁感，对我们生存的整体意义的疏离感。但是，另一方面，我们生存的整体意义仿佛就在我们面前，如果不是我们欠缺勇气、力量和内在安全感，这种意义似乎触手可及。西美尔指出，正是这种隐秘的不安和永不止息的欲望驱动着现代人不断变换追求对象，从社会主义到尼采，从勃克林（Arnold Böcklin）到印象主义，从黑格尔到叔本华，如此回返往复。它们来源于现代生活的紧张骚动，反过来，现代生活的外在表现也是最内在状态的表达、征兆与爆发。灵魂的中心欠缺确定性，这使得人们总是在新的刺激、感觉与外在活动中寻求短暂的满足。② 终极目标的缺失，宗教绝望使得人与自身存在相疏远，却又不断地追求外在的忙碌。这实质上仍是西美尔"远"与"近"辩证法与空间隐喻的应用。易言之，终极目标之缺失不仅仅表征着人生存的碎片化、短瞬性，而且表征着人与其自身整体存在的疏远。现代人仍有宗教需要，却无法获得任何实质性的终极目标，而且宗教新旧形式的交替已经失去了效用，这就缔造了一种深刻的宗教绝望。现代人在宗教信仰问题上的彷徨无助，部分地亦可归功于这种绝望。③

二　客观文化的优势：宗教性与客观宗教

文化的危机的第二个表现即为客观文化对主观文化的优势。关于主客观文化，西美尔认为，劳动分工与专门化（Spezialierung）乃是主观与客

---

① 〔加〕查尔斯·泰勒：《现代性的隐忧》，程炼译，中央编译出版社，2001，第3~5页。

② Georg Simmel, *Philosophie des Geldes*, S. 674 – 675.

③ 在舍勒看来，新教徒试图以紧张的世俗劳作来获取救赎确证，无非来自一种深刻的宗教绝望。"现代人的宗教形而上学绝望恰是产生向外倾泻精力的无止境活动渴望的根源和发端。帕斯卡很了解这种类型的人，他们由于内在的、形而上学的无依靠感而投身外部事务的洪流，这在加尔文主义类型之人身上可找到最纯真的表征。"《舍勒选集》（下卷），刘小枫选编，上海三联书店，1999，第1243页。

观文化分殊的原因。所有的"物"的文化就是人的文化，我们只有通过发展"物"来发展我们自己。通过精神的对象化（Vergegenständlichung des Geistes），脑力劳动获得了保存与累积的形式。他认为，这种形式是人类历史范畴中最意义深远的，也是最硕果累累的。在较低文化的社会群体中，主客观文化的关系基本上是一种相互抵消的关系，客观文化的发展可能性不会过于超出主观文化的现实。文化水平的提升——尤其是当它与群体的扩大一同发生时——却会造就双方的彼此分离。这一现象出现的原因及其表现形式即为劳动分工。[①]

客观文化对主观文化的优势是主客文化分殊的特殊形态，这种失衡状态是由劳动分工促成的。在劳动分工中，不仅劳动成为客观独立之物，劳动产品也获得了独立性，生产者与其产品之间的活生生的联系遭到了割裂。分工的程度越高，就越意味着人们在劳动中给出的只是一种客观的、匿名的、可交换的东西，而非他们独特的精神气质。西美尔认为，随着劳动被分解为越来越专业的部分操作，交换关系亦变得越来越复杂，越来越需要借助中介来完成。由此，经济也就必然包含越来越多彼此并非直接相关的关系与义务。一旦生产者与消费者之间需要如此多的中间环节，那么，人与人之间的关系也就可能被冷漠的矜持所取代。[②] 可见，西美尔对劳动分工，乃至对客观文化的理解仍落脚于人与人之间关系的客观化、抽象化上。现代社会中，较低阶层的人购买较高阶层所生产的产品或服务，恰恰证明二者之间的联系的产生只是因为客体。[③] 亦即，劳动分工、客观文化无非是系统整合的手段及表现形式，人与人之间关系的客观化则无非是客观文化战胜主观文化的一种表现。

现代货币经济的普遍趋势是依赖关系的日趋客观化，个体作为功能的载体，完全能被任何一个人所交换，只要后者能够履行这一位置所指定的功能，如送货工、放债人对我们的意义只在他们的某个方面。由于货币本身就是抽象的集体力量的表征，个体与他人之间的关系就仅仅是

① Georg Simmel, *Philosophie des Geldes*, *GSG* 6, 1989, S. 627 - 628.
② Georg Simmel, *Philosophie des Geldes*, *GSG* 6, 1989, S. 634.
③ Georg Simmel, *Philosophie des Geldes*, *GSG* 6, 1989, S. 635 - 636.

他与物之间关系的复制。① 西美尔在这种趋势中看到的是交换的狭隘化，即交换如何使得一种冷漠的客观性成为人与人、人与对象之间的主导模式。

西美尔对"交换"的理解是以"互动"为基础的。交换与互动概念在他的价值理论中扮演着核心角色，它们是价值之创造与客观化的关键因素。但是，在二者之间划出明确的界限殊为不易，纵观《货币哲学》一书，这两个概念总是纠缠在一起。② 在西美尔看来，人与人之间的大部分关系皆可视为交换（Tausch/exchange），后者乃是最纯粹与最发达的互动（Wechselwirkung）。当交换获得了实质（Stoff）与内容（Inhalt）时，即构成了人的生活。每一种互动都须被视为一种交换。③ 西美尔提到人们在互动中所涉及的总是自身的能量，给出的总是自身本质；相反，交换不是为了他人原先即拥有的对象而发生的，而是为了他人此前尚未拥有的情感反应而发生的。因此，交换的意义即在于，后来的价值总量总是比之前的大。这意味着，每一方都向他人提供了比他此前所拥有的更多的东西。互动是更宽泛的概念，交换则狭窄些，但是，在人与人的关系（Verhältnissen）中，互动几乎完全可以被解释为以"交换"的形式出现。我们自然生命的每一天都是由获得与失去、增益与流失的过程所构成。这种生命在交换中得到了精神化，由此，一个对象与另一对象之间的置换变成有意识的了。

既然在"互动"中给出的总是自身的本质，而交换总是有意识地向对

---

① Georg Simmel, *Philosophie des Geldes*, *GSG* 6, 1989, S. 400. 马克思同样认为："信贷是对一个人的道德作出的国民经济学的判断。在信贷中，人本身代替了金属或纸币，成为交换的中介，但是人不是作为人，而是作为某种资本和利息的存在。这样，交换的媒介物的确从它的物质形式返回和回复到人，不过这只是因为人把自己移到自身之外并成了某种外在的物质形式。在信贷关系中，不是货币被人取消，而是人本身变成货币，或者是货币和人并为一体。人的个性本身、人的道德本身既成了买卖的物品，又成了货币存在于其中的物质。构成货币灵魂的物质、躯体的，是我自己的个人存在、我的肉体和血液、我的社会美德和声誉，而不是货币、纸币。信贷不再把货币价值放在货币中，而把它放在人的肉体和人的心灵中。虚伪制度内的一切进步和不一贯全都是最大的倒退和始终一贯的卑鄙。"（马克思：《1844 年经济学哲学手稿》，第 169 页）

② Natalia Canto Mila, *A Sociological Theory of Value：Georg Simmel's Sociological Relationism*, p. 157.

③ Georg Simmel, *Philosophie des Geldes*, *GSG* 6, 1989, S. 59. 据此，我们甚至可以将作为人与人之间社会关系的宗教性亦视为交换的产物，尤其在某些民间信仰或实用主义色彩浓厚的宗教信仰中，这种交换性越发明显。

方提供自己所拥有的，那么，二者就是在两个层面上发生的：互动涵括了交换双方的所"是"，而交换则仅仅是双方的所"有"。按照西美尔的看法，广义的"交换"即互动，指的是"社会化"（sociation）的基本形式。之所以是"基本的"，是因为它不仅使社会保持完整，亦通过派生出诸如忠诚、感激等持久的纽带而有助于社会的维系；狭义的"交换"即经济交换。易言之，经济交换在西美尔的交换理论中只是一种特殊的交换。① 因此，西美尔不仅解除了宗教性的宗教束缚，也解除了交换的经济束缚。交换之于互动，正如宗教中的宗教性之于社会中的宗教性，因为在理论上，经济交换是最纯粹的互动，宗教中的宗教性则是最纯粹的宗教性。宗教性及交换外延的扩大，使得西美尔能够根据研究需要自由地转换于广义与狭义的宗教性/交换之间。

在《货币哲学》中，西美尔着重说明的无疑是狭义的交换，即经济交换。按照西美尔的理解，两种意义的交换的主要区别在于两个方面：第一，牺牲的维度。它在经济交换中有着特殊的重要性。为了获得所欲求之物而放弃另一物是经济交换的独特性所在。放弃之物（牺牲）与获得之物在价值上是相等的。相反，其他形式的交换，如爱、知识等，则无须这种牺牲，因为个体并未失去任何东西。第二，交换的客体之间的客观等价物这一维度。广义上的交换与狭义上的交换在某种程度上会成为一种对立，尤其在现代货币经济时代，狭义的交换宰制了整个文化，推动着客观文化压制、吞噬了情感、存在。②

对此，米拉指出，若将时间因素考虑在内，则经济交换与一般交换的分化就变得成问题了。例如，当一个人处于"爱"的关系中，他投资了时间，而且这种时间是难以恢复的。因此，米拉认为，在两种交换之间的区别中，第二个维度更具有决定意义。事实上，西美尔也意识到了这点。他宣称，在经济交换关系中，牺牲维度是最难以避免的，这当然并不意味着，在非经济交换关系中，牺牲是不存在的，而是说，这种牺牲更少强制性。易言之，经济交换中的牺牲必然是有意识的，而其他交换

---

① Natalia Canto Mila, *A Sociological Theory of Value*：*Georg Simmel's Sociological Relationism*, p. 158.

② Natalia Canto Mila, *A Sociological Theory of Value*：*Georg Simmel's Sociological Relationism*, p. 159.

中的牺牲却未必如此。①

米拉的把握是相当准确的，因为两种意义的交换之间的区别最无法忽视的就是广义的交换并未消耗或牺牲交换之物的内在能量，如以爱换爱，讨论中的智慧分享等，相反，在这些交换中，价值的增长并不是通过获得与失去的平衡来达到的。② 但是，米拉忽视的一个重要方面是，西美尔在这两种交换中也看到了一种心理相似性，即参与交换的主体与其所欲求的对象之间有着距离与对抗性，也正是在此，西美尔的价值理论与宗教理论获得了一个沟通点。

作为社会化形式之一，交换在现代文化中的狭隘化有着特殊作用。根据莫斯对"交换"的历史演变的人类学研究，"利益"在最具伊壁鸠鲁学说倾向的古代道德中，指的是人们所寻求的善与快乐，而不是物质的有用性。要到理性主义与重商主义胜利，尤其是曼德维尔的《蜜蜂的寓言》问世之后，个体利益观念才大行其道。人变成经济动物，成为计算机器，实在只是不久以前的事。③ 莫斯发现，在一些古式社会中，氏族、部落或家庭之间所交换的，并不只是物资与财富这些经济资源，它们首先要交流的是礼节、宴会、仪式、军事、舞蹈、节日等，其中，市场只是种种交换的时机之一，市场上财富的流通亦只是契约中的一项。交换与契约总是以礼物的形式达成，送礼和回礼皆为义务性的，人们之所以要送礼、回礼，是为了相互报以"尊敬"。给予别人礼物的同时，也就把自己给予了别人；之所以把自己也给出去，是因为自己欠别人的正是他自己——他本身与他的财物。基于这些考察，莫斯提出，人们能够而且应该回归古式交换活动中所采用的原则：要给出自我，要给予——无论是自

---

① Natalia Canto Mila, *A Sociological Theory of Value*: *Georg Simmel's Sociological Relationism*, pp. 159 – 160.

② Georg Simmel, *Philosophie des Geldes*, S. 59 – 60.

③ 〔法〕莫斯：《礼物：古式社会中交换的形式与理由》，汲喆译，上海人民出版社，2005，第 172～173 页。赫希曼（Albert Hirschman）在其大作《激情与利益：资本主义胜利之前的政治争论》（The Passions and the Interests: Political Arguments for Capitalism before Its Triumph）中提出了一个大为不同的看法（参见〔美〕赫希曼《欲望与利益》，冯克利译，浙江大学出版社，2015，第 116～120 页）。福柯在对亚当·斯密的"看不见的手"的说法进行解释时，提出了与赫希曼相似的解释，他也认为，"看不见的手"的根本功能就是取消君主的合法性，这种经济学"偷走了君主在一个经济进程正成为社会生活的本质的国家之中行使其君权的法律程序"（〔法〕福柯：《生命政治的诞生》，莫伟民、赵伟译，上海人民出版社，2011，第 246～252 页）。

发的还是被迫的。① 莫斯的核心观点是，古代社会中的交换不仅仅局限于利益交换，还有着多种形式。如果把莫斯的交换理论转化为西美尔式的表达，可能会是：交换作为一种形式范畴，可装纳不同的内容，因此，礼物交换与经济交换虽然是同一形式，却有着不同的旨趣、目的与意图。易言之，正如宗教性不局限于宗教一样，交换亦并非只有经济交换，但是，在现代文化中，经济交换却压制了其他交换形式。

在广义的交换中，积极的情感有着原初性地位，西美尔对宗教性的情感维度的强调亦显示出现代文化中宗教之于经济交换的支配地位的反动。如果说韦伯的宗教社会学始终围绕"理性"来说明的话，那么，西美尔的宗教社会学始终是以"非理性"——情感、生命——为轴心的。具体到宗教性，西美尔特意指出，宗教倾向（die religiöse Farbung）并不是由一种被信仰的超验力量（transzendenten Macht）扩散至经验中的，它本身乃是情感的独特品质。这些情感创造出宗教对象作为其对象化（Objektivation）或对象（Gegenbild），正如感觉派生出相应的对象。② 在这种广义的交换中所衍生的积极的情感无法套用竞争或经济交换原则来解释，因此，西美尔的"宗教性"社会学所强调的互动是对狭义交换之外延的扩大：正如他将宗教性解除了宗教束缚，此处，交换亦摆脱了经济束缚，成为人与人之间的"互动"。

在交换的狭隘化中，经济交换的统治地位表征着心性秩序的变化，原本从属性的欲求态度变成了支配性灵魂，"新的获取精神和劳动精神把中世纪 – 古代之世界观重视质量的凝思性认识态度变为重视数量的计算性认识态度，从而规定着世界观和科学"。③ 狭隘的交换以一种冷漠的客观性来建立各种对象之间的关系，我们的实践世界中的对象亦逐渐成为理智的客体，而情感、德性价值的衰退，则应和着客观文化的胜利。

综上所述，在西美尔处，所谓文化的危机，其表现形式有二：一是手段颠覆了目的，二是客观文化对主观文化的优势。客观文化本来是人用以重新吸收来培育自身的手段，但是，客观文化赢得了自足与独立，反而与人相对，成为一种超然于人的目的之外的客观存在，这就印证了现代文化

---

① 〔法〕莫斯：《礼物：古式社会中交换的形式与理由》，第 4、8、81、165 页。
② Georg Simmel, "Die Religion," *GSG* 10, 1995, S. 52.
③ 《舍勒选集》（下卷），第 1203 页。

中的手段对目的的造反。因此，客观文化对主观文化的优势，究其根本，乃是手段淹没了目的。手段颠覆目的在宗教领域内的表现是终极目标的缺失，它一方面使得宗教情感衰落，另一方面却可能使再度觉醒的宗教情感趋向偶像崇拜，如货币拜物教或政治乌托邦。客观文化的优势在宗教领域内的表现是：宗教性与宗教的对立。

第六章　现代文化的冲突及其在
宗教领域中的表现

一　现代文化的冲突：生命与形式

西美尔的文化观念在发展中亦有所变化，也就是从"文化的危机"到"文化的冲突"的变化。他关于"文化的危机"的说明类似于马克思，按照后者的经济发展模式，每一历史时期的生产力均会产生一种适合自身的生产形式，但是，生产形式自身的发展又会使旧的形式不再适应，被新创造出来的形式所突破。在《文化形式的变迁》（Wandel der Kulturformen）中，西美尔将马克思对于生产力 - 生产关系的看法转化为文化理论。他认为，马克思提出的这一模式已经超出了经济领域而扩展至文化领域。① 这个时候，文化形式的变迁——充满活力的新形式替代僵滞的旧形式——是文化发展所必需的途径，这也意味着，在宗教领域中一种新的宗教代替旧的宗教也是有效的。

但是，在《现代文化的冲突》（Der Konflikt der modernen Kultur）中，西美尔否定了文化的新旧形式交替的有效性，而以一种黑格尔式的精神辩证法对生命洪流进行了解释。黑格尔认为，精神就是意识，所以是自由的，开端与终结即结合于其中。在精神里，自在和自为这两个阶段不仅是本身同一的，而且是互为的，凡是为对方之物，即与对方是同一之物。因此，精神自己二元化自己，自己分离自己，就是为了能够发现自己、回复自己。② 总体而言，西美尔对于文化的冲突，乃至对于生命本身的说明均显示出了黑格尔这一思路的深刻影响。西美尔在《现代文化的冲突》开篇即言，一旦生命超出了纯粹的生物水平向着精神水平发展，而精神水平又

---

① Georg Simmel, "Wandel der Kulturformen," *GSG* 13, 2000, S. 217.

② 〔德〕黑格尔：《哲学史讲演录》（第一卷），贺麟、王太庆等译，商务印书馆，2013，第 29~30 页。

向着文化水平发展的话，就会出现一个矛盾：创造性的生命活动产生了某种产物（如社会法规、艺术、宗教、科学知识、技术等），并在其中发现了自身的外在表现与现实化，而该产物又反过来吸纳源源不断的生命洪流，给予它内容和形式、范围和秩序；这些形式展示出自己的逻辑、法则、意义以及对生命内容的抵抗，在某种程度上独立于创造了它们的灵魂动力。该矛盾的发展、解决与再生就构成了文化的进程。精神化的生命不断创造出要求自足与独立的产物，我们可将这种产物理解为生命所采取的形式。生命具备形式并非偶然，而是必然，因为若无形式，精神生命即无以存在。但是，生命的力量终究会破坏每一个已然存在的产物，以新形式替代旧形式。现在我们所体验的是这种古老斗争的新阶段，其特异性在于：它不再是新的、充满生命力的新形式反对旧形式的斗争，而是生命反对形式，反对形式原则的斗争。① 生命反对形式的斗争既是新旧形式斗争的延续，又是对后一斗争的否弃：生命希望无形式地表达自身。

此处需要澄清的一个问题是：西美尔的"形式"概念可进一步区分为内在形式与外在形式。他将与生命整体相关的宗教性称为某些人生命过程的"内在形式"（die immanente Form）②，因此，内在形式表示的并非生命的外在形式冲动本身，而是生命的本然状态，它不仅是对任何教会、教义（客观宗教）的否弃，而且是对任何外在于灵魂之物的破除。按照西美尔的理解，形式－内容的区分这一研究方式有几个益处，其中之一即为，宗教性被视为灵魂的一种统一的基本状态，包括宗教性在内的各个范畴之间的关系，正如斯宾诺莎哲学中的思维（cogitatio）与广延（extensio）：每一范畴皆以自身的语言来表达整体存在，因此，任一范畴都无法干涉其他范畴。若宗教性是这些范畴之一，那么，它不仅拒绝审核实在或臆想的世界观，而且拒绝了与它们的内在或事实的共同点和联系，不论它们在个体生命中是如何的混合。③ 如果我们以此来审量西美尔所说的"宗教与理性标准无关"的说法，就可更清晰地看到这一说法的精神渊源。他援引斯宾诺莎的思想，其目的不仅在于将宗教性视为与其他的内在生命范畴全然不同的独立范畴，更在于为宗教性/宗教的形式区分提供一种哲学基础。

这似乎是西美尔的一贯风格，他在此没有特意对"精神"与"文化"

---

① 　Georg Simmel, "Der Konflikt der modernen Kultur," *GSG* 16, 1999, S. 183 – 185.

② 　Georg Simmel, "Das Problem der religiösen Lage," *GSG* 14, 1996, S. 378.

③ 　Georg Simmel, "Beiträge zur Erkenntnistheorie der Religion," *GSG* 7, 1995, S. 12.

之间的区别做出详细的解释。实际上，西美尔本人在大多数地方也是交换地使用这两个概念。不过，鉴于二者的区别确实与现代文化的冲突密切相关，对这两个概念进行简单的澄清仍然是必要的。首先，既然西美尔提到生物水平到精神水平再到文化水平这样一种发展次序，那么，我们不难推断出，"文化"是较"精神"更为高级的发展阶段。其次，西美尔在对"文化的悲剧"进行诠释时指出，内在生命的本质在于，它总是只能在形式中得到表现，而形式则有着自己的法则、意义与稳定性，并进而与创造自身的灵魂活力相对立。这种矛盾就是文化真正的、永恒的悲剧（Tragödie der Kultur）。① 因此，文化的冲突即文化的悲剧本身。西美尔将"文化的理想"与"人的灵魂完满"联系起来，而灵魂实质上又可与"生命"画上等号，而精神化的生命必然需要外在形式，或者说，"精神"更侧重于表达有着客观形式的历史－文化产物。

　　按照黑格尔的理解，作为第一思维规律的同一命题，其正面说法 A＝A 不过是同语反复的空话。相反，同一本身不是不动的、单纯的东西，而是超出自身进入自身的消解，它在自身等同中就是不等同而矛盾的，并且在差异、矛盾中又与自身同一；它本身就是一个规定过渡为另一个规定的运动。② 西美尔的生命哲学全面吸收了黑格尔的这种辩证思维，在他这里，生命的吊诡之处在于，若无形式，则生命无以存在，也就是说，生命若只是保持在原初的同一性状态而不诉诸外在形式，即不再是生命。用海德格尔的话来说，生命哲学认为，我们在言中道说着"存在"（ist），而存在（Sein）意味着在场状态，现代哲学却将这种状态解释为对象性与客观性，所以，对于生命哲学而言，一方面，作为表象的思与作为表达的言就必然导致一种对在自身中流动的"生命"之流的僵滞，从而导致对生命的扭曲；另一方面，这种对持存之物的固定对生命的保存来说却是不可或缺的。③

　　在某种程度上，我们可以将"生命"与"外在形式"的对立视为"精神"与"灵魂"的对立。西美尔在不少地方仍是以"精神"来代称"文化"，只是这种"文化"更侧重于表示"客观文化"或理智。由此，我们能够发现，当西美尔将"文化的危机"归结为手段取代目的与客观文

---

① Georg Simmel, "Wandel der Kulturformen," *GSG* 13, 2000, S. 217－218.
② 〔德〕黑格尔：《逻辑学》（下），杨一之译，商务印书馆，2014，第 31～35 页。
③ 〔德〕海德格尔：《路标》，孙周兴译，商务印书馆，2009，第 78～79 页。

化战胜主观文化时，这种文化危机就是现代文化的冲突本身在精神层面的表现，其实质即为生命对其外在形式的冲突。如此一来，所谓文化的危机就被统摄在文化的冲突之中了。西美尔指出，生命有两个相互补充的定义，即额外生命（Mehr Leben）与多于生命（Mehr - als - Leben）。一方面，生命作为运动在每一时刻、每一阶段都在吸收一些东西，将它们转化为自己的生命。生命只要存在，即会孕育出生动活泼的东西，而且正是因为它这么做了，才成为生命，这就是额外生命之义。由此而言，甚至于一开始就寓于生命之中的死亡亦可谓生命的自我超越。另一方面，生命本身即具有这样的矛盾：总是需要形式来表现自己，并在这种形式中获得独立性，但生命永不止息的流动又往往不得不超越各种已经获得的形式。生命 - 形式的对立，在"多于生命"层面上正对应着主观文化 - 客观文化的对立。所谓多于生命是指，生命在独立的形式中同生命自身的对立，这也是生命的自我异化。① 这种异化在宗教领域中的表现与客观文化的优势在宗教领域中的表现是同一的，即客观宗教的独立，因此，从文化的"危机"到文化的"冲突"并非一种突然的跳跃，而是存在衔接的。西美尔所提出的从自然到精神，再到文化的演变实质上就是生命本身从自然到客观文化再到主观文化的各个阶段。

二 从客观宗教到私人宗教

至此，一个问题就浮现了出来：既然"文化形式的变迁"的有效性已经遭到了否定，且客观宗教作为文化的危机在宗教领域中的表现，已然成为现代文化的病症了，它到底还有何作用呢？对于这一问题，我们暂时可如此回答：在从文化的危机到文化的冲突的转变过程中，西美尔的重心亦相应地从客观宗教转向了一种私人宗教，但他并未完全否认客观宗教在现代文化中的现实意义。

在西美尔看来，经济价值的客观性——它将经济领域界定为一门独立的领域——的要义在于，它的有效性原则上超越了单个主体，这意味着经济价值不仅对我，而且对他人都是有效的。客观性等于对主体的普遍有效性，这一等式在经济价值中得到了最明确的证明。② 价值并非事物本身的

---

① 〔德〕西美尔：《生命直观：先验论四章》，刁承俊译，三联书店，2003，第 21 页。
② Georg Simmel, *Philosophie des Geldes*, *GSG* 6, 1989, S. 58 - 59.

实在，而是来自主客体的互动，但经济价值的特别之处在于：它在交换中获得了前所未有的纯粹客观性。价值与客观宗教均来自需要与满足的分化。在经济领域，从需要到满足的过程就是一个在相互交换中得到客观化价值的过程；在宗教领域中，从需要到满足的过程，则是在教会现实中（或其他"无形的宗教"中），与神建立起联系的过程。这实际上是"价值的客观化"这同一形式的不同内容。就此而言，西美尔的价值观、宗教观均以"相同的内容会有多样的形式，而多样的内容则可能有相同的形式"这一命题为基础。

需要指明的是，西美尔十分明确地将客观性与"普遍有效性"联系起来，但是，他并未直接在"普遍有效性"与客观宗教之间建立起同样的联系。然而，我们有理由做出下面的推论：既然客观宗教是精神的客观化与宗教世界的客观性，是一种历史总体现象，则它必然具有一种普遍有效性，这恰恰与西美尔所倡导的个体宗教形成鲜明的对比。不过，同样需要澄清的是，这种"普遍有效性"只是针对个体宗教而言，与经济价值的普遍有效性相比，客观宗教表现出的普遍有效性只是相对的。亦即，即便诸多信仰主体在同一客观宗教中寻求宗教满足，对于每一个体而言，其信仰仍然是独特的。

在此，西美尔对经济价值与美学价值的比较对我们理解"客观宗教中信仰之独特性"这一问题颇有裨益。按照西美尔的观点，经济价值与美学价值①的区别在于：客体如果只是有用的，那么就有可能被可担负同样功能的客体所取代，但是，当客体具有美学价值，它就具备了特殊性，不能被其他事物所取代，即使后者能够表现出同样的美感。② 据此，我们也可以在经济价值与宗教价值之间做出相似的对比：即使在普遍有效的客观宗教中，个体的信仰也是不可替代的，因为宗教信仰与理论信仰存在质的差异：信仰一个不同的神就是一种不同的信仰，如基督教与伊斯兰教。因此，即使其他的信仰内容可能会有同样的宗教价值，但是，对于信仰主体

---

① 在西美尔与韦伯的思想中，美学被赋予了追求个体生命之深度的特殊意义。其中，作为文化存在的现代人，逃出了阴暗的铁笼而进入了超验存在（transcendental being）的领域。但是，"超验"现在是一种美学与文化范畴，而非哲学思考。这种美学倾向在西美尔的著作——包括《社会学》收集的论文——中是显而易见的，后者涵括生命体验与互动的意识导向。参见 Lawrence A. Scaff, *Fleeing the Iron Cage*, pp. 104 – 105。

② Georg Simmel, *Philosophie des Geldes*, *GSG* 6, 1989, S. 47.

而言，他的信仰仍然是不可替代的。在此意义上，即使在大众赖以满足宗教需要的客观宗教中，人们的信仰也并非蜕变为经济价值式的普遍有效性，而是仍然有着相对的独特性。这种表述逻辑使我们再次发现西美尔对于客观宗教的矛盾心态：一方面，他认为，客观宗教的衰落只是现代文化冲突的一个表现，它已不足以应对文化困境；另一方面，他又承认，客观宗教亦有其生命力，甚至是独特性的存在，虽然只是在相对的意义上。

　　但是，就生命自身而言，生命的自我异化在宗教领域中的表现即为客观宗教与宗教性的对立。对西美尔而言，宗教世界的客观性在历史上的最大实现就是天主教，但是，教义、仪式、教会这些使宗教成为历史或者可见宗教的事物，顶多具有次要的意义，而内在宗教性并不外在于个体，因此无法形成历史总体现象。西美尔强调，这种宗教性并不能由新教来表达。① 他排除了以任何形式的客观宗教来表达内在宗教性的可能性：如果这种宗教性是一种宗教的话，那么，它只可能是一种个体宗教，而与任何普遍性、历史总体性无关，因此，从客观宗教到私人宗教的转变就是从普遍性到个体性，从精神到灵魂的转变。这种重心的转变涉及宗教社会学中的一个重要论题，即世俗化。

　　将西美尔置于世俗化问题的学术脉络中，我们不难发现，西美尔至少是支持"传统宗教在衰落"这一判断的。他认为，欧洲现代社会中的人们对于终极目标的渴望实为基督教的重要历史遗产，但是，伴随着基督教的社会法权地位的丧失，人们已经不可能再从这种客观宗教中获取实质性的终极目标了，叔本华哲学的解释效力就是人们在这种文化处境中的一个最好的脚注。终极目标的缺席必然会造成意义的匮乏乃至真空状态，如此一来，就为成就新的偶像崇拜创造了空间，也可能会使现代人产生一种为排除空虚而对忙碌的依赖感。根据他的理解，个体的生存样式与生存感觉因为货币文化形态而发生了变化，经济生活转变的最终意义乃是生活感觉的变化。②但是，他的宗教理论的丰富性同时蕴含了世俗化与去世俗化两种倾向：客观宗教在衰落，而私人宗教在兴起。他既像涂尔干一样突破了"教会社会学"，又像后来的卢克曼一样提出了新的宗教形式，即个体化的宗教。

---

① Georg Simmel, "Rembrandts religiöse Kunst," *GSG* 13, 2000, S. 70 – 71.

② 刘小枫：《现代性社会理论绪论》，上海三联书店，1998，第 337 页。

　　从雅各宾派摧毁了天主教并试图创造一种综合的"理性宗教"去填补随之而来的精神空虚，到圣西门的新基督教和孔德的人性宗教，法国非宗教思想家一直试图寻求能够替代传统宗教、保持公共道德和个人道德的替代物。涂尔干亦受到这一问题的影响，他研究宗教作用的动机之一就是探索能够维系受到威胁的社会秩序的途径：传统宗教的完结是否意味着所有精神团体的全面崩溃？① 显然，涂尔干的答案是否定的。对后期涂尔干而言，宗教作为社会中最深层的道德情感与理想的象征，构成了现代社会中的一种统一性力量。与其说，现代化消解了宗教，不如说，它促成了宗教的转化。那么什么样的宗教适合欧洲后传统的工业化社会呢？涂尔干在"个体膜拜"（cult of individual）或"人性宗教"（religion of humanity）现象中找到了答案。② 在 1898 年发表的《个人主义与知识分子》（L'Indi-viddualisme et les intellectuals）一文中，涂尔干区分了两种个人主义：一种是斯宾塞和经济学家狭隘的功利主义的个人主义，另一种是康德和卢梭的个人主义，即唯灵论（spirirualistes）的个人主义。在涂尔干那里，第二种个人主义中的道德行为的唯一形式必须是能够适合所有人的形式，亦即，这种形式内在于普遍的人这一观念，这种道德是一种人既作为信徒又作为上帝的宗教。③ 在这篇论文中，涂尔干这样写道："如果宗教确实是不可或缺的，那么同样明确的是，宗教也在变化，昨天的宗教不可能成为明天的宗教。因此，我们需要了解今天的宗教应该是什么样的。如今，一切证据都指向这样的结论：惟一可能的候选者恰恰就是这种人性宗教，其理性的表现形式即是个人主义道德。"④ 个人主义道德作为一种信仰，是一种关于普遍的人的体系。人性宗教作为一种整合力量，将普遍的人与普遍共同体联结了起来。在此，涂尔干实际上提出了一种普遍的公民宗教：这不

① 〔美〕科塞：《社会思想名家》，石人译，上海人民出版社，2007，第 122 页。信众或神学家倾向强调宗教信仰与实践中的超验价值，并且反对任何将宗教解释为纯粹的人类活动的尝试，表现之一即为巴特激进的新正统神学（neo - orthodox theology）。可对照 Ian Hamnett，"Durkheim and the Study of Religion," in W. S. F. Pickering, ed., *Émile Durkheim：Critical Assessments of Leading Sociologists*（London & New York：Routledge, 2001），pp. 50 - 73。

② Lise Ann Tole, "Durkheim on Religion and Moral Community in Modernity," in Peter Hamilton, ed., *Émile Durkheim：Critical Assessments*, Vol. Ⅵ（London：Routledge, 1995），pp. 260ff.

③ 〔法〕涂尔干：《乱伦禁忌及其起源》，第 201 ~ 203 页。

④ 〔法〕涂尔干：《乱伦禁忌及其起源》，第 209 页。

仅是对自我论的超越，而且是对民族国家的超越。[①]

　　由此也可以看出，涂尔干所说的个体膜拜最终仍然是社会的。他清楚地指明，个人道德要求我们实现的，仍然是社会所构想的理想人，这种理想类型乃是整个社会体系的基石，它能够为社会赋予统一性。[②] 因此，集体情感所附着的道德事实才能够产生特殊的神圣性。通过这种膜拜，人们通常所说的个人与社会的对立就不复存在了，因为道德个人主义，乃至对个人的膜拜，均是社会本身的产物。是社会将人神圣化的，它构建了这种膜拜，把人塑造成这种膜拜所服侍的上帝。[③]

　　在西美尔这里，个体化的宗教得到了更严肃的对待。从客观宗教到个体宗教的转向代表着一种基本的历史趋势，即传统宗教的衰落与新的宗教形式的兴起。西美尔对于两种宗教形式——客观宗教与个体宗教——的区分有着深刻的历史背景，在当时的德国学术界，尽管基督教会和基督教义的确衰落，但是，宗教并未完全从社会领域中消失，相反，大量新的宗教形式兴起了，非教会的（世俗的、转化了的或新兴的）宗教形式在增加。这些宗教形式超越了工作、家庭、政治、教育、艺术等世俗领域，在中产阶级中塑造了一种弥散的宗教或精神状态。人们已经在客观宗教（objective religion）与主观宗教性（subjective religiosity）之间做出了区分，遭到批判的是传统宗教的内容、机构、信条，而非宗教信念本身。[④] 与这种观念一脉相承的是詹姆斯在《宗教经验种种》中对"制度宗教"与"个人宗教"的区分。[⑤] 西美尔与詹姆斯都在探索康德所提出的"宗教是灵魂的状态"这句话的含义，不过，西美尔不同于詹姆斯，他明确地批判

①　Ruth A. Wallace, "Emil Durkheim and the Civil Religion Concept," *Review of Religions Research* 18 (1977): 288 – 289.

②　〔法〕涂尔干：《社会学与哲学》，渠栋译，上海人民出版社，2002，第 61 页。

③　〔法〕涂尔干：《社会学与哲学》，第 63 页。

④　Volkhard Krech, "From Historicism to Functionalism: The Rise of Scientific Approaches to Religions around 1900 and Their Socio – Cultural Context," *Numen* 47: 255 – 257.

⑤　对制度宗教与个人宗教的区分如下："崇拜和祭祀，感动神性的程序、神学、典仪和教会组织，都是制度宗教的本质因素。假如我们仅限于讨论制度的宗教，那么，就必须把宗教界定为一种外部技术，即赢得神宠的技术。……个人宗教所激发的行为不是仪式的行为，而是个人行为。个人独自料理宗教事务，而教会组织，包括它的牧师、圣礼，以及其它媒介，统统降到次要地位。宗教关系直接由心到心，由灵魂到灵魂，直接发生在人与上帝之间。"参见〔美〕威廉·詹姆斯《宗教经验种种》，尚新建译，华夏出版社，2005，第 17 页。

了将宗教性视为一种精神实体的机械论心理学，提出应该把它视为人类灵魂体验生命和理解自身存在的一种形式。[①] 但是，两人对于宗教的分类却是有着很明显的相似性的，西美尔关于"客观宗教"与"个体宗教"的区分指明了前者不必是宗教的唯一形式，这是对客观宗教的突破，也是对教会社会学的突破。亦即，他的关注点不局限在教会这种拥有独立制度、机构、神学与专职人员的系统中，而是转向了私人宗教、主体宗教的可能性与现实性。西美尔提出的这种私人宗教在与制度宗教的关系中担任着双重角色：由于制度宗教在现代文化中遭遇了衰落，个人转而直面内在的宗教性本身；同时，由于私人宗教内在于主体，这又可能反过来加快制度宗教的衰落。因此，私人宗教既可能是世俗化的结果，又可能反过来推动世俗化的进程，更可能是反世俗化的。

现代社会的分化不仅使诸多领域从宗教中分化出来，获得了独立的存在，而且可能使宗教本身分化为制度宗教与私人宗教，但是，这并不是宗教的衰落，而是一种新的宗教形式。卢克曼在其《无形的宗教：现代社会中的宗教问题》中这样写道："我们不能天真地将传统形式的基督教的衰落归咎于世俗意识形态、无神论、新异教等等的兴盛。教会宗教在当代的边缘性以及教会宗教的'内在世俗化'，不如说是作为一个复杂进程的一个方面出现的，在这个进程中，宗教的制度性专门化与社会秩序的全面转型的长期影响起着决定性的作用。通常被认为是传统基督教衰落的征象的东西，也许是一个更为革命的变化的征象：用新的宗教社会形式来取代宗教的制度性专门化。"[②] 这就是以自我实现、自我表现为主题的现代宗教，它是一种"无形的宗教"（invisible religion）。现代神圣世界象征着个人主义的社会－心理现象，它以各种不同的表述方式将"终极"意义赋予了"私人领域"与个体。

西美尔与卢克曼的一个共通之处就在于：他们都反对用一个特殊的宗教历史形式来代替宗教整体的模型，因而得出宗教在衰落、世界变得缺少"宗教性"这样的结论。相反，现代文化为个体自由创造的空间、个体自主性的不断增强，尤其是宗教性向内在生命的回收，皆有可能产生一种不

---

① 〔美〕劳伦斯·斯卡福：《格奥尔格·齐美尔》，载〔英〕乔治·瑞泽尔主编《布莱克维尔社会理论家指南》，凌琪等译，江苏人民出版社，2009，第269页。
② 〔德〕卢克曼：《无形的宗教：现代社会中的宗教问题》，覃方明译，中国人民大学出版社，2003，第85页。

同于制度宗教的私人宗教或个体宗教。在詹姆斯与卢克曼之后，鲁夫
（Wade Clark Roof）与艾默尔曼（Nancy Ammerman）也发现，一些人宣
称，他们根本不是"宗教"的，而是"灵性"的，他们从不同的传统中
抽取出零碎之物，将之组合成一种个体化的宗教（individualized religion），
而这种宗教不易归于任何组织化的宗派之中。[①] 宗教社会学家以及其他学
科的学者已经使用"灵性"来描述与解释当代社会尤其是欧美社会发生的
某种转变。对他们来说，宗教在概念上以一种客观主义的方式把握制度、
传统、公共世界与外在的权威，灵性则强调一种主观主义路向（subjecti-
vist approach）。[②]

　　可以看出，西美尔的思路表现出来的正是宗教社会学中的一个重要议
题，即个体化的宗教，它在学界中已有十分丰富的讨论。

三　客观宗教与个体化的宗教模式

　　自古典社会学以来，"个体化"就是一个不断受到关注的问题。涂尔
干所说的"个体膜拜"或"人性宗教"，西美尔所说的个体化的宗教，卢
克曼所说的以自我实现、自我表现为主题的无形的宗教，贝拉论及的"希
拉主义"（Sheilaism），鲁夫所说的灵性主义，均可置于个体化宗教的谱系
之中。作为灵性社会学的倡导者，鲁夫认为，宗教已经失去了传统的、涂
尔干式的，在典礼、仪式与符号中表现出来的集体统一性，但这不是说，
宗教失去了在社会中的公共力（public forces），而是说，它的影响主要在
于个体的生活领域（life‐sphere）。宗教世界在收缩，变得越来越不可能
作为整体社会的意义帷幕，而是被化约到更小的领域，也就是私人与家庭
生活中。去私人化趋势当然亦可见，但主导的趋势仍是私人化。[③]

　　灵性社会学路向更强调个体作为意义的寻求者，主动去创造意义的过
程。从前一种路向到后一种路向的转变也就是伍斯诺论述的从栖身
（dwelling）到求索（seeking）的转变：前者是栖居于一个神圣空间内，在

---

① Peter Berger, "Reflections on the Sociology of Religion Today," *Sociology of Religion* 62 (2001): 448.

② Matthew Wood, "The Sociology of Spirituality: Reflections on a Problematic Endeavor," in Bryan S. Turner, ed., *The New Blackwell Companion to The Sociology of Religion* (Malden, MA: Wiley‐Blackwell, 2010), pp. 267–283.

③ Wade Clark Roof, "Religion and Spirituality: Toward an Integrated Analysis," in Michele Dillon, ed., *Handbook of the Sociology of Religion*, p. 143.

其符号世界中如同在家一样安心，人们在已经确定的仪式与日常生活实践中找到了秩序与意义；后者则是探究新的灵性，寻找向我们指示其方向的神圣或神显（epiphanies），这种模式涉及对多元可能性的开放。栖身模式是一种居所模式，一种有根基的模式，一种以清晰的界限来定位神圣的模式；求索模式则蕴含着在一个绝非固定的世界中的过程、运动与扩展性（expansiveness）。在栖身模式中，灵性是通过习惯的教导与实践培养出来的，这些教导与实践在一个完整的生活世界中支撑、维系着人；在求索模式中，对新的教导与实践的求索包括了常常是选择性的结合（electic combinations），许诺了发现新意义与停泊处（moorings）的可能性。亦即，栖身模式传递的是一种定居生活，求索模式传递的则是一个旅程。当然，伍斯诺也强调，这两种灵性模式之间不是对立关系，而是辩证关系。①

总而言之，个体化宗教在宗教社会学领域极具影响力，以至于对一些人来说，有必要从概念上将其与制度宗教，乃至与制度宗教内部的个体化模式区分开来。贝克曾指出，个体化概念描述的是社会制度以及个体与社会之间关系的一种结构性转变，它不单单是 20 世纪下半叶的现象，文艺复兴，中世纪宫廷文化，新教的禁欲主义，农民从封建束缚中的解放，19、20 世纪的代际家庭纽带的松弛，这些现象中均出现过个体化。今天的个体化的不同之处在于，它孕育了一种个体控制的信仰，即欲求一种"自己的生活"（life of one's own）。② 在宗教社会学领域，"宗教个体化"问题不断被论及，它已经成为诸多学者解读宗教问题的一个重要切入点。从目前的研究来看，宗教个体化主要呈现三种模式。第一种是古代天主教开启的个体化模式，第二种始于新教，这两种是制度宗教内部的个体化模式，第三种则是非制度宗教的个体化模式，也就是贝克所说的欧洲语境中的第二宗教现代性（the second religious modernity）。③ 整体来看，西美尔论及的个体化宗教接近鲁夫所说的灵性以及贝克所说的第二宗教现代性，它属于非制度宗教的个体化模式，但值得强调的是，即使是这种个体化模

---

① Wade Clark Roof, "Religion and Spirituality: Toward an Integrated Analysis," in Michele Dillon, ed., *Handbook of the Sociology of Religion*, pp. 138 – 139.

② Ulrich Beck and Elisabeth Beck - Gernsheim, *Individualization: Institutionalized Individualism and its Social and Political Consequences* (London: SAGE Publications 2002), pp. 202 – 203.

③ Ulrich Beck, *A God of One's Own*, translated by Rodney Livingstone (Cambridge: Polity Press, 2010), p. 87.

式也是其来有自的，没有其背后的制度与文化支持，非制度宗教的个体化就只能是空中楼阁。

非制度宗教的个体化模式又可称为一种"个体化的宗教"（individualized religion），它未必是"反"制度宗教的，却确实不直接归属于某个特定的制度宗教。以灵性模式为例，它与制度宗教的一大区别是，它并不存在对某个特定制度宗教的排他性、整体性的委身，而是"只取所需，为己所用"，宗教与宗教之间旧有的界限或壁垒被打破了，不同的宗教可同时成为个体寻求灵性的资源。伍斯诺所说的"拼凑宗教"（patchwork religion）即为一种信仰组合体，这不再是某个宗教对个体的"个体化"塑造，而是个体从自我经验出发对宗教的拣选、混合与吸纳，是个体对宗教的"个体化"塑造。

在这种转变中，个体面临的不再是韦伯式的诸神之争，而是个体自主选择自己的神。个体的自治被内化为一种原则，这意味着，个体越发善于为自己创造信仰叙事，也就是一种"他自身的神"（a God of his own），以适应他自身的生活与经验视域。① 用贝克的话来说，这种转变意味着第一现代性的非歧异性逻辑（logic of non - ambiguity）正在被第二现代性的歧异性逻辑（logic of ambiguity）取代，亦即，社会、宗教与政治的非此即彼模型（the either/or model）正在被社会、宗教与政治的亦此亦彼模型（the both/and model）所取代，后者在西方支配着宗教多元化及其废止旧边界与重划新边界的倾向。②

在此，笔者想通过两点将这种个体化模式与中国传统宗教的兼容性做一联系，第一是韦伯对儒家伦理行为的解读，第二就是中国传统社会中的三教合一运动。在韦伯看来，真正的先知预言会创造出一种生活态度，并且有系统地将这种生活态度由内而外地以一种价值基准为取向，面对此一基准，现世就被视为在伦理上应根据规范来加以塑造的原料。然而，在儒家伦理中，行为不是被理性化为有系统的统一体，而是由种种有用的、个别的特质所构成的组合体。③

显然，依此解释，灵性模式亦可称为组合体。在中国宗教传统中，

---

① Ulrich Beck, *A God of One's Own*, p. 86.
② Ulrich Beck, *A God of One's Own*, pp. 67 - 68.
③ 〔德〕韦伯：《中国的宗教 宗教与世界》，康乐、简惠美译，广西师范大学出版社，2004，第 318~319 页。

最能表现"组合体"特质的是三教合一运动。如汤一介先生所言，中国传统的"三教合一"运动在理论、朝廷政策、民间信仰三个方面均有其基础，① 它在晚明社会的深入渗透，为其时的功过格运动做了重要奠基，也构成了它不可或缺的背景。② 袾宏的《自知录》与颜茂猷的《当官功过格》均为当时极具影响的功过格，二人均持三教合一立场，且对天主教俱有尖锐批评。③ 如，颜茂猷指出："粤自开辟以还，三教并兴，治世、治身、治心之事不容减，亦不容增者也。何僻尔奸夷，妄尊耶稣于尧舜周孔之上，斥佛、菩萨、神仙为魔鬼，其错缪幻惑固已辗然足笑。世人不察，入其教者比比，愈有以中夷豢金之阴狡矣。"④ 颜氏所说的"治世、治身、治心之事"显然指三教合一之事，也就是南宋孝宗的"以佛治心，以道治身，以儒治世"之说。

这种潮流在当时来华的耶稣会眼中却是一种怪胎。《口铎日抄》中记载了艾儒略对晚明功过格的评判：

> 漳有立修真会者，以吕纯阳为宗。十六日，有彼会士来谒。问先生曰："敝会教规，分有功过格，每朔望向吕祖师焚之，亦教人为善意也，先生以为何如？"先生曰："省察功过，固属善事。但思人之有过，果获罪于谁，则有过而求赦，亦将求赦于谁也。孔子曰：'获罪于天，无所祷也。'其意云何？必以吾人苟得罪于天地之大主，则自天地大主之外，更无处可求赦耳。今者省己之过，而告于纯阳，何从得赦？反增不识主之罪矣，乌乎可？"客曰："敝会亦尝拜上帝，是非不识主者。"先生曰："认主不真，敬畏不笃，祈望不殷，偶尔一拜，亦良知所动耳。且彼佛亦拜，仙亦拜，三教亦拜，何处不拜也。志向不定于一真主，功行到底无成。譬如泛海而无指南，随风漂泊，茫无定向，何能到岸？坐见沉没而已。"⑤

---

① 汤一介：《佛教与中国文化》，中国人民大学出版社，2015，第214~226页。
② 余英时：《中国近世宗教伦理与商人精神》，安徽教育出版社，2001，第176页。亦可参见何炳棣《明清社会史论》，徐泓译注，联经出版事业股份有限公司，2013，第104~112页；〔日〕沟口雄三《中国的历史脉动》，乔志航、龚颖等译，三联书店，2014，第241~246页。
③ 夏瑰琦、徐昌治编《圣朝破邪集》，建道神学院，1996，第152~153页。
④ 夏瑰琦、徐昌治编《圣朝破邪集》，第143页。
⑤ 周振鹤编《明清之际传教士汉籍丛刊》（第一辑第三册），凤凰出版社，2013，第456~457页。

艾儒略虽承认，功过格之"省察功过"属善事，但仅仅如此而已，他的真实看法是，功过格对"获罪于谁"与"求赦于谁"这两个核心问题完全不得其门而入，因而必定不属正道。他指出"省己之过，而告于纯阳"乃是"不识主"，接着又指出"佛亦拜，仙亦拜，三教亦拜"的行为方式实是"茫无定向"，最终只会落得"功行到底无成"的下场。在此，他对三教俱拜立场的反对是一目了然的。

另外，也须留意到，即使从三教合一的角度来看，三教合一之"一"乃是儒家，这一点从儒家在中国民间信仰中占据的主导地位亦可管窥一二。余英时先生从思想史、社会史的角度证明了，程朱理学虽将士阶层从禅宗那边扳了回来，但尚未完全扭转儒家与社会下层脱节之势。这一未完成的任务是在王学这里完成的，这也可谓儒家的"日用常行化"或"人伦日用化"。由此，民间信仰不再完全落于佛道之手，只有儒家也深入民间之后，通俗文化方会出现三教合一运动。① 林端也曾提出这样的问题："谁是当代儒家伦理的具体行动者？"他的回答是：就台湾地区而言，真正发扬儒家伦理精神的不是学院内的知识分子，而是分布在民间、将个人的修持信仰与儒家伦理的宗教精神相结合的宗教行动者，他们身上展现出的是"综摄主义"（syncretism），而不是韦伯所说的"诸神之争"。②

如果儒家伦理行为如韦伯所说是组合体，那么三教合一就可被称为双重的组合体。无论如何，在此显现出来的不是非此即彼的逻辑，而是亦此亦彼的逻辑。这也是为什么贝克指出，将这种拼凑宗教称为"新兴宗教运动"实际上是一种欧洲中心主义心态，因为这种所谓后现代的宗教性在东方宗教传统里早就是老生常谈了。③ 历史的吊诡出现了：当年天主教严厉批判的中国式的三教俱拜立场转而成为当代西方社会中的个体化宗教模式。

就西方历史而言，事情当然并不是如此简单，个体化宗教模式的出现有着深远的思想与制度渊源。至此，值得一提特洛尔奇对教会、小派与神秘主义的著名区分。特氏认为，神秘主义执着于宗教经验的直接性、临在性与内在性，它贯穿整个基督教历史，其社会学意义在于：它是一种无共

① 余英时：《现代儒学的回顾与展望》，三联书店，2004，第 182 页。
② 林端：《儒家伦理与法律文化》，中国政法大学出版社，2002，第 238～239 页。
③ Ulrich Beck, *A God of One's Own*, p. 27.

同体的极端的个人主义，是对各种传统、崇拜、制度的超越与补充。① 贝克循此区分，试图进一步将教会、小派视为非此即彼之逻辑的体现，将神秘主义视为亦此亦彼之逻辑的体现。② 这种解释未免牵强，因为这种神秘主义毕竟只是"基督教"的神秘主义而已，即使依据贝克本人对宗教类型的界定，也只是制度宗教内部的个体化（individualization *within* religion），而不是宗教的个体化（individualization *of* religion）。③ 即使这种神秘主义可见于各个宗教传统而不只限于基督教（这的确是事实），个体在内在的宗教体验中也更多类似于超验存在者（无论是人格化的，还是非人格化的）的"容器"，而这些超验存在者显然不同于贝克所说的"自己的神"。

不过，贝克这种解读并不是没有价值的，他尝试表达的其实是，若将基督教神秘主义中的基督信仰删掉，得到的就是不受限于某种制度宗教的宗教经验的主体性、直接性，因而与今天欧美的个体化宗教是相通的。这提示我们，正如犹太 - 基督教自己开启了世俗化的历史进程一般，基督教也自己开启了宗教个体化的历史进程。笔者接下来将分别论述天主教的个体化模式与清教的个体化模式，进而指出这两种个体化模式如何为西美尔式的非制度宗教的个体化模式提供了必要的历史支持与逻辑前提。

四　宗教个体化的制度与文化背景

天主教的个体化功能并非一个不辩自明的历史事实。埃利亚斯（Norbert Elias）就严肃怀疑，在古代西方语言中是否有与"个体"这一概念相对等的表述，在他看来，甚至直至中世纪，诸如 individualis 与 individuum 这样的词语仍只是被用来表述某种不能划分、不能分解的东西。④ 他的这一判断只是从语言、观念层面否定了个体化在古代天主教中出现的可能性，并未将制度及其可能后果这一层面纳入视野。事实上，从作为伦理实践的生活方式来看，天主教与希腊人的一个重要区别就在于它为人的个体化提供了整体性的制度支持。

在希腊城邦中，公共生活之于公民的重要性是众所周知的。亚里士多德将沉思生活置于政治生活之上，但也明确表示，虽然完满的善应是自足

---

① 〔德〕特洛尔奇：《基督教理论与现代》，第 49～51 页。
② Ulrich Beck, *A God of One's Own*, pp. 126 - 128.
③ Ulrich Beck, *A God of One's Own*, p. 81.
④ 〔德〕埃利亚斯：《个体的社会》，翟三江、陆兴华译，译林出版社，2003，第 180～184 页。

的，但这种自足不是指一个人过孤独的生活，他还是有父母、儿女、妻子、朋友与同一城邦的同胞。① 相反，孤独的人及其生活方式则是有所欠缺的。② 在古希腊的世界里，友爱、伴侣与城邦是人性的本质成分，但对于基督教而言，*hermit*（隐士）——它的前身就是 *eremos*，即孤独者——的生活方式却是最重要的生活方式。③基督徒的中心关切既非政治性的公共生活，亦非静观性的沉思生活，而是以灵魂救赎为指向的宗教性生活，"我"与神之间的关系是最要紧的问题。根据教会的教导，每一个个体都必然在末日面临对他的审判，这是一种极为个体化的关切，它使"我的档案"这一问题变得十分突出。④

在"我的档案"这一问题上，福柯有着深入研究。他在一系列以希腊 – 罗马与基督教的自我技术为对象的课程中，如对古代犬儒主义与天主教禁欲主义之间联系的讨论⑤，对主体解释学（hermeneutics of the subject）的研究，都多次论及天主教传统内部的个体化问题。确切而言，宗教个体化在福柯这里是被包裹在对主体、权力、真理、治理术等诸多对象的多重分析中的，这当中反复出现的一个主题就是由天主教的牧领制度所监督的忏悔。根据他的解释，基督教的牧领制度孕生了独特的个体化模式。牧领权力（pastoral power）以三种形式来界定这种个体化。第一，通过解剖游戏（a game of dissection）来界定信徒每一时刻的功过的平衡、互动，这不是以地位，而是以分析性的鉴别（analytical identification）来进行的个体化。第二，不是通过任命或确定一个人在等级制中的地位，也不是通过自我控制自我，而是通过一整套奴役网络（a whole network of servitude）来摧毁"我"而产生的，因而是一种通过臣服来实现的个体化（a mode of individualization by subjection）。第三，这种个体化形式不是通过与被承认的真理之间的联系而获得的，而是通过生产内在的、秘密的、隐匿的真

---

① Aristotle, *Ethica Nicomachea*, 1097b8 – b12, in *The Works of Aristotle*, Vol. Ⅸ, trans. by W. D. Ross, St. George Stock, and J. Solomon (Oxford: Clarendon Press, 1925).

② Aristotle, *Politica*, 1253a1 – a29, in *The Works of Aristotle*, Vol. Ⅹ, trans. by Benjamin Jowett, E. S. Foster, and Sir Frederic Kenyon (Oxford: Clarendon Press, 1952).

③ Alasdair MacIntyre, *After Virtue: A Study of Moral Theory* (Notre Dame, Indiana: University of Notre Dame Press, 2007), p. 135.

④ 〔加〕查尔斯·泰勒：《世俗时代》，张容南等译，上海三联书店，2016，第 81 ~ 84 页。亦可参见〔美〕贝格尔《神圣的帷幕》，高师宁译，上海人民出版社，1991，第 142 页。

⑤ Michel Foucault, *The Courage of Truth*, trans. by Graham Burchell (London: Palgrave Macmillan, 2011), pp. 181 – 183, 286 – 287.

理而获得的。简而言之，这种个体化的特征即在于分析性的鉴别、臣服（subjection）与主体化（subjectivation）。福柯认为，西方的个体化的历史就是主体的历史，主体被强迫说出真实。牧领制度也由此勾勒出了从 16 世纪展开的治理术（governmentality）。①

根据福柯的看法，说出关于自己的真相成为拯救的一个不可或缺的程序，这一时刻在西方的主体性历史上，或在主体性与真理之间的关系中，是绝对关键的时刻，而这种程序在古希腊、希腊化时代与古罗马则并不存在。② 作为主体－真理关系的一种形式，忏悔就是主体可能且能够说出关于自身的真相。③ "人被迫说出关于自己的真相" 最终成为《性史》中的一个主题。

与福柯不同，韦伯对于个体化问题的论述基本上是围绕清教展开的。从其宗教社会学的视野与问题意识来看，韦伯并未完全否认天主教的个体化作用，他强调的只是，与清教相比，天主教的个体化是极不彻底的，也是非系统化的，个中缘由正与福柯极为重视的忏悔实践及其制度保障有关。质而言之，福柯将忏悔视为天主教的个体化过程中最为核心的一环，韦伯则认为，清教伦理之所以能够孕育出系统性的个体化，一个重要原因正在于取消了天主教式的制度性忏悔。

在韦伯看来，在天主教中，恩宠的赐予经常意味着需要救赎的个人可以获得内心的免责（Entlastung），这将导致两个彼此相关的结果。一个结果就是减轻了罪过的重荷，从而降低了一套基于伦理的、个人之体系化的生活方法论的必要性。尤其重要的是，罪过被视为个别的具体行为，其他的行为则被视为补偿性的或赎罪性的。由此，评价乃视个别的具体行为而定，而非视经常需要重新确认的整体人格性而定。另一个结果则是，信徒觉得没有必要靠一己之力求得救赎确证（certitudo salutis）。所以，就一合理的生活方法论的形成而言，天主教的告解制度的作用是有限的。④ 相反，清教的预定论造就了世界的除魅，孕育出了清教的毫无幻想、带有悲观色

---

① Michel Foucault, *Security*, *Territory*, *Population*, ed. by Michel Senellart, trans. by Graham Burchell（New York：Palgrave Macmillan，2009），pp. 183–184.

② Michel Foucault, *The Hermeneutics of the Subject*, ed. by Frederic Gros, trans. by Graham Burchell（New York：Palgrave Macmillan，2005），p. 364.

③ Michel Foucault, *The Courage of Truth*, p. 3.

④ 〔德〕韦伯：《宗教社会学》，第 230～231 页。

彩且具备功利主义性格的个人主义，并形成了与资本主义精神"有择亲和"的关系。

福柯并不认为他关于宗教个体化的阐述与韦伯是一致的，在他看来，韦伯提出的问题是：如果一个人想要理性地行事，并根据真正的原则来管制自己的行动，那么，他应该拒斥自我中的哪些部分；理性的禁欲主义代价是什么；人应该服从何种禁欲主义。相反，他自己询问的则是禁欲主义与真理（asceticism and truth）之间的关系问题，这也是异教与早期基督教中的自我技术诠释学问题（hermeneutics of technologies of the self）。① 但是，抛却问题意识与具体细节上的差异，我们不难看出，二人共同论述了，紧密缠绕在个体身上的宗教权力如何使他们将规范内化并渗透到自己的心灵世界及日常生活的细节中。

按照福柯的说法，主体与真理的关系这一问题就是要追问：在何种实践之上，通过何种话语，我们试图言说关于主体的真相。因此，言说关于疯狂之主体或犯罪之主体的真相也无非在追问：在何种话语的基础之上，言说、劳动与生存着的主体被建构为一种可能的知识客体（a possible object of knowledge）。② 通过对忏悔从犯罪心理学、精神病医学的分析，福柯也展示了规训制度与忏悔之间的关联。他提出，在规训程序的核心，检查首先把个人当作一个可描述、可分析的对象，它显示了被视为客体对象的人的被征服与被征服者的对象化。③ 规训机制有一种使征服与客体化重合的技术，"它本身就带有新的造成个体化的技术。这种权力 – 知识酿造了人文科学的历史可能性"。④ 因此，在规训机制中呈现出来的个体化权力体现为个体的客体化，它仍然只是福柯所说的主体与真理之间关系的一种形态而已。另外，根据韦伯的论证，清教伦理是对笛卡尔的"我思故我在"的一种宗教化表达，是宗教个体化的表现形式。清教要求信徒有别于"自然"人的是在每一时刻、每一行为中的整个生活意识的根本转变，如此方能证明人从自然状态转向了恩典状态。富兰克林式的借着表格 –

① Michel Foucault, *Technologies of the Self: A Seminar with Michel Foucault*, ed. by Martin, L. H. et al（London：Tavistock, 1988），pp. 16 – 49.

② Michel Foucault, *The Courage of Truth*, p. 3.

③ 〔法〕福柯：《规训与惩罚》，刘北成、杨远婴译，三联书店，2012，第 216 页。

④ 〔法〕福柯：《规训与惩罚》，第 350 页。

统计式的簿记来自我审查是这种自我秩序最经典的例子。① 这是一种以人们能够想见的最为广泛的、对于整个生活样式的无休止的支配②，日常伦理行为被全面而细致地组织成统一体。

因此，无论是福柯所说的天主教的个体化，还是韦伯所说的清教的个体化，均可被视为内在纪律（inner discipline）的"文明化"。③ 这也就是埃利亚斯所说的，与社会的监控机构相适应的是个人的精神整体中形成的自我控制机制。这种自我控制形成一种细致而稳定的"理性"，以致一部分被抑制的本能冲动与情绪不再直接被意识到。随着社会组织的分化，人的心理的自控机制也愈加细密、全面与稳定。④ 宗教加诸个体的训诫与命令，使得个体自觉地对自身施加细致的、持续不断的监督与审查。忏悔实践与"精神病医学"（关于人的科学）之间的连续性，新教伦理与"资本主义精神"之间的有择亲和，从不同角度揭示了宗教、个体、世界之间的深刻关联。在此意义上，在韦伯与福柯这里得到阐释的这两种宗教个体化过程就是人的"文明化"的过程。

在天主教的个体化模式中，教会是神与人之间的中介，各种圣品所构成的圣统制则构成了由教会法保障的、牧领平信徒的权力机构，其中，祭司阶层与忏悔者之间乃是指导与被指导的关系，通过圣秩权（potestas ordinis），每一个教士都从上帝那里得到了一种权威，一种可以主持弥撒、祝圣圣餐、听取忏悔、管理补赎以及其他圣事仪式的权威。⑤ 在这一系统内，个体化的过程实质上就是个体成为被控制的对象的过程，也就是主体的客体化的过程。天主教扫除了异教诸神，清教则进一步否弃了天主教的圣统制。预定论之心理后果之一就是个体空前的内在孤独感，教会、圣礼等救赎之道从此断绝，除魅的世界最终成为需要个体通过计算去支配与改造的对象，因此，个体化的过程同时也是世界客体化的过程。

不论是在福柯这里，还是在韦伯这里，个体化的直接动力都来自制度

---

① 〔德〕韦伯：《新教伦理与资本主义精神》，第 99～113、157、255 页。

② 〔德〕韦伯：《新教伦理与资本主义精神》，第 11 页。

③ Jose Casanova, *Public Religions in the Modern World*, pp. 49–51.

④ 〔德〕埃利亚斯：《文明的进程》，王佩莉、袁志英译，上海译文出版社，2016，第 446～458 页。

⑤ Hraold J. Berman, *Law and Revolution I：The Foundation of the Western Legal Tradition*（Cambridge, MA：Cambridge University, 1983），p. 207.

宗教本身，也就是说，恰恰是宗教"迫使"人个体化的。在宗教个体化的天主教与清教模式中，宗教权力对个体的紧密控制之所有能够得到个体的自愿接受与配合，是因为宗教提供的"真理"被认知为"真"，由此引申出的"应当"自然就有了绝对神圣的正当性。当福柯断定对治理概念的反思在理论与实践上都无法避免由自我与自我之间的关系（relationship of self to self）所界定的主体因素时，他实质上是将权力关系、对自我及他者的治理、自我与自我的关系构成了一条链条。[1] 当韦伯将从天主教到清教在"对人的控制"方面的变化总结为从流于形式的控制转向更紧密的实质性控制时，他实质上也是在表述个体化过程与宗教权力之间的关系。对福柯来说，天主教的忏悔制度是一种对日常生活、对自我检查的技术，是对指导者与被指导者之间关系的管治，正是这种技术被人们用来注入作为一个整体的社会中。[2] 对韦伯来说，清教伦理缔造出的僧侣一般的个体在除魅的世界中执着于去理性地支配与改造世界。这些都构成了非制度宗教的个体化模式登场的背景。换句话说，后一种宗教个体化的历史进程也是制度宗教的产物，也只有以天主教与清教模式的个体化为历史前提与逻辑前提，它才可能。

仍然以灵性模式为例，宗教与灵性之间的区别在于：前者涉及经典、仪式、神话、信仰、戒律、共同体、社会机构等，它是一种传统的、外在的客观化因素；后者则涉及与宗教形式相关，且镶嵌于宗教形式中的内在生活（inner life），或者说，它在较为宽泛的意义上与人文主义心理学（humanistic psychology）一致，是个体通过自我转化来实现自己的最大潜力。[3] 正如查尔斯·泰勒所说，这种个体化宗教是表现主义革命的继承人，其根源是浪漫主义时期对纪律的工具化自我的反应，它追求一种自我的灵性深度，拒斥制度宗教做出的权威宣称。制度宗教优先选择权威，并对灵性的探问模式抱有怀疑与敌意，灵性模式则可能承认，也可能不承认这些权威形式。[4] 就此而言，可以说灵性模式乃是对天主教与清教个体化的一

---

① Michel Foucault, *The Hermeneutics of the Subject*, p. 252.
② Michel Foucault, *Power/Knowledge*: *Selected Interviews and Other Writings* 1972 – 1977, ed. by Colin Gordon (New York: Pantheon Books, 1980), p. 200.
③ Wade Clark Roof, "Religion and Spirituality: Toward an Integrated Analysis," in Michele Dillon, ed., *Handbook of the Sociology of Religion*, p. 138.
④ 〔加〕查尔斯·泰勒：《世俗时代》，第 574～580 页。

种反动，这是新语境当中的宗教形式，其最大的特点在于：不再是宗教去塑造并控制个体，而是个体去创造属于自己的宗教。

但是，必须注意的是，"宗教的个体化"中的"个体"本身就是制度的产物。在现代性的官僚制及制度密林中，生活被牢固地绑定在引导与管制的网络中，而现代的引导事实上强迫人们对自己的生活进行自我组织化（self‑organization）与自我主题化（self‑thematization）。[1] 贝克观察到，现代西方社会的核心制度，如公民、政治及社会权利，有偿雇佣以及为此而进行的必要培训、流动，都是为个体设置的，这种制度化的个体主义（institutionalized individualism）的漩涡摧毁了既有的社会共存的基础。因此，这种个体化意味着"脱嵌，但不再嵌入"（disembedding without reembedding）[2]，它正在成为第二现代社会自身的社会结构。这种制度化的个体化不再是帕森斯关于线性自我生产系统（linear self reproducing systems）的观念，相反，它意味着一种个体化结构（individualizing structure）的吊诡，它是非线性的、开放式的、高度歧异的、仍在进行中的。[3] 这证明，个体化宗教的模式不是非社会的（asocial），也不是非政治的（apolitical），只有极其复杂的制度结构才能制造与维系一个人在一个一切都可选择的世界中生活。在此，脱轨的可能性诚然很大，但发展的可能性亦很大。[4]

贝克着力指出灵性模式背后的制度设定的基础与框架，另外，鲁夫十分重视灵性模式背后的文化背景。他认为，从社会‑文化的变迁来说，主体性以及道德、文化相对主义引发了基要主义的宗教复兴，后者旨在恢复圣经、传统与上帝等外在权威。在一种激进的、以自我为中心的灵性与一种涉及超验的上帝观念、以栖身者（dweller）为中心的灵性之间的来回摆动并非那么不同寻常。信仰的流动（fluidity）、多变（protean），与麦金尼（William McKinney）、鲁夫所说的新唯意志论（new voluntarism）是一致

---

① Ulrich Beck and Elisabeth Beck‑Gernsheim, *Individualization: Institutionalized Individualism and its Social and Political Consequences*, p. 24.

② Ulrich Beck and Elisabeth Beck‑Gernsheim, *Individualization: Institutionalized Individualism and its Social and Political Consequences*, pp. xxi–xxii.

③ Ulrich Beck and Elisabeth Beck‑Gernsheim, *Individualization: Institutionalized Individualism and its Social and Political Consequences*, p. xxii.

④ Robert Bellah, "The Sociology of Religion," in Talcott Parsons, ed., *American Sociology: Perspectives, Problems, Methods* (New York, London: Basic Books, Inc., Publishers, 1968), p. 227.

的，与文化战争模式则处于对立之中，因为后一种模式预设了，有坚硬、分明的界限将自由派与保守派分离开来。文化战争模式在 20 世纪 80 年代曾广受支持，但它忽视了多数美国人在意识形态上并不是一以贯之的，而是有着更为实用的（pragmatic）道德与宗教观。宗教共同体仍在发挥作用，利他主义作为道德理想也并未消失，而是重新定向了。① 个体化的宗教模式是非制度宗教，而不是反制度宗教。在这种模式中，某种宗教认同、对某些神学命题的信仰以及某一标准的宗教实践，这三者之间的紧密规范性关联已经不再有效，但是，宗教模式的个人主义成分并不意味着对集体关联的强硬拒斥。宗教参照系不是消失，而是退到了一定距离之外，它在记忆中仍是强有力的，是作为灵性力量或安慰的一种储备。②

鲁夫吸收了麦金泰尔的伦理学，将之运用到宗教的个人主义倾向上，使得个体的统一性成为灵性社会学的重要主题。他的观点是，人的生活的统一性就是叙事寻求的统一性，这种理解将寻找生命的秩序与意义的行动变成了一种在传统对我们的影响日趋减弱的世界中的自反性行动（a re-flexive act）。自反性指的是，人意识到了生活的偶然性（contingencies）、参与的必然性，以及人能够对那些偶然性做出最好回应。所有这些都在述说，现代性引发了个体与传统之间关系的变更，并因此引发了自我叙事（self‐narration）本身的变迁。人们发现，他们必须将宗教意义带到生活中，亦即，他们必须求索这种意义。身份（identity）不可避免地与叙事统一性（narrative unity）联结在一起，这反映了个体对有意义的信仰与灵性的深入求索。③ 泰勒论及的基督教的"我的档案"问题、福柯论及的"主体的真相"问题均可置于这一谱系之中来理解，用卢曼的话来评述，这些人显然是将主体——自反性的主体——视为了最终根据。

麦金泰尔曾论及，社会科学之所以欠缺预言力（lack of predictive pow-er），是因为人类事务有着系统的不可预测性（systematic unpredictability）。不可预测性不但不导致不可说明（inexplicability），而且可以与决定论真理相兼容。关键在于注意到社会生活中的不可预测的因素与可预测的因素

①　Wade Clark Roof，"Religion and Spirituality：Toward an Integrated Analysis，" in Michele Dil-lon，ed．，*Handbook of the Sociology of Religion*，p. 141.

②　〔加〕查尔斯·泰勒：《世俗时代》，第 582～591 页。

③　Wade Clark Roof，"Religion and Spirituality：Toward an Integrated Analysis，" in Michele Dil-lon，ed．，*Handbook of the Sociology of Religion*，pp. 145－146.

之间的密切联系，人类生活的很多核心特征就来自可预测性与不可预测性之间具体而独特的连接方式。正是社会结构的可预测性使我们能够计划并投入长期的筹划，而计划并投入长期筹划的能力是使我们将生活视为有意义的一个必要条件。生活如果没有宏大的意向线索，如婚姻、战争、追念死者，联接起来，贯穿众多世代的家庭、城市等人类制度也就丧失了基础。然而，人类生活中无所不在的不可预测性又总是使我们的计划与筹划脆弱不堪。在这个意义上，麦金泰尔更倾向于将社会科学与马基雅维利，而不是与启蒙传统联系起来，因为前者强调运气（fortuna）不可能从人类生活中消除，顶多通过知识来限制，后者却强调普遍性、规律性与可预测性。① 也就是说，个体同一性仍然不可避免地涉及宏大的意向线索，否则就是无法叙述的。

从卢曼的立场来看，无论是制度宗教内的个体化，还是非制度宗教的个体化方案都是不能让人满意的。针对围绕教会内部和教会外部的宗教虔信而展开的现代讨论，卢曼认为，这两个系统之间的区分主要被表述为组织与主体之间的对立，这一区分仅仅将反省能力归诸主体。他主张运用系统与环境之间的区分消解将主体视为终极根据的简单化概念，而提出一种彻底的系统反省形式。通过系统反省，人们可以在教会－世界的关系这一问题上超越适应或拒绝适应这种非此即彼的选择。② 在他看来，世界的复杂性意味着，任何展现为实际事件的东西都指向其他可能性，指向进一步可能性的视域之内的其他一些相互关联的行动与经验方式。每一个有意义的项目都根据现实性与可能性的差异来重构世界，然而，唯有现实的东西才具有可靠性。在通过系统的运作而创造出来的世界内，每个具体项目都表现出一种偶然（contingent）的性质，能够成为不同的东西。因此，社会运行于一个吊诡世界（paradox world）之内，这个吊诡就是偶然性之必然性（necessity of contingency）。③ 从适应的方面来看，偶然性表现为"对……的依赖"；从反省的方面来看，偶然性表现为一种非必然性。在系统论的框架内，这一区分取代了偶然与自由的区分，而德国唯心主义正是

---

① Alasdair MacIntyre, *After Virtue: A Study of Moral Theory*, pp. 92－107.
② 〔德〕卢曼：《宗教教义与社会演化》，刘锋、李秋零译，道风书社，1998，第 177~178 页。
③ 〔德〕卢曼：《宗教教义与社会演化》，第 48~49 页。

根据后者来表述偶然性问题的。①

　　综上所述，西美尔式的非制度宗教的个体化模式是以制度宗教为历史前提的。事实上，西美尔并非忽视了作为系统的客观宗教的反省能力，而是从根本上将它视为文化危机的表现，因此将它视为生命的自我异化。就此而言，客观宗教是否具有反省能力是无关紧要的，因为无论它如何调节自身以适应文化变迁，最终都只不过是对个体生命的束缚。西美尔试图以独立于任何外在之物的灵魂拯救来维系生命的自由，因此，他虽然努力以一种新的宗教来取消主体与客体、人与宗教之间的二元对立，但由于他将一切有着客观外在形式之物（如客观宗教）均视为形式对生命的压制，故而，他的这一思路从根本而言仍然是以个体生命的自由与约束之间的张力为线索的。

---

① 〔德〕卢曼：《宗教教义与社会演化》，第 179 页。

第三部分

西美尔的宗教哲学

严格地说，西美尔对个体宗教的阐发属于宗教哲学。他对传统（客观）宗教在现代文化的处境做了悲观的诊断，但同时又宣称，现代文化仍然需要宗教，且这种需要不是要将宗教化约为实用主义式的功能，而是与宗教自身的本质、价值相关。宗教身处其中的现实世界发生了巨大变化，对宗教本身的理解亦可能随之发生变化。

不过，对于西美尔来说，所有这些变化都不会影响宗教的真实性，甚至可以说，宗教是否真实根本是一个无关紧要的问题。与启蒙理性将宗教揭示为幻觉或虚假的意识反映不同，他并未质疑宗教的真实性，而是从生命哲学的角度出发，将理智意义上的真实问题相对化了。他在《宗教社会学》中即已声称，不论用如何世俗、如何经验的方式来解释超自然（Ueberirdischen）与超经验（Ueberempirischen）理念，这些理念的主观情感价值以及客观真理价值都不会受到影响。[①] 这一个层面针对的是客观宗教中的信仰的情感价值与信仰对象的真理价值，同时很明显也是对以社会学来研究宗教这一路向的辩护。但是，在另一个层面上，也就是关涉个体宗教的这个层面上，西美尔悬置了宗教的真实性问题，强调它之于人之存在本身而言乃是无关紧要的。他的看法是，如果人们将宗教理解为人的基本质素，那么，真假问题就毫无意义了，因为存在没有真假之分，只有对超越信徒之实在的信仰才有真假之分。[②] 在这一层面上，西美尔不但将人的基本质素视为宗教性的，而且明确将宗教与存在问题联系了起来，这显然属于宗教哲学的论域。

这两个层面的诠释均是对西美尔如下看法的直接反映，即宗教信仰与理智标准是不相干的。众所周知，在古希腊哲学与基督教的理性神学中一直存在着一种观念，即至高的存在是真善同一的。柏拉图的善的理念不仅

① Georg Simmel, "Zur Soziologie der Religion," *GSG* 5, 1992, S. 266 –267.
② Georg Simmel, "Das Problem der religiösen Lage," *GSG* 14, 1996, S. 372.

是价值论上的，而且是本体论上的至高存在；基督教的上帝不仅是至善的存在，而且是至真的存在。对他们来说，好的生活必然是以形而上学的真实为根据的。西方现代哲学虽然颠覆了传统的形而上学，却丝毫没有放松对真理及其确定性的追求。例如，在笛卡尔那里，确定性成了真理的决定性形式，它是对存在者之为存在者的确定，而这种"确定"恰恰是从"我思故我在"对人的自我的无可怀疑中得出来的。① 西美尔的特殊之处则在于，他在宗教哲学中通过将宗教性化为人的"存在"而取消了"真/假"问题。在他看来，"存在"甚至与理智意义上的"真/假"无关。

在《论宗教》中，西美尔再次回应了他在《货币哲学》中已经涉及的论题：纯粹宗教意义上的信徒并不在意其信仰在理论上是否可能，而是感到他们的追求在信仰中已经得到了疏导与满足。与此相比，所有的教义（超验观念）在实践经验或科学命题的意义上是否为"真"都只是一种次要的旨趣（das sekundäres Interesse）而已。② 在他看来，宗教世界的材料，我们在现实层面上亦可经历到，但是，这些材料在宗教中乃是以新的张力、尺度和综合方式得到整理的。宗教最普遍的，基本上也最难以回避的困难是，它来自与经验事实和知性标准无关的灵魂需要与冲动，因此，它关于此岸与彼岸世界的主张不可避免地会与知性标准相冲突。在此意义上，用真假来辨析宗教，就是用另一种世界的逻辑来衡量宗教，这种错误正如用宗教世界的规范或逻辑来审判科学标准一样，本身就是一种曲解。

西美尔宗教哲学论域中的"宗教性"乃是最内在的生命特质，它作为特定存在的独有功能，只有经过世界中的内容的多样性，才能获取某种实体，形成某种宗教世界，进而与生命本身相对。③ 客观宗教包含了信仰的对象世界，它是有具体信条、机构与神职人员的独立领域，乃是宗教性的派生物。显然，这种宗教性已经不再是我们在第一部分论及的宗教性了，亦即，它不再是因为人与人之间的互动而自发产生的宗教性了，而是生命本身的基本存在。西美尔在其宗教哲学中一再强调主观精神要吸收客观精神，强调内在宗教性可克服主体与客体、人与神的对立，非常明显地体现了黑格尔哲学的深刻影响，但他同时积极汲取与运用了叔本华、尼采与柏

---

① 〔德〕海德格尔：《同一与差异》，第 20～21 页。Martin Heidegger, *Identität und Differenz*, S. 34－35。
② Georg Simmel, "Die Religion," *GSG* 10, 1995, S. 45－46.
③ Georg Simmel, "Die Religion," *GSG* 10, 1995, S. 48.

格森的"生命"观念，他的"生命比形式更强大"是叔本华的"意志比理性更强大"说法的翻版。① 在某种程度上，他的宗教哲学是黑格尔与叔本华－尼采哲学的一个综合体。当然，这并不是在否定西美尔的创见与穿透力，更何况"小人物之所以'小'，恰恰因为他自以为是不依赖的。而伟大的思想家之所谓大，是因为他能够从其他'伟人'的著作中听出他们最伟大的东西，并且能够以一种原始的方式改变这种最伟大的东西"。② 在这一部分，我们将围绕西美尔的宗教性概念，结合其生命哲学，探讨他对现代语境中的新的宗教形式的诠释。

① Stjepan G. Mestrovic, "Simmel's Sociology in Relation to Schopenhauer's Philosophy," in Michael Kaern, Bernard S. Phillips, and Robert S. Cohen, eds., *Georg Simmel and Contemporary Sociology* (Dordrecht: Kluwer Academic Publishers, 1990), pp. 185, 193 - 194. 西美尔本人也认为，与尼采相比，叔本华是一个更伟大的哲学家。参见〔德〕西美尔《叔本华与尼采》，朱雁冰译，上海人民出版社，2009，第66页。
② 〔德〕海德格尔：《尼采》（上），孙周兴译，商务印书馆，2014，第39页。

第七章　宗教性的分化

一　上帝的退场与主体的兴起

逻各斯在西方文明的诗歌、哲学与《圣经》中呈现出了三种不同的含义，即神话、理性与耶稣基督。最初的时候，逻各斯（logos）与神话是同义词，二者均指话语或叙述，只是到了公元前 5 世纪哲学流派出现的时候，逻各斯才开始与神话对立，神话也是自此变成没有严谨论证或可信证据支持的论断的。[①] 柏拉图试图以苏格拉底取代荷马乃是西方哲学史中的一个极其重要的思想事件。诗人讲述的是神话神学，涉及诸神以及人神之间的冲突、斗争；柏拉图讲述的则是爱智之学，涉及苏格拉底的对话、申辩与死亡。直至亚里士多德在《尼各马可伦理学》中更为直接地提出，沉思的生活就是最好的生活：如果理性是神圣的，那么，作为理性的实现活动，沉思的生活也是神圣的生活。我们必须——既然我们能够——使自身不朽，按照我们身上最好的部分（理性）来生活。[②] 同样是拒斥神话，《圣经》却进一步将希腊哲学中的逻各斯变成了一个被钉死在十字架的受难者，即耶稣基督。[③] 这是西方文明中的逻各斯的又一次演变，相应地，好的生活亦从雅典传统的"我思"转变为耶路撒冷传统的"我信"。《圣

---

① 〔法〕韦尔南《神话与政治之间》，余中先译，三联书店，2001，第 235 页；亦可参见〔法〕韦尔南《希腊思想的起源》，秦海鹰译，北京大学出版社，2012，第 15 页。沃格林将赫西俄德的诗歌视为一种特殊的符号体系，因为它们在神话与形而上学（亚里士多德的"第一哲学"，也就是"神学"）之间建立了一种本真的过渡形式。可参见 Eric Voegelin，*The Collected Works of Eric Voegelin*，Vol. 15：*Order and History*，Vol. 2：*The World of the Polis*（Columbia and London：University of Missouri Press，2000），p. 196。

② Aristotle，*Ethica Nicomachea*，1177b29 – 1178a，*The Works of Aristotle*，Vol. Ⅸ，trans. by W. D. Ross，St. George Stock，and J. Solomon（Oxford：Clarendon Press，1925）。

③ 〔德〕海德格尔：《形而上学导论》，熊伟译，商务印书馆，2010，第 127 页。Martin Heidegger，*Einführung in die Metaphysik*（Frankfurt am Main：Vittorio Klostermann，1983），S. 135。

经》中的上帝只有通过自身的行动与启示才能被人所认知,《圣经》也是在叙述上帝的所行与应许,而不是对上帝的沉思。① 基督教相信,人与神在形象上的相似指的就是人对神性的分有,最好的生活不是沉思的生活,而是虔诚的生活。② 雅典传统与耶路撒冷传统在追求不朽的方式上一直都有着不可抹杀的差异,这使得它们虽对神话均持批评的立场,却还是有所不同。

　　这两种逻各斯之间的纠缠、结合与争斗贯穿了整个西方哲学史,以至于哲学与宗教、理性与启示、爱智之学与《圣经》之间的关系历来是西方哲学史上的一个长久不衰的论题。自笛卡尔以降,西方哲学对基督教之上帝的冷漠越来越明显地显示了出来。尽管笛卡尔并非权宜地保留了上帝的地位,他限制了怀疑的范围并接受现有的道德和宗教,但是,与其同时代的帕斯卡(又译帕斯卡尔)已经敏锐地把握到笛卡尔"根深蒂固的此世性和对上帝的冷漠"。③ 他旗帜鲜明地表达了自己对后者的不满:"我不能原谅笛卡尔;他在其全部的哲学之中都想能撇开上帝;然而他又不能不要上帝来轻轻碰一下,以便使得世界运动起来;除此之外,他就再也用不着上帝了。"④ 自笛卡尔以降,哲学中的上帝变得越来越稀薄,这一趋势实际上可被视为苏格拉底式的"引进新神"的重演,只不过哲学家们引进新神的语境不再是古希腊神话,而是基督教信仰;新神之"新"也不再是针对异教神而言了,而是针对基督教的神而言了。我们甚至可在此意义上将

---

① 〔美〕施特劳斯:《哲学与神学的相互关系》,林国荣译,载〔德〕迈尔《古今之争中的核心问题》,林国基译,华夏出版社,2004,第249页。

② 此处可能面临的一个疑问是:这种判断是否适用于阿奎那?因为阿奎那不但将神学看作一门严格的科学(scientia),而且还将其看作一门比其他思辨科学更高的科学,理由是:神学不是从借人的理智的自然之光所认知的原理出发的,而是从借一门关于上帝与天国享福者(beatorum)的科学的光照所建立的原理出发的。参见阿奎那《神学大全》,Ia,Q.1,a.2-a.4,《神学大全·第一集·第1卷》,段德智译,商务印书馆,2013,第5~9页。福柯亦将阿奎那视为"认识你自己"(gnothi seautou)与"关心你自己"(epimeleia heauto)之间的一个楔子。他认为,从公元5世纪末至17世纪,基督教当中的主要冲突不是发生在精神性(spirituality)与科学之间,而是精神性与神学之间,而神学的一个典型代表就是阿奎那(Michel Foucault, *The Hermeneutics of the Subject*, pp. 26-27)。但是,阿奎那所说的这种神学的"思辨"仍然是以启示为前提的,这种生活显然不同于哲学的沉思的生活,而仍属于虔诚的生活。

③ 〔德〕毕尔格:《主体的隐退》,陈良梅等译,南京大学出版社,2004,第35页。

④ 〔法〕帕斯卡尔:《思想录:论宗教和其他主题的思想》,何兆武译,商务印书馆,2013,第43页。

现代哲学家们的神视为亚里士多德哲学体系中的"神"的复归，因为对于亚里士多德来说，世界自身即拥有柏拉图的创世神（Demiurge）的所有力量，所有需要用来执行自然进程的力量已内在于世界，而唯一缺失的因素就是这样做的欲望，这就是不动的动者在宇宙中发挥作用的地方，但它在亚里士多德的哲学体系中除了作为终极因而存在之外，再无其他作用。①正如基督教最早在罗马帝国被控诉为"无神论"一样，现代哲学也被指摘为"无神论"，命运似乎发生了轮回，只不过这次，哲学开始玩真的。这个时候，哲学家扮演的角色类似于基督教最早的护教士，只不过他们为之辩护的显然是寻求自明性与自足性的哲学，而不是基督教。

休谟虽然并未否认上帝的存在，但他从彻底的经验论出发，坚决否定了对上帝存在的先天证明与后天证明，亦否定了从道德出发对上帝存在的证明。康德虽然将上帝存在作为纯粹实践理性的悬设，但仍然接受了休谟在上帝问题上的不可知论立场，亦从根本上否定了上帝作为知识之对象的任何可能性。如海德格尔所示，德国唯心论传统，从洪堡、格林兄弟、施莱尔马赫、施莱格尔，直至狄尔泰，已然停留在同一性哲学范围之内，主体与客体的同一性、思维与存在的同一性、自然与精神的同一性，一直贯穿始终，而黑格尔的辩证法不过是经过一切矛盾与差异化之后又重建同一性，将亚里士多德关于理智思维（Noesis noeseoos）的原初思维提升至最纯粹的完成。②

基督教的上帝开始退场，并最终融入"上帝死了"的逻辑进程：哲学家们还在讲述上帝，甚至这个上帝还是那个道成肉身的上帝，但就其实质而言，所有这些讨论无外乎"宗教无神论"的先声而已。宗教所假定的东西被抛弃或改造了，绝对的内容不见了，人们现在寻求的只是证明，而不是内容。③ 与此相应的一个趋势是，人开始成为唯一的主体。如海德格尔所说：

> 人自发地靠自身的能力设法使自己对他在存在者整体中间的人之

---

① Adam Drozdek, *Greek Philosophers as Theologians* (Aldershot, England: Ashgate; Burlington, VT, 2007), pp. 183 – 184.

② 〔德〕伽达默尔、〔法〕德里达等：《德法之争：伽达默尔与德里达的对话》，孙周兴、孙善春编译，商务印书馆，2014，第 105 页。

③ 〔德〕黑格尔：《哲学史讲演录》（第四卷），贺麟、王太庆译，商务印书馆，2013，第 76 页。

存在感到确信和可靠。那个本质上属于基督教的关于救恩确信的思想被接受下来了，但这种"救恩"（das Heil）并不是彼岸的永恒极乐，通向"救恩"的道路也不是消除自身。幸福和康乐唯一地是在人的一切创造能力的自由的自身发展中被寻求的。因此就出现了如下问题：如何才能获得和论证人本身为其此世生活所寻求的确信，即关于他的人之存在和世界的确信。在中世纪世界里，恰恰救恩道路和获得真理的方式是确定了的；而现在，对新道路的寻求成为决定性的了。①

传统形而上学的主导问题"什么是存在者"到了现代形而上学的开端转变为一个方法问题或道路问题，即人本身借以为自己寻求一个无条件的确定之物的道路、人本身借以界定真理之本质的道路问题。笛卡尔之后，人成为真正的，也是唯一的"主体"（Subjekt）。② 海德格尔认为，在从中世纪向现代的转变过程中，决定性的东西不是人摆脱了以往的束缚而解放了自身，而是人变成主体之际其本质所发生的根本变化。Subjectum是希腊语"基底、基体"的翻译，后者指的是眼前现成的东西，它作为基础把一切聚集于自身，也就是说，主体概念最初与自我没有任何关系。但是，从笛卡尔开始，人成了第一性的、唯一的主体，一切存在者以其存在方式与真理方式将自身建立在人这种存在者之上。人变成了表象者，思维即表象（vor - stellen），而表象也不再是"为……自行解蔽"，而是"对……的把捉和掌握"。存在者相应地不再是在场者，而是变成了对象。③ 这种技术 - 科学的思维方式将一切表象都表象为可控制的客体，甚至使人们误以为一切思与言都是客观化的。④

上帝退场，主体兴起，这是同一个哲学趋势的两个方面，也是西美尔的宗教哲学的总背景。在哲学史的脉络中，情感之于施莱尔马赫，审美自由之于席勒，精神之于黑格尔，均是对现代工业社会抗议的先声，这种抗议使得"体验"与"经历"这两个词在 20 世纪初几乎成为具有宗教色彩

---

① 〔德〕海德格尔：《尼采》（下），孙周兴译，商务印书馆，2014，第818页。

② 〔德〕海德格尔：《尼采》（下），第827页。

③ 〔德〕海德格尔：《林中路》，孙周兴译，上海译文出版社，2004，第89、110～111页。

④ 若仅看这种理解，则可能会做出如是推断：既然在理性主义与非理性主义的区分中，西美尔属于非理性主义这一路向，则其哲学中的宗教主体肯定就不是作为表象者的主体了。真的如此吗？不尽然。可参见〔德〕海德格尔《尼采》（上），第64～66、177页。

的神圣词语，尼采、柏格森与西美尔等人的思想都是在这种影响下产生的。① 从根本上说，西美尔的宗教哲学最终汇入了主体哲学的浪潮，然而，他的"主体"显然不同于海德格尔所说"表象者"，反倒是对"表象者"的反动：笛卡尔式的主体在西美尔这里遭遇了批判与解构。他提出了新的宗教设想，一些思考也已经预示了后来舍勒、海德格尔的论述。质言之，西美尔的宗教哲学最终放逐了基督教式的逻各斯，也颠覆了希腊哲学式的逻各斯，而表现出了强烈的以生命来造反逻各斯的冲动：人 – 神之间的对峙将被打破，生命本身将成为宗教性的存在。宗教性的生命不但将取消过去的上帝的超越地位，也将取代现代性的表象式主体，由此，西美尔以一种新的宗教性的主体为核心建构出了无神的宗教哲学。其中，生命对于逻各斯的颠覆以"灵魂"之于"精神"的优先性表现了出来。

二 精神与灵魂

韦伯与西美尔都意识到了现代文化的理智化的趋势，这种趋势将世界作为外在于人并与人相对立的对象。技术的思维方式将一切对象都表象为可控制的客体，其本身有着不同于政治实践的确定性，这一点早在古希腊哲学中即有所体现。据柏拉图的记述，普罗泰戈拉曾以神话的形式讲述了技术的来源与特点：人的技术来自普罗米修斯（Prometheus）的盗窃，人因为技术而分有了神意，成为动物之中唯一崇拜诸神的。技术只为少数人所有，相反，政治技术（arts of politics）则为所有人所有（Plato, *Protagoras*, 320d – 322e）。② 这一神话的犀利之处在于，它早早地指出了"实践"的民主化与"技术"的集中化之间的差异。亚里士多德早就发现，作为政治学探究的对象，好的与正义的行为允许有诸多的变化与意见的波动。受过教育之人的标志就是在每一类型事物中只寻求其主题的本性（nature）所可能具有的精确（precision）。接受一个数学家的或然的推理与要求一个修辞学家做出科学的证明，都是愚不可及的（Aristotle, *Ethica Nicomachea*, 1094b12 – b28, 1098a25 – a28, 1104a1 – a9）。③ 技术是集中的，也是确定的。

① 〔德〕伽达默尔：《诠释学 I：真理与方法》，第 96 页。
② Plato, *Plato Complete Works*, ed. by John M. Cooper（Indianapolis, Cambridge：Hackett Publishing Company, Inc., 1997），pp. 756 – 758.
③ 可对照〔德〕伽达默尔《诠释学 I：真理与方法》，第 201～203 页。

　　韦伯明确了，笛卡尔的"我思故我在"通过清教伦理的重新解释而为清教徒承接过去，在此意义上，他的《新教伦理与资本主义精神》可以说是对"我思故我在"的一种宗教社会学的阐释①，也可以说是对清教徒由不确定性转向确定性的过程的呈现。加尔文宗的预定论造成了信徒个人各自空前的内在孤独感，信徒在这个除魅的世界中所承担的精神压力形成了一种对韦伯来说至关重要的反应，即投入紧张的世俗劳动以保持必要的自信。系统化的伦理实践就是信徒在时时刻刻都面对被选或被弃的、有系统的自我检视下形成的救赎确证，也就是一种寻求确定性，由此来稀释、缓解与遮盖不确定性（我是不是被拣选者？）及恐惧的过程。对韦伯而言，现代人与世界之间的关系模式在清教徒身上集中展现了出来，而清教徒对世界的积极控制与改造恰恰源自一种宗教性的恐惧以及由此产生的对非技术的确定性的寻求。这一点在舍勒的韦伯诠释这里表现得甚是透彻，他将韦伯笔下的清教徒称为怨恨之人，并在《资产者》中指出，怨恨之人只能在与他人价值的比较中来把握自身价值，他们必定自己去挣得存在和价值，去通过成就来证明自己。②用西美尔的术语来讲，则可以说，韦伯笔下的清教徒在追求"灵魂"拯救的过程中，最终实现的却是资本主义秩序，也就是"精神"的僭越，因为清教徒恰恰使世界在可计算、可改造的对象性中显现出来，他们以技术的思维方式将一切对象都表象为可控制的客体。

　　与韦伯相同，西美尔亦意识到，现代官僚国家的发展创造了一种可将一般民众化约为大众政治的附庸的基础。对他来说，现代社会的政治内容是由个体与大众之间恒久的张力塑造的。尽管就现代历史而言，大众行为的内在与外在条件并不是独特的，但是，城市化进程、货币经济对所有生活领域的渗透与生产的标准化使得大众行为表现得更为能见（visible）——如果不是更为平庸的话。③货币的民主化趋势将一切价值都平等地化约为一种价值。倘若我们集中于现代货币经济对于价值的稀释效果，就能够体会到西美尔对这种物化的批判：货币自身越是成为唯一的兴趣中心，人们就越是将荣誉与信念、禀赋与德性、美与灵魂拯救视为异类，在

---

① 〔德〕韦伯：《新教伦理与资本主义精神》，第101～102页。
② 《舍勒选集》（下卷），第1211页。
③ Jim Faught："Neglected Affinities：Max Weber and Georg Simmel，" in David Frisby, ed.，*Georg Simmel：Critical Assessments*，Vol. I，p. 159.

这些更高的生命价值之前，产生了一种可笑、轻浮的气氛，因此，更高的价值就像杂货店里的货物一样可以被出售，也就有了一种市场价格。① 一切价值都被夷平，而且走向是由高到低，这是价值秩序的颠倒。在这种被西美尔称为犬儒主义（Zynismus）的心态中，内在生命的活力已经枯竭，人的生活只漂浮于生命的表面：数量、计算、欲望、刺激，无论是前文论及的终极目标的丧失，还是对灵魂的基本问题的冷漠或贬低，都只是现代文化的必然后果之一。

我们在前面很多地方已经直接或间接地提到了西美尔对精神（Geist）与灵魂（Seele）的区分。在《货币哲学》中，他曾指出精神与灵魂之间的区别与联系：精神是内在于灵魂之生动功能（Funktion）而被意识到的客观内容（der objective Inhalt），灵魂则仿佛是思想的逻辑 – 概念内容（精神）为了我们的主体性以及作为我们的主体性而采取的形式。因此，精神并不与一种整体形态联系在一起，灵魂则必须以整体形态存在。精神的内容散落四方，而灵魂则将它们统一到一起。② 在他看来，通过理智的客观化（Vergegenständlichung unserer Intelligenz），精神将自身作为客体与灵魂相对立。在现代文化中，对象由于越来越多的人的分工协作才得以存在，只要处于这种语境中，精神与灵魂之间的距离就会日益增长，因为在同样的情境中，将人格性的统一性（Einheit der Persönlichkeit）实现到产品中去，已经越来越不可能。他认为，这大概就是那些有着个人主义与深层本质的人总是对所谓"文化进步"充满敌意的最终原因。因为在现代文化中，重要的事物都是通过大众（Masse）而非个体呈现的，劳动分工所确定的客观文化的发展就是这个普遍现象的一个方面，或者说，是它的结果。客观精神欠缺独特的、无法融合于客观性中的个性价值，而个体的灵魂性质拥有一种作为纯粹形式的价值，它自诩要将一切低俗、违背理想之物都排除在自己的内容之外。③ 在西美尔这里，灵魂遵循的是纯粹的自我法则，其拯救亦系之于此，它对所谓普遍性与客观化缺乏兴趣。精神对灵魂的胜利乃是"生命的悲剧"的现代表现，也是抽象的理智化对于个体生命的压抑。

西美尔用以描述"精神"的关键词是"大众""片断"，用以描述

---

① Georg Simmel, *Philosophie des Geldes*, GSG 6, 1989, S. 334.

② Georg Simmel, *Philosophie des Geldes*, GSG 6, 1989, S. 647.

③ Georg Simmel, *Philosophie des Geldes*, GSG 6, 1989, S. 648 – 649.

"灵魂"的关键词则是"个体""整体"。精神是灵魂的外在客观化产物，是诸如科学、艺术、宗教、法律这样的具有外在形式的文化产物，灵魂则是生命的内在形式，与人的整体存在有关。如前所述，现代文化的一个趋势是人们离精神越来越近，离灵魂却越来越远，这是一个距离同时增长与缩小的过程。在这种双重的现代趋势中，现代人与其周围环境的关系的发展呈现出这样的特征，即离他最近的圆（Kreis）越来越远，目的在于接近离他较远的圆。精神与灵魂之间日益增长的距离在社会层面上表征着大众、理智化的胜利，在生命层面上则表征着个体迷失了自己生存的整体意义。在相同的方向上，客观宗教虽然衰落，却仍然也正对应着精神远离灵魂的文化特质，回到原初的内在宗教性则对应着灵魂的自我法则。简而言之，西美尔阐释的是一种吊诡：越是精神的，就越是普遍的、大众的，也因此越是片断的；越是灵魂的，就越是独特的、个别的，也因此越是整体的。

　　西美尔对于"精神"与"灵魂"的区分就是对大众化与个体化的区分，这既反映了他对现代文化中的理智化、客观化、对象化趋势的反思，也表现了他的文化悲观主义。如前所述，西美尔认为，劳动分工和专门化乃是主客观文化分歧的主因。当然，劳动分工不仅发生于现代社会，而且发生于组织结构相对原始简单的社会，主客体的分殊并不是现代社会的独有现象，异化亦不仅仅存在于资本主义社会，它是一种普遍的文化现象。因此，虽然将文化的"危机"这样明显带有紧迫性的提法降低为相对缓和、相对中立的文化的"冲突"，但是，西美尔实质上将主客观文化的分离视为人类存在的悲剧。任何具体的社会形式，如资本主义，都是内在于文化悲剧的历史例证，这一悲剧即为：主观文化与客观形式之间的不可调和的对立。因此，在《文化的概念与悲剧》（Der Begriff und die Tragodie der Kultur）中，西美尔没有将文化的悲剧与某种特定的社会、历史分析联系起来，也就不让人感到奇怪了。①

　　当西美尔在《现代文化冲突》中将文化的冲突由新旧形式的冲突推演到生命反对形式的冲突后，这一冲突已经切实地超越了精神而成为灵魂 - 生命的表现。按照西美尔的看法，生命的本质就是能够从自身产生对自我

---

① David Frisby, *Sociological Impressionism: A Reassessment of Georg Simmel's Social Theory*, p. 148.

的指引与救赎，产生自身的对立面以及与对立面之间的对抗。通过自身的产物，生命维系、提升着自身。生命的产物与高于它们的生命相对立、相冲突，这就是生命的悲剧。① 可以看出，他对文化的悲剧和生命的悲剧的描述有着明显的一致性，而精神与灵魂之间的距离也表现了他对文化之理解的变化：文化的异化作为一种特定的社会进程而始，作为一种形而上的、悲剧性的人类情境而终。② 这种悲剧性的人类情境也就是生命的悲剧，因为生命必须借助形式方可得到发展，而这同时意味着生命必然经历异化。对马克思而言，异化可在未来的共产主义社会得到解决，而西美尔认为，主客观文化的对立来自生命本身，因此，异化是不可消除的。③ 在此，异化已经直接转变成了生命本身的异化。

在这种生命的异化中，精神对灵魂的胜利造成了对生命的最基本问题——灵魂的拯救——的冷漠。帕斯卡揶揄道："人们对小事的感觉敏锐和对大事的麻木不仁，这标志着一种奇怪的颠倒。"④ 西美尔也发现，在这样一个时代中，存在着一种调和的趋势，现代人所谓宽容或对永久和平的向往实质上都是来自对内在生命的基本问题的冷漠，灵魂的拯救是这些问题中最为重要的，而对于这一问题，我们无法通过理性来解决。⑤ 在下文，我们将看到，对于西美尔来说，灵魂的拯救这一生命问题在现代文化中遭受的冷遇既代表着精神之于灵魂的优先性这一不可避免的文化命运，也代表着一种全新的意涵，正是这种新意涵使得他所理解的"灵魂的拯救"成为反－（客观）宗教的，因而也是反－精神的。

三　内在宗教性的分化

在《宗教社会学》《货币哲学》等作品中，西美尔基本上将宗教性理解为一种因人与人之间的互动而产生的心理－情感状态，但是，这并未穷尽他所说的宗教性的所有意涵。在他这里，宗教性可分为两个层次，最为基本的层次就是人的生命本身的宗教天性，而自发地产生于社会互动的宗

---

① Georg Simmel, "Der Konflikt der modernen Kultur," *GSG* 16, 1999, S. 199 – 200.

② David Frisby, *Sociological Impressionism: A Reassessment of Georg Simmel's Social Theory*, p. 146.

③ M. Francis Abraham, *Sociological Thought: From Comte to Sorokin, Marx, Spencer, Pareto, Durkheim, Simmel, Weber, Mannheim*, p. 135.

④ 〔法〕帕斯卡尔：《思想录：论宗教和其他主题的思想》，第 111 页。

⑤ Georg Simmel, *Philosophie des Geldes*, *GSG* 6, 1989, S. 596.

教性则属于第二个层次。我们可以将第一个层次的宗教性称为生命（内在）宗教性，将第二个层次的宗教性称为社会（外在）宗教性。① 宗教存在本身的分化即发生于第一个层次。

在第一个层次上，宗教性是灵魂的基本存在。当然，这种"基本"主要针对"宗教人"（die religiösen Menschen）而言，而不是针对一般大众。对于西美尔而言，当宗教性的整体状态分离为需要（Bedürfnis）与满足（Erfüllung）时，作为宗教人之本性特征的宗教性就与一种宗教"对象"的客观性相对。在此，一向被视为"创造了神"的心理活动——恐惧与苦难，爱与依赖，对尘世幸福及灵魂拯救的向往——才找到了自己的位置。需要与满足乃是宗教存在自身的分化，只有当内在的宗教存在转化为需要与满足的分化形式（Differenzierungsform）时，（客观）宗教的起源问题才被明确地提出。② 西美尔此处的说明揭示了其宗教性概念的一个很明显的转变：宗教性不再是一种心理－情感状态，也不再是人与人之间有着超理论信仰特征的关系，而是人的生命的基本存在，宗教对象的客观性则是与分离后的满足联系在一起的。在《宗教社会学》中，信仰被解释为一种出于"需要"的情感状态，在这里则成了次级的。可以看出，西美尔的确在这里暗示了一种次序，即宗教存在→心理阶段（如信仰需要）→满足（对象，即客观宗教），即生命宗教性→社会宗教性→客观宗教。

西美尔在《论宗教的认识论》《宗教的地位问题》《伦勃朗的宗教艺术》（Rembrandts religiöse Kunst）等论文中明确地将宗教区分为两种形式：除了客观宗教之外，内在宗教性亦成为宗教的一种形式。他认为，在人类历史中，宗教以两种形式出现：一种为客观宗教或教会现实，这是一种自足的、根据自身法则而建立的世界，其意义与价值完全与个体相对立，后者只能接受或仰望这个世界；另一种宗教则完全位于人的内在生命，每一种超验或膜拜既可能作为形而上实在而存在，也可能不作为形而上实在而存在，但是，其宗教意义全然位于个体灵魂的品质与活动中。第一种宗教形式意味着神与灵魂之间的相互对立或接受；第二种宗教形式则意味着灵

---

① 此处之所以不将后者称为互动宗教性，是因为互动不仅限于社会中的互动，也可能指涉个体自身中各种元素之间的互动。因此，只说互动，未必能够将外延恰当地收缩至人与人之间的关系。

② Georg Simmel, "Das Problem der religiösen Lage," *GSG* 14, 1996, S. 371.

魂生命本身，后者作为宗教存在，有着超越主体的形而上意义与庄严。①
我们可将这两种宗教称为客观宗教与生命宗教，前者对应的是精神，后者
对应的是灵魂，就此而言，宗教性的分化亦可谓灵魂的分化。

当西美尔将"宗教"划归为人的主体方面时，很显然，这种"宗教"
指的是"内在宗教性"，而非在人与人的互动中产生的社会宗教性。他对
"宗教性的分化"这一问题的处理方式使客观宗教与社会宗教性的区分成
为内在宗教性本身分化所带来的后果，正是因此，西美尔在一些地方将
"宗教"与"宗教性"两个概念交替使用，但是，二者的区别仍是我们必
须注意的，即宗教性有内在宗教性与外在宗教性之分，宗教亦有客观宗教
与生命宗教之分。

在《宗教的地位问题》中，西美尔对两种宗教之间的区分进行了进一
步的发挥。他认为，上帝创造世界、拯救等观念，尽管是我们感受和信仰
的内容，却并不是宗教。我们必须将构成思维过程之内容的客观世界与思
维过程区别开来，同样，我们也必须将客观存在、有效的宗教内容与作为
主体－人的过程的宗教区分开来。我们内在生命的范畴——如实然与应
然、可能与必然、意愿与恐惧——形成了一个意识内容及事物的逻辑、概
念和意义借以发生的序列。西美尔做了这样的比喻：这些范畴好比乐器。
乐器有多种，每一种都有其特殊音色，却可奏出同一旋律。宗教性即属于
这些基本的形式范畴，它将其特有的基调赋予某种观念内容（这种内容在
其他情况中则可能被赋予其他的形式范畴）。他仍以上文提及的拯救、启
示、创世论等为例来说明，这些内容从纯粹的存在论来看，可作为某种形
而上事实；亦可列入怀疑论的范畴，因此，可作为固有的存在与不存在之
间的内在摆动状态，从而形成对事物的一种新的理解方式；也可以从应然
的范畴来看待，因此，可作为道德要求。同样，这些内容可丝毫不变而被
赋予宗教形式——一种"为我们而存在"的完全统一的方式，灵魂的一种
统一情绪。② 在这里，西美尔甚至将创造论、拯救这样的教义排除在"宗
教"的范畴之外，而将内在生命的宗教性称为"宗教"。这显然是对他此
前宗教理论的一种调整，其目的在于赋予这种"宗教性"一种"真正的

---

① Georg Simmel, "Rembrandts religiöse Kunst," *GSG* 13, 2000, S. 70。西美尔在《宗教的地
位问题》的修订版中特意突出了宗教的两种形式的区别，参见 Georg Simmel, "Das Prob-
lem der religiösen Lage," *GSG* 14, 1996, S. 379。

② Georg Simmel, "Beiträge zur Erkenntnistheorie der Religion," *GSG* 7, 1995, S. 10 – 11.

宗教"的地位，而将传统的客观宗教相对化，正如"存在"问题将理智意义上的"真/假"问题相对化了一样。但是，西美尔在此提及的"观念内容"与"形式"与《宗教社会学》中的形式－内容的区分是一脉相承的，是对"相同的内容会有多样的形式，而多样的内容则可能有相同的形式"这一命题的进一步的哲学诠释。

如前所述，一般社会学以历史生活为研究对象，哲学社会学包含形而上学一域，因此，西美尔对两种宗教形式的区别是同时在一般社会学与哲学社会学的场面上进行的。这也表明，西美尔所理解的客观宗教总是要在具体的历史语境中应付不断变化的社会结构，而生命宗教则由于直指人的独立于自然、历史、文化等经验秩序的形而上整体而是彻底的自由，它是作为主体之过程的宗教。

正是生命宗教性的分化，才使得社会宗教性成为可能，而社会宗教性又使得客观宗教成为可能，西美尔在《宗教社会学》中对宗教来源的阐释也只有在此理论框架中才可得到完整的理解。对他来说，内在宗教性通过对生命质料的形塑而形成客观宗教（die objektiven Religionen），这类似于认知先验范畴对理论世界的塑造。知性范畴使认识成为可能，但知性范畴并非认识本身。同样，罪与拯救、爱与信仰等宗教形式使宗教成为可能，自身却不是宗教。① 西美尔想告诉我们的是，因为内在宗教性的分化而发生的信仰主体与被信仰的客体之间的对立仅仅是一种次要的析离（sekundäre Zerlegung），对更为深层的、自身有着某种确定性但又不同于知识的存在而言，这种对立并非对它的完全中肯的表达。在他看来，神是纯粹的无或超验存在这样的神秘主义解释只是在逃避神的真实性问题。② 换句话说，较之于人本身的宗教存在而言，人与客观宗教、人与上帝之间的对立都只是次要的。我们在前文已经指出，西美尔将客观的教会现实视为客观精神战胜主观精神的一个例证，在此，二者之间的这种对立则进一步被赋予了生命哲学的解释，根本性的不是理性精神的自我展开，而是非理性/超理性的内在宗教性的自我分化。现实的客观宗教机制仍属于"精神"产物，而内在宗教性关涉的是人的"灵魂"。在这种叙述中，一种试图以个体生命本身来超越人神对立的思路已经清晰地浮现了出来，一种新

---

① Georg Simmel, "Die Religion," *GSG* 10, 1995, S. 47.

② Georg Simmel, "Die Religion," *GSG* 10, 1995, S. 372. 西美尔对神秘主义的论述，参见 Georg Simmel, "Wandel der Kulturformen," *GSG* 13, 2000, S. 219。

的宗教性主体也浮现了出来。

麦克科尔曾指出，《上帝的位格》与《宗教的地位问题》可视为西美尔宗教思想最为成熟的阶段，在这些论文中，西美尔推进了他对于主体性问题的考察，预见了本雅明、海德格尔等人后来所提出的一些问题。[①] 陈戎女也直接将西美尔构想的宗教称为私人化的主体性宗教。[②] 两位学者均注意到了西美尔的宗教哲学与"主体性"问题之间的牵连。基督教的上帝已经退场，现代主体已经兴起，但是，西美尔笔下的主体不是精神之主体，而是灵魂之主体，是超越了客观宗教的内在宗教性主体。福柯曾将西方思想传统分为两种，即"认识你自己"（gnothi seautou）与"关心你自己"（epimeleia heauto）。根据他的理解，"哲学成为严格的科学"这样一个被充分意识到的意愿不仅主宰着苏格拉底－柏拉图对哲学的变革，亦主宰着自笛卡尔以来的现代哲学对经验哲学的批判，它的推动力一直延续到17世纪与18世纪的哲学之中，并支配着康德与费希特的哲学思考。这种传统将主体自身存在的自明性（self－evidence of the subject）作为通向存在的根源，从而使得对自身的认识成为通向真理的根本途径（从福柯的这一观点来看，海德格尔所说的现代哲学的主体化趋势，亦属于"认识你自己"这一传统）。另一种传统即"关心你自己"，它的重心在于"精神性"（spirituality），也就是说，主体为了通向真理而借以实现自身之必要转化的求索、实践与经验，因此，我们会将净化、苦行的操练、弃世、目光的转向、生存的改变等一系列实践视为精神性的，它们不是为了认识，而是为了主体及其存在，这是通向真理的代价。[③] 在福柯看来，回归自我（the theme of return to the self）自16世纪以来在现代文化中成了一个周期性的主题，包括叔本华、尼采、波德莱尔等人在内的一系列19世纪的思想家均有重构自我伦理学－美学的努力。[④] 依据福柯的这一区分，则西美尔的生命哲学以及以其生命哲学为基础的宗教哲学亦可置于"关心你自己"这一传统之中，他所说的"我"不再是一种理性主体，也不是某种客观宗教的信仰主体，而是打破了人－神对立、主－客对立的个体生命本身。

---

① John McCole, "Georg Simmel and the Philosophy of Religion," *New German Critique* 94 (2005): 8 – 35.

② 陈戎女：《西美尔与现代性》，上海书店出版社，2006，第235～242页。

③ Michel Foucault, *The Hermeneutics of the Subject*, pp. 14 – 15.

④ Michel Foucault, *The Hermeneutics of the Subject*, pp. 250 – 251

这种生命的底色乃是内在宗教性，但这种宗教性又是无神的宗教性，因而是非对象化的。可以说，西美尔所探讨的自我既不是现代哲学中的"我思"，也不是传统基督教的"我信"，而是一种超越了主客体对立的"我是（存在）"。

第八章　死亡在我，拯救也在我

一　人－神对立与去对象化

西美尔对人－神对立的思路的超越是通过对启蒙运动的批判来完成的。既然他将内在宗教性视为人的基本存在，并认为它作为存在是超越理性的真假标准的，那么，这就意味着，西美尔不会承认启蒙理性式的主体对人自身及世界的特权。然而，又不止于此。当西美尔将内在宗教性作为人的基本存在的时候，他处于一种更为悠久，也更为深邃的思想脉络中。他笔下的"人"既不是柏拉图－亚里士多德式的处于某种伦理共同体中的"政治人"，也不是霍布斯－斯密式的以欲望为指向的自利的"经济人"[①]，而是一种"宗教人"，然而，这种"宗教人"又不是基督教式的被钉十字架的罪人，甚至也不是任何客观宗教意义上的宗教信徒，而是以"上帝之死"为前提的无神化的宗教人，传统基督教以及客观宗教的信徒反而必须在此新的框架内理解自己的角色与地位，这实质上也是客观宗教在面对内在宗教性时应有的自我反省。

有着宗教天性的宗教人的宗教就是个体生命的宗教存在，即内在宗教性。客观宗教是独立于个体的，而内在宗教性则完全指向个体生命。西美尔提出这种对立的目的并不是要取消这种对立，因为以生命宗教取代客观

---

① 需要强调的是，斯密虽然认为，私有经济通过资本积累与劳动分工而具有自发的成长潜力，但他并未一味执着于此，也并未忽视国家为经济发展创造相应的社会与法律环境的必要性。Duncan K. Foley, *Adam's Fallacy: A Guide to Economic Theology* (Cambridge: Belknap Press of Harvard University Press, 2006), pp. 38 – 40。斯密的"看不见的手"可视为黑格尔所说的"理性的狡计"在社会科学领域的经验表达，他指出了，混沌不一定与秩序相对立，看似唯意志论的行动者的混沌行为亦可通过看不见的手自发地制造出秩序来，因此，政治权力的介入即为不合理的干涉。他的这一思路体现出来的"秩序之吊诡"表达的是对业已实现功能分化的子系统的进步的期待。〔德〕卢曼：《宗教教义与社会演化》，第63页。

宗教实际上是不可能的，他想要做的是确立这两种宗教形式之间的基本关系，即客观宗教之可能性最终是依赖于内在宗教性的。西美尔的生命范畴类似于胡塞尔的生活世界，事实上先在于任何客观陈述或理解，只能借助直觉或笼统论之，因为一旦以明晰的言辞来谈及生命，就会将不合法的界限强加于没有限制的东西。① 在生命宗教性中，信仰与对象、主体与客体的对立已经被取消了，因此，也可以说，西美尔在宗教性的层面上终结了传统形而上学将主体与客体世界相对立的做法。主客对立的解体在西美尔这里就意味着文化的危机（客观文化对主观文化的优势）、文化的冲突（生命对形式）最终得到了克服。作为未曾分化的宗教存在，人与其信仰对象是一个整体，因此，生命宗教性本身即为生命的理想形态。

　　对于西美尔来说，无论是新旧宗教形式的交替，还是宗教对象将宗教冲动固定到某一超验对象上，只要在客观宗教中，"满足"必定会再次生产出对新的目标、新的对象的追求。正如生命的过程须通过死亡来否定，以使生命的内容在超越过程的意义中显露出来那样，意志的内容必须由不满足来否定，以使意志的过程在超越各种能说明的内容联系时显示出来。② 对于这种张力，西美尔做出了如下的心理学解释：任何欲求的满足中都蕴含着一种追求，后者却恰恰不可能得到完全的满足。易言之，"满足"本身总是会溢出一种尚未达至的目标。③ 这种现象归根结底仍是生命原则与形式原则之间的根本对立，因为生命只有在形式中才能表现自身，当生命有意识地在精神或文化、创造性或历史方面受到他物支配时，它就只能存在于它自身的、由自己直接创造的对立面的形式中，即所制作的形式之中，而所有不满、不安的最终原因均在于此。一旦具有客观法则或固定形式的生命要求以界限为生命划定范围时，不满与不安就从形式出现的那一刻起就已经针对着那种生命产品了。④ 因此，人们将上帝作为纯粹的"爱"本身是非常合适的。在对上帝的情感中，"有"与"没有"之间的张力达到了顶点，二者将虔诚的灵魂与上帝联系了起来。⑤

---

① 〔英〕基思·特斯特：《后现代性下的生命与多重时间》，李康译，北京大学出版社，2010，第 23～24 页。

② 〔德〕西美尔：《生命直观：先验论四章》，第 96 页。

③ 此处可对照《货币哲学》中对货币经济所造就的"乐极生厌"（Blasiertheit）心态的剖析。（Georg Simmel, *Philosophie des Geldes*, GSG 6, 1989, S. 334）

④ 〔德〕西美尔：《生命直观：先验论四章》，第 135～136 页。

⑤ Georg Simmel, "Die Gegensätze des Lebens und die Religion ," GSG 7, 1995, S. 299.

西美尔认为，在事实与价值的分离之前，存在事实/价值没有分殊的生命领域。主客体的分殊是价值出现的第一步，只有在欲求主体与被欲求的客体之间出现了分殊，价值才被赋予客体。① 欲求主体与被欲求的客体之间存在距离，这是价值出现的前提，由此，主体－客体之间的张力就与事实－价值之间的张力联系了起来。事实与价值之间的分殊被添加到客体－主体之间的对立上，对西美尔来说，事实就是关系，价值就产生于主体与客体之间的互动，确切地说，价值乃是主客体分离的附加结果。②

那么，主客体是如何分离的呢？他的看法是，割裂主体－客体原初统一的张力首先是由渴望（Begehr）产生的。当我们渴望（begehren）尚未拥有或尚未得到的东西时，渴望的内容就与我们相对立。如康德所说，经验的可能性就是经验对象的可能性，因为经验即意味着，我们的意识将感官印象构造成了对象。同样，渴望的可能性就是渴望对象的可能性，客体由此而生，它通过与主体之间的距离而显示出自身的特性。③ 渴望与享有（Genuß）之间的张力和需要与满足之间的张力有着显而易见的相似性，最为确定的证据就是西美尔在论述这两种张力时，与柏拉图"爱"的理念做了类比。价值来自需要，它的产生恰恰是外在于欲求主体之物对主体需要的一种抵制，因此，它的前提是主体与客体的距离。倘若我们将这种价值理论运用于西美尔的宗教理论，就会看到：客观宗教对（无宗教天性的）个体的价值，就在于满足了他的宗教需要，克服了信徒与神圣者之间的距离。若自我与确立价值的客体之间并无距离，则二者在愉悦的满足中合一，此时，客体的价值就被消耗了；若距离过大乃至客体的价值绝对化，则客体完全脱离了与我们的关系，亦不可能有价值。因此，客观宗教中亦同时存在前文所说的距离化效果与距离的克服，所谓"有"与"没有"之间的张力亦可在此维度上得到解释。

如果以"渴望的可能性就是渴望对象的可能性"这种思路来看，西美尔的文化、宗教理论的确在如下方面呈现一种一贯的逻辑：无论是精神的物化（脑力劳动的具体化），还是生命的外在形式（如宗教、科学、艺术等）、内在宗教性的派生物（客观宗教），都是某种实在的对象化，而这

---

① Natalia Canto Mila, *A Sociological Theory of Value*：*Georg Simmel's Sociological Relationism*, pp. 153 – 154.

② Horst Jürgen Helle, *Georg Simmel*：*Einführung in seine Theorie und Methode*, S. 175 – 176.

③ Georg Simmel, *Philosophie des Geldes*, *GSG* 6, 1989, S. 33 – 34.

恰恰是应该被超越的。这一观点在他的宗教哲学中体现得淋漓尽致。

在西美尔看来，内在的宗教存在分化为需要与满足，就是分化为外在宗教性与客观宗教。随着需要与满足的分化①，宗教性采取了客观化的现实形式。他认为，正是内在的宗教存在的这种分化最终为启蒙提供了攻击对象。对于客观宗教，启蒙运动提出了一种非此即彼的选择，它宣称，要么（1）在现实中有着外在于人的形而上、超验或神圣之物，要么（2）对它们的信仰——如果科学精神不能证明它们的话——只是一种须得到心理学解释的主观幻想。对于主流启蒙理性的这种看法，西美尔表示，这是一种基本的误解，而科学意义上的真理概念却正是以它为根据来接受或反对宗教的。他排除了（1）（2）的合理性，而提出了第三种选择：信仰，即灵魂状态自身或许就是某种形而上现象，其中，宗教存在的意义完全独立于信仰所采取或创造的内容。他要强调的是，人在面对某种形而上－神圣的、超越于一切经验的形态时，他投射的不仅仅是恐惧、希望、热情、救赎需要等心理情感，还有超越一切经验的、本身就是形而上的性质。②易言之，西美尔试图从理论上根本取消信仰本身与信仰对象、信仰主体与信仰客体之间的对立。对他而言，对象不仅是对生命本身的约束与异化（因为这必定意味着生命获得了某种外在形式），而且为信仰者之外的人们提供了非议与攻击的目标。将宗教性回收至内在生命，这似乎暗含着西美尔这样的考虑：既然一无信仰对象或教义，二无客观制度或组织，而直指未曾分化的生命，那么，自然没有可攻击的对象。

在这里，无论是古希腊哲学中的存在与存在者之间的对立，还是基督教中的创造者与被创造者之间的对立，都最终消解在本身即为形而上存在的生命自身之中。西美尔的思路包含这样的意图：客观宗教已经成为社会中分化了的诸多系统中的一个，它虽然有独立性，却总难逃其他系统的影响，因此，不论它如何回应社会环境、文化语境的要求，总得不断地调整自身以使自身（如仪式、教义、组织）能够适应时代的演变。但是，由客观宗教回归生命宗教性一劳永逸地解决了这个问题，至少西美尔认为如此，因为这种宗教性就是人的生命本身，不用根据柏拉图式的存在来规定自身，也不用根据基督教的上帝来规定自身，更不用根据现代实证主义的

①　这一句话是《宗教的地位问题》修订版中加上去的。

②　Georg Simmel，"Das Problem der religiösen Lage，" *GSG* 14，1996，S. 373.

存在者来规定自身，而是以自身的生命来进行自我规定：人再也不用根据外在之物来调适自身。以生命宗教性来使社会宗教性和客观宗教相对化，换句话说，由客观宗教回归宗教性是回避客观宗教的相对性的可能路向之一，因为这种宗教性是完全的内在，没有任何外在于它的对象。

二　死亡在"我"

黑格尔曾在《精神哲学》中将灵魂或自然精神视为自在的或直接的主观精神，并将其作为人类学的考察对象。他认为，在人类学中，灵魂在身体中显现其观念性，身体成为灵魂的符号或体现。① 在《小逻辑》中，黑格尔也曾将灵魂界定为肉体与精神之间的中介或二者之间的联系，认为它是使身体有生命的原则。不过，他也提及，在当时的哲学中，"灵魂"已经甚少有人问津了，人们主要讨论的是"精神"。② 然而，在 19 世纪德国的浪漫主义、黑格尔主义以及抒情与表现主义散文中，灵魂却成了中心概念。③ 在这种从精神到灵魂的历史转向中，对时代精神的把握与反思是一条一以贯之的线索，西美尔对灵魂与死亡问题的讨论亦属于这个大型历史叙事的一部分。他的宗教哲学表现出了强烈的造反逻各斯的冲动，其笔下的"灵魂"有时可与"生命"互换使用，有时又与内在宗教性一样，可指向人之存在的原初的整体性与统一性。他对灵魂及死亡问题的讨论极富洞见，不仅对哲学史上的相关问题有着深入的思考，而且预见了舍勒与海德格尔等人的一些运思路向。

在西方哲学史上，拯救涉及必死之人对不朽的上下求索，"何为死亡"、"何为不朽"以及"人应该如何面对死亡"与人们对"好的生活"的理解密切相关，而"好的生活"这一问题又总是不可避免地涉及人的身体与灵魂之间的关系。众所周知，身心关系一向是西方哲学聚讼之所在，我们在漫长的历史中至少可以发现两种立场：一种坚持"身体是灵魂的监狱"；另一种力主"身体与灵魂的统一"，西美尔对死亡与灵魂问题的探讨就接近这一种立场。"身体是灵魂的监狱"是身心关系史上最为经典的表述，这种灵肉二元论的模式可追溯至柏拉图的《斐多》（*Phaedo*），在

① 〔德〕黑格尔：《精神哲学》，杨祖陶译，人民出版社，2006，第 33～36 页。
② 〔德〕黑格尔：《小逻辑》，贺麟译，商务印书馆，2014，第 103 页。
③ Ralph M. Leck, *Georg Simmel and Avant - Garde Sociology: The Birth of Modernity, 1880 - 1920*（New York: Humanity Books, 2000），pp. 280 - 281.

这里，"身体"被视为追求智慧的障碍，灵魂如何摆脱身体成为真正的哲学家所探索的问题（*Phaedo*，66a - 67b）。[①] 这种思路在西方哲学不绝如缕，我们甚至能够在笛卡尔的"我思"中听到它的回响。笛卡尔将"我"的本性或本质归结为思维。这个"我"就是灵魂，作为一个实体，它只是一个思维的东西而没有广延，可以没有身体而存在。身体总是可分的，它是一个只有广延而不能思维的东西；灵魂则完全不可分，它是一个单一的、完整的实体。[②] 笛卡尔之后的斯宾诺莎、莱布尼茨、洛克均保留了这种实体概念，只是到了休谟那里，它才最终被摒弃。[③]

从哲学史的角度来看，西美尔在身心关系问题上更接近另一种立场，即亚里士多德 - 阿奎那的立场。当然，有必要指出的是，在阿奎那之前，

---

① Plato, *Plato Complete Works*, pp. 57 - 58.

② 〔法〕笛卡尔：《第一哲学沉思集》，庞景仁译，商务印书馆，2010，第85、93页。

③ 〔英〕罗素：《宗教与科学》，徐奕春、林国夫译，商务印书馆，2013，第67页。与这一思路形成鲜明对照的是，尼采抨击了西方自苏格拉底以降的哲学 - 神学对超感性世界的执着，对感性世界、生成世界的诋毁。可参见〔德〕尼采《偶像的黄昏》，卫茂平译，华东师范大学出版社，2007，第57~58页。意思相同的论述，可对照《权力意志》中"'真实世界'的起源"一节以及"真实世界与虚假世界"一节，参见〔德〕尼采《权力意志》（下卷），孙周兴译，商务印书馆，2011，第1070~1072、1087~1092页。同样在《偶像的黄昏》中，尼采又说："我担心，我们无法摆脱上帝，因为我们还相信语法……"〔《权力意志》（上卷），孙周兴译，商务印书馆，2011，第60页〕这就将人们的"存在"信仰或"上帝"信仰最终归于语法了。这一观点在尼采的很多著作中都可以看到，如《论道德的谱系》中对"怨恨"观的批判即涉及对"主体"基质的批判，而这恰恰和语法问题有关。在《权力意志》中，这方面的论述更多，如对因果观念的批判仍旧归结到语法范畴中，可参见《权力意志》（上卷）第122~123、159~160、212~213、277页，以及《权力意志》（下卷）第985~987、1001~1004页等。某种程度上，福柯在《规训与惩罚》中所表达的"灵魂是身体的监狱"（soul is the prison of the body）这一看法也只是对尼采观点的一种历史诠释。在这部作品中，福柯讲述的正是现代"灵魂"与一种新的审判权力之间相互关系的历史，他将惩罚严峻性的减弱这一历史现象归结为惩罚运作对象的置换，即从身体变成了灵魂。当然，他所理解的"灵魂"不是基督教神学中的灵魂，而是因为惩罚、监视与强制而产生的灵魂，它不是一种实体，而是权力解剖学的效应，是知识的指涉。福柯本人曾经使用"灵魂技术学"（technology of the soul）这一概念来概括教育专家、心理学家或精神病专家的技术学，并认为这种技术学无法掩饰支配身体的权力技术学，因为前者是后者的工具（可参见〔法〕福柯《规训与惩罚》，第32~33、341~344页；亦可对照〔法〕福柯《古典时代疯狂史》，林志明译，三联书店，2005，第115~118页）。但是，在海德格尔看来，尼采的反 - 形而上学无外乎"颠倒的柏拉图主义"，因为尼采哲学对形而上学的反动由于仍拘泥于它所反对的东西的本质而绝望地陷入形而上学中了（〔德〕海德格尔：《林中路》，第231页）。在此意义上，我们亦可顺着海德格尔的思路说，尼采 - 福柯路线只是对柏拉图的二元图式的颠倒而已——虽然福柯可能会不以为然。

几乎所有的基督教思想家在身体－灵魂关系问题上都是实体二元论者，在中世纪，波纳文图拉与阿尔伯特受到阿维森纳的影响，甚至将人的灵魂看作可以同身体相分离的实体。① 阿奎那强烈反对这种二元论，他坚持的是灵魂与身体的实体性统一：灵魂作为身体的形式同身体结合在一起，它不是一种偶性形式，而是身体的实体形式。它不仅使这个整体，而且使这个整体的每一部分都完满。灵魂是与身体同时被创造出来的，而不是先于身体被创造出来的。作为人的本性的一部分，灵魂只有同身体结合在一起才具有自然的完满性。② 因此，他所理解的人不是使用身体的灵魂，而是身体－灵魂的统一体。灵魂不是被束缚在肉体中需要被解放的东西，身体也不是被动地受灵魂操作的东西，二者只有结合在一起才能组成有生命的人。阿奎那的这一论证是对亚里士多德哲学在神学上的积极运用与延伸。事实上，在基督教哲学内部，亚里士多德为何能逐渐取代柏拉图成为神学家的一个重要哲学资源，从其对身体与灵魂关系问题的处理上可略见一二。③

　　西美尔的生命哲学深受尼采影响，但是，在身心问题上，他的看法与尼采有着极大的差异。尼采曾忧心地呼吁，人们不应该仅仅反驳唯物主义的原子论，还必须战胜另一种更具灾难性的原子论，即由基督教虚构的"灵魂原子论"。这种信仰将灵魂看作"某种不可消除的东西，永恒的东西，不可分的东西，看作一个单子，看作一个原子（Atomon）"。④ 他认为灵魂与古代哲学中的"存在"一样，是一个纯粹虚构的概念，西美尔对这个问题的看法要亲和得多，他坚持灵魂与身体是必然统一的："我"不是

---

① 〔英〕约翰·马仁邦：《中世纪哲学：历史与哲学导论》，吴天岳译，北京大学出版社，2015，第251页。
② 阿奎那：《神学大全》，Ia，Q.76，a.1.《神学大全·第一集·第6卷》，第28～36页。
③ 可参见〔法〕吉尔松《中世纪哲学精神》，沈清松译，上海人民出版社，2008，第145～159页。
④ 〔德〕尼采：《论道德的谱系》，谢地坤等译，漓江出版社，2000，第130～131页。笛卡尔与尼采均将"灵魂"视为单一的、不可分的东西，但是，在基督教传统中，灵魂在本性上不是单纯，而是杂多的，因为它是受造者，而一切受造者都是可改变的。像灵魂这样的属灵受造者只是在与身体的比较中才显得单纯，因为它不散布在空间里。但它在每个身体中，无论是在整体，还是在各个部分中，均是以整体的形式临在的，因此，灵魂可意识到身体任何微小的部分所发生的事情。就此而言，尼采将基督教的教导称为"灵魂原子论"是不够准确的。可参见〔古罗马〕奥古斯丁《论三位一体》，周伟驰译，上海人民出版社，2005，第186～187页。

一个先于身体，甚至需要抵制身体之诱惑的灵魂，而是二者的统一体。在他看来，肉身有机体的形式（die Form des körperlichen Organismus）通过延伸为灵魂的此在（das seelische Dasein）而获得的提升与完善就是人格性。人的人格－存在（Person－Sein）可能是心理上产生人格神的原因，但是，神的逻辑与形而上学基础无系于此。① 正如肉身是有机体的统一，灵魂亦是肉身的统一，而人格性则是灵魂的统一。肉身－灵魂－人格性之间是递进统一的关系，这种对统一性的重视也深刻地影响了他对死亡的诠释，具体表现就是他几乎将真正的死亡视为"个体"生命的特权：只有个体才会真正地死亡，之所以如此，是因为只有个体才能真正显现这种统一性。死亡就是摧毁材料与形式之间的结合，这种结合越是紧密，死亡的破坏性就越是无情。②

对西美尔来说，生命的新陈代谢是由同化与异化构成的，生长则以异化超过同化为前提，因此，在尚未相对确定死亡的时候，生命因素已经组成了一个毫不含糊地走向死亡的行列。衰老、死亡这样的对立面恰恰来自生命：生命产生了它们，同时亦包含它们。在这里，我们也可以看到，虽然在身体与灵魂的必然统一这一点上，西美尔与基督教是一致的，但他对于死亡的看法显然与基督教大有分别。当基督教的上帝自称"我是我所是"的时候，就内在地排除了"死亡"；当基督教说出"重"生的时候，这本身即表示人在信仰的那一刻挣脱了死亡的锁链而进入了生命，这是在同一个个体生命上发生的新与旧、生与死的彻底断裂。基督即生命，在基督里没有死亡，反而可获得永生。③ 对于西美尔，死亡一开始就在生命之中，可称为生命的自我超越。④ 正如超验与灵魂的拯救本然地就内在于生命一样，死亡亦本然地内在于生命，由此，在基督教哲学里设立的生－死对立的绝对性就遭到了消解：死亡不是罪的后果，生命也不是对死亡的战胜，相反，二者本来就是不可分割的。西美尔不断强调，在生命的每时每刻，我们都是将死之人，所以，我们不是在最后一刻才死去。也就是说，死亡不是在死亡的时刻才限定，才塑造我们的生命，它是生命对所有内容

---

① Georg Simmel,"Die Persönlichkeit Gottes,"*GSG* 12, 2001, S. 351.

② 〔德〕西美尔：《生命直观：先验论四章》，第 112～114 页。

③ 〔美〕阿伦特：《人的境况》，王寅丽译，上海人民出版社，2009，第 25～26 页。亦可参见〔法〕吉尔松《中世纪哲学精神》，第 160～161 页。

④ 〔德〕西美尔：《生命直观：先验论四章》，第 16～17 页。

进行润色加工的形式因素：死亡给生命整体带来的有限性，首先就影响着生命的每一个内容与瞬间。①

海德格尔认为，西美尔虽然正确地用"死"来定义"生"，却未能清楚地区分生物学－存在者层次上的死与存在论－生存论上的死。② 但值得注意的是，西美尔对于死亡之本己性的重视确实已经在结构上充分预示了海德格尔所说的 *sum moribundus*（我在故我死）："死亡并不是某种还在此在那里悬欠（aussteht）着的东西，而是悬临（bevorsteht）于此在的存在之前的东西，确切地说，只消此在存在，死亡就会不断地悬临于此在的存在之前。作为总是已经悬临于前的东西，即便此在尚不是整体的、尚不是完成的，也就是还没有濒临死亡，死亡也是属于此在本身的。"③ 也就是说，死亡即我自身的存在可能性，这是一种不可替代的最本己的可能性，因此，所谓此在的存在也就是死亡之可能性的存在。对于西美尔来说，非个体的生活就是非本真的生活，而必死性的问题也只是在面对着真正的个体，在无法重复、无法取代的意义上才变得急迫的。循此方向，他极具创造性地指出，只有个体的人才会真正死亡。也就是说，死亡乃是真正的个体的特权。就此而言，必死之人的自我法则或自我伦理学所重视的自然也不可能是不朽了，而是死亡。个体生命的独特之处正在于，他"无可救药""无可挽回"地死去，基督教所说的"生命在我"在这里却变成了"死亡在我"。由于死亡之个体性，因此，也可以说，这是一个"死亡"式微的时代。

西美尔甚至有些恶毒地说道，非个体的人过的是一种并不全是自己本人的生活，一种并不真正具有存在形式的生活，因为在这种情况下，作为拥有者的人只是一个物主代词而已。这种人的世界类似于一张不记名证券，是一个犹如证券上填好名字的人的世界。相反，当一个人具有个性的真正定义时，对于这个人来说，死亡就是彻底的。④ 这就好比同样的材料可组成普普通通的一幅画，也可组成"蒙娜丽莎的微笑"，只有后者的毁灭才是不可挽回的真正的毁灭。大众不死，个体则必死。西美尔如此不遗余力地强调个体，以至于卢卡奇刻薄地评价道，西美尔对个体人格的重

---

① 〔德〕西美尔：《生命直观：先验论四章》，第 84 页。
② 〔德〕海德格尔：《存在与时间》，陈嘉映、王庆节译，三联书店，2000，第 286 页。
③ 〔德〕海德格尔：《时间概念史导论》，欧东明译，商务印书馆，2009，第 437 页。
④ 〔德〕西美尔：《生命直观：先验论四章》，第 111～115 页。

视，无非为了帝国主义时代寄生的和享有特权的知识分子的利益，为了建立起一种认为"庸众"（Pöbel）毫无价值可言的尼采式贵族伦理学。他同尼采的分歧只在于：尼采是公开地、反动打手式地宣扬这种贵族主义；西美尔则满足于对"庸众"表示不屑一顾。① 卢卡奇的这一论断有着鲜明的意识形态色彩，若想到西美尔在《现在和将来的卖淫琐谈》中所表现出的对下层民众的同情，我们自然可以对卢卡奇这一观点进行反驳。但是，必须承认的是，西美尔的确强调普通大众与具备精神活力的个体之间的差距，在他看来，大众与个体之间的差异是现代文化无法逃脱的宿命，而精神与灵魂之间的区别则进一步彰显了灵魂的个体性。

三　拯救也在"我"

西美尔对现代主义趋势的解释是以对后基督教的虔诚的反思而告终的，这种虔诚表现出了一种解构主义冲动（deconstructionist impulse），因为生命自身制造出绝对的价值感，而在过去，这种价值感来自教义。他的宗教现代主义（religious modernism）寻求将信仰变成不及物概念。② 西美尔提出的不同于传统客观宗教的新的拯救观就是在这种思路中显现出来的。与基督教不同，他所谓灵魂拯救不是指某种超越死亡的状态，而是终极向往的满足、内在完善的获取。表面看起来，这种完善只有通过灵魂与上帝之间的互动才能实现，但是，正如信仰被转变成一个不及物概念一样，灵魂的拯救亦被转变成一种反求诸己的自反性拯救。对西美尔而言，灵魂拯救这一理想可能具有诸多意义，但其中具有特殊重要性的是，灵魂拯救在某种意义上只是内在的"已是"的发展或实现。我们的应然（was wir sein sollen），作为理想的现实性已经渗透在不完善的现实中。灵魂无须自外添加任何东西，相反，它需要祛除外壳，剥离迷絮，揭示此前因罪和迷惘而面目全非的自身本质的真正内核。这种理想，正如在基督教中显示的那样，尚是残缺不全的，并与其他全然有别的倾向混合在一起。灵魂拯救原初地就是最深层人格性（Persönlichkeit）的发掘，灵魂自由于一切非自我之物，根据自我法则（Gesetz des Ich）而充分绽放。这同时意就昧

---

① 〔匈〕卢卡奇：《理性的毁灭》，程志民等译，江苏教育出版社，2005，第286页。
② Deena Weinstein, Michael A. Weinstein, *Postmodern（ized）Simmel*（London：Routledge, 1993）, pp. 143 - 144.

着对上帝意志的服从。①

　　这里虽然出现了"上帝意志"这样的字眼，但是，西美尔所理解的灵魂的拯救已经是对传统基督教的拯救观的根本颠覆了：上帝在这种思路中的地位与康德的道德哲学为上帝安置的地位是一致的。康德以"反思性的信仰"反对"教义信仰"，但又声称，基督教是唯一严格意义上的道德宗教，在这种宗教中，为了有道德地行事，必须像上帝不存在或不再操心救助我们那样去行事。② 德里达怀疑，就其核心内容而言，康德的这一论题正是尼采的观点，基督教就是康德在启蒙现代性意义上宣布的"上帝之死"。③ 西美尔虽然批评康德在将生命整体分解为真正的自我（理性）与次要的自我（感性）时将二元论置入了生命自身的整体之中，但他在此所做的与康德的道德哲学所做的是相通的：人的存在不是为了上帝，相反，上帝的存在是因为且为人的。上帝的退场是主体逼迫的必然结果，因此，西美尔所设想的作为宗教的内在宗教性恰恰是"上帝死了"之后的一种人类学构思。

　　在德里达的"解构"中，亚伯拉罕说的"我在这里"（Here I am）被视为对他者之呼唤的最初的，也是唯一可能的回应，这是人对于独一他者之责任的起源时刻。天使对亚伯拉罕说："你不可在这童子身上下手，一点不可害他！现在我知道你是敬畏神（timeas Dominum）的了，因为你没有将你的儿子，就是你独生的儿子，留下不给我。"（《创世记》，22：12）神有意让亚伯拉罕体悟恐惧以及由恐惧引发的战栗，而亚伯拉罕有勇气在这个世界像一名杀人凶手一样去行动。他绝对地不负责任，正是因为他绝对地负责任。④ 德里达的这一分析延续了克尔凯郭尔的"信仰的骑士超越了普遍性的伦理义务"这一观念，凸显了绝对义务与"世界"之间必然存在的张力：在神面前的自我对世界却保持着隐秘性、缄默性与不可沟通

---

① Georg Simmel, "Die Religion," *GSG* 10, 1995, S. 98 - 99.

② 詹姆斯·利文斯顿对此评论道，我们为配得上上帝恩典而应该做的事情，但是，如果已经做了配得上上帝恩典的事情，那也实在不需要恩典了。参见〔美〕利文斯顿《现代基督教思想——从启蒙运动到第二届梵蒂冈公会议》，何光沪译，四川人民出版社，1998，第 148 页。

③ 〔法〕德里达：《解构与思想的未来》，夏可君编校，吉林人民出版社，2006，第 292 ~ 293 页。

④ Jaques Derrida, *The Gift of Death*, trans. by David Wills（Chicago & London：The University of Chicago Press, 1995），pp. 70 - 71.

性。对世界绝对地不负责任只是因为，拯救只在上帝。

　　然而，对于西美尔而言，拯救只在"我"，这也是他对费尔巴哈的宗教人类学进行批判的依据。黑格尔结束了人的各种形而上学的规定性，这些规定性仍然站在某种绝对者的立场上来规定人，而不是像费尔巴哈那样，以人类学的方式站在有限的人的有条件的立场上规定人。① 针对费尔巴哈的"宗教即人类学"宣言，西美尔提出，超越个体的形而上价值就内在于人的宗教存在本身。人的神化或神的人化都难以避免人与神的对立，但是，人能够从一开始就克服这种二元论，因为他们可在灵魂的信仰中，将其宗教存在视为超越了信仰与其对象之间关系的绝对，后者避免了主体、客体之间的对立。内在宗教性不是在保证外在于它的形而上存在或价值，相反，它自身就直接地是这种存在或价值，意味着所有的超验、深度、绝对与庄严。②

　　生命宗教性总是一种"生成"，一种"发生"，它作为高于情感冲动的存在，使得启蒙对宗教的批判完全无效，因为启蒙只是将人的信仰"对象"还原为爱、恐惧、希望等情感的产物。西美尔抛弃了超验与经验之间的相互蜕变与对峙，而将内在宗教性本身等同于超越经验的形而上存在。与《宗教社会学》中的观点相比，宗教性的起源已不再寄托于人与人的关系之中，而就是人本身的存在。因此，可以说，西美尔笔下的"人"乃是非理性/超理性的个体生命本身，而这种个体又是无神的宗教性存在。

　　西美尔在伦勃朗的宗教艺术中发现了他所说的那种作为生命本身的内在宗教性。他认为，通常而言，人们根据某种观察方式来描述人类形式中的宗教价值，无外乎人的神化或神的人化，但是，伦勃朗的宗教艺术超越了这两种选项。他的作品表现的不再是人与上帝之间的一种客观关系，而是人的内在存在，和上帝的关系正是人的内在，并因为人的内在而发生联系。因此，伦勃朗笔下的人物在最大限度上远离了所有"法则"的宗教性，只要这种法则是普遍的（正如它在支配个体的教会中所表现出来的那样）。安哲利柯（Fra Angelico）的宗教人物画像是一种超出个体的普遍，相反，伦勃朗的艺术则反映了，人们不再是在一个客观的虔诚世界中，而是在一个客观的冷漠世界中，在这个世界中，作为主体的人仍然是虔诚

----

① 〔德〕洛维特：《从黑格尔到尼采》，李秋零译，三联书店，2006，第415页。
② Georg Simmel, "Das Problem der religiösen Lage," *GSG* 14, 1996, S. 374.

的。① 西美尔的这种解释将客观宗教归入了"普遍性"一端，而将生命宗教性归入了"个体"一端，并且指出了后者是在冷漠时代保持虔诚的关键。对教会、教义的解构就是对普遍性的解构，也是对现代文化中的个体生命的宗教处境的无奈说明，但是，生命宗教性完全指向了个体独特的形而上存在。这里值得强调的是，西美尔对于艺术之拯救价值的发现与后来的海德格尔颇有相通之处。海德格尔认为，将美视为轻松享受的，无异于将艺术当作了糕点师的手艺，这是对艺术的曲解。在他看来，艺术乃是存在者之存在的敞开（Eröffnung），而一切存在者之存在则是最显象者（das Scheinendste）、最美者、最持存于自身之中者（das in sich Ständigste）。② 不过，对于艺术与主体性的关系，西美尔的看法显然与（后期）海德格尔不同。人们常常以主体性的术语来评价艺术，视之为艺术家之意志、意识或创造性的表达，相反，海德格尔则试图赋予艺术作品以自身的真理价值，他特意在《艺术作品的起源》中批判了那种主体性的态度。③

---

① Georg Simmel, "Rembrandts religiöse Kunst," *GSG* 13, 2000, S. 74 – 75.

② 〔德〕海德格尔：《形而上学导论》，第 132 页。译文根据德文版稍有改动，Martin Heidegger, *Einführung in die Metaphysik*, S. 140。

③ Allan Megill, *Prophets of Extremity*: *Nietzsche*, *Heidegger*, *Foucault*, *Derrida*（Berkeley and Los Angeles, California: University of California Press, 1985）, p. 160.

第九章 "我是我所是"的宗教人

一 作为比较的"怨恨"意识

我认为，西美尔对于宗教人或纯粹自我法则的阐释就是对于"我是我所是"的阐释，而且他的阐释具有一种少有人注意到的深层意义，即揭示了"我是我所是"与"怨恨"之间的对立。当然，西美尔并未直接使用"我是我所是"这一表述，亦未直接使用"怨恨"这一概念，但是，他对宗教人的设想不仅可以看作基督教哲学中的"我是我所是"的一种去神学化表达，而且浮现了与西方哲学"怨恨"概念的隐匿对立。就此而言，西美尔的宗教哲学中所呈现出来的"我是我所是"最终将它与"怨恨"之间的张力展现了出来。欲详细地展开这一问题，我们有必要先简单地梳理一下西方哲学史中的"怨恨"概念。

学术史上的一个常识是，"怨恨"（ressentiment）这一有着道德心理学色彩的概念是在尼采这里被提炼出来的。他认为，怀有怨恨的人即弱者，他先是臆想了"凶恶的敌人"和"恶人"，并将此作为基本概念，之后才在此出发点上继续设想了作为背后图景和对立面的"善人"，即他自己。高尚者的情况则完全相反，他预先自发地从自身设想出"好"的基本概念，并由此创造了"坏"的表象，因此，起源于高尚的"坏"是次级创造，是附带东西和补充色调，而来自专门炮制无限仇恨的器皿中的"恶"则是原型与起源，是奴隶首先的一种真正的创造行动。[①] 他的这一概念影响如此深远，以至于韦伯对犹太教的"怨恨"特征以及对新教预定论的影响的分析有着明显的尼采的影子；[②] 舍勒虽然对尼采的反基督教思想有所批评，但他对"怨恨"之人的心性结构的说明基本上没有超出尼采

---

① 〔德〕尼采：《论道德的谱系》，第 23 页。
② 〔德〕韦伯：《宗教社会学》，第 138～148 页。

所设定的框架。甚至一些国内学者也开始使用这一概念来对勘中国古典哲学中的某些概念，例如，张祥龙教授认为，"人不知而不愠"中的"愠"就可理解为舍勒所说的"怨恨"，所以，孔子强调"不愠"就是"为了避免陷入怨恨的强大机制，而使人生从根本上被定向化和道德规范化、非境域化"。①

对于尼采将基督教指为一种怨恨之创造的观点，舍勒不以为然，但他基本上接受了尼采对于怨恨的心性结构的精微分析。舍勒同意尼采的这一判断，即怨恨的主要出发点就是报复冲动，这种冲动是基于一种无能的体验（experience of impotence）。② 人由于无能而不敢表现出报复或嫉妒冲动时，就会产生一种紧张关系，从而产生怨恨。而导致最强烈的怨恨产生的嫉妒是指向他人本质的，后者的存在被指为无法承受的羞辱（unbearable humiliation）。在所有情形中，怨恨的产生与把自己与他人进行价值攀比有关。③ 怨恨的核心结构在于比较或攀比，这种比较式攀比与他人的本质存在相关。在比较式攀比中，怨恨之人意识到了他人的存在本身乃是不可承受之重。

作为一个思想主题，"怨恨"虽然是由尼采提出的，但在此之前，它在西方哲学的发展中并非无迹可寻。正如"神义论"虽然直至莱布尼茨才形成正式的概念，但在此之前，西方哲学中早有"神义论"的问题意识。若将攀比（比较）作为怨恨的核心结构，则不难发现，早在古希腊时期，诗人赫西俄德就在《工作与时日 神谱》中提到了这一主题。他认为，大地上有两种不和女神：一种应受到谴责，因为她们天性残忍，只想挑起罪恶的战争和争斗；另一种则应受到赞美，因为她们刺激怠惰者工作，使邻居们相互攀比，相互竞争，从而有益于人类。④ 善的不和女神之受赞扬与恶的不和女神之受谴责，与同一事有关，即劳作。前者使人的心集中于劳作，后者则使人的心从劳作上移开。在赫西俄德这里，《荷马史诗》着力表现的战争－勇敢主题被和平－劳作主题取代了，战争是恶的不和女神的

① 张祥龙：《从现象学到孔夫子》，商务印书馆，2011，第 241～243 页。

② Max Scheler, *Ressentiment*, trans. by Lewis B. Coser, & William W. Holdheim（Milwaukee Wisconsin：Marquette University Press, 1994），p. 30.

③ Max Scheler, *Ressentiment*, pp. 35－36.

④ 〔古希腊〕赫西俄德：《工作与时日 神谱》，张竹明、蒋平译，商务印书馆，2013，第 1～2 页。

作为。这代表一种与荷马式的贵族武士德性（the Homeric arete of the aristocratic warrior）相对照的农夫德性。[①]

但是，赫西俄德对"攀比"的解读显然是正面的，也没有直接将之与人之所是这个问题联系起来。真正在哲学上将"比较"与"存在/是"之间的对立表达出来的是苏格拉底，因此可以说，第一次触及怨恨问题的正是被尼采反复鞭尸的苏格拉底。在《斐多》中，苏格拉底明言，除了哲学家之外，所有人都是由于恐惧和害怕而变得勇敢的（*Phaedo*，68*d*）[②]，例如，有的人的勇敢就是出于对坏名声的恐惧。爱钱的人恐惧贫穷，爱荣誉的人恐惧坏名誉，而好学者的勇敢则与大多数人的理由不同（*Phaedo*，82*c* – 83*e*）。[③] 如果我们将荷马的贵族武士德性与赫西俄德的农夫德性分别对应爱荣誉的人与爱钱的人（古希腊的自由人是不用"劳作"的），则这两种德性均被苏格拉底归结为恐惧的产物。在他看来，正确的交换不应该是用较小的快乐去交换较大的快乐，而是将智慧视为唯一有效的通货。只有有了智慧，人才有真正的勇敢、明智与正义，即才有真正的美德（*Phaedo*，69*a* – 69*b*）。[④] 显然，只有爱智者的勇敢才是知识的象征：他之无惧，与变动不居且被动的世俗因素完全无关，而纯粹出自他之所"是"。爱智者之所是自发地流溢出真正的勇敢。苏格拉底这种论证的启发性在于：一般意义上的交换被归结为比较，爱钱的人与爱荣誉的人的勇敢涉及财富与贫穷、荣誉与恶名的比较与权衡，因此均是非本质性的，这也就意味着，他们的比较恰恰是受到了遮蔽的：他们尚未认识到自身之所"是"，亦未能实现自身之所"是"。或者说，他们之所"是"自然地就逊于爱智者之所"是"，从他们的"是"出发只能保证那种"交换"。这同时也表明，他们在自然等级上低于爱智者，因而对于爱智者来说，他们就是弱者。

也正是在此，我们可以发现哲学史上一个甚是吊诡的现象。尼采虽然狠狠地将"怨恨"的标签贴在了自苏格拉底以降的古希腊哲学与基督教哲学身上，但他似乎没有注意到，作为苏格拉底最激烈的批评者，他对"怨恨"的解读竟然与苏格拉底存在不可思议的相合之处。我们可以看一个例

---

① Eric Voegelin, *The Collected Works of Eric Voegelin*, Vol. 15, *Order and History*, Vol. 2, *The World of the Polis*, p. 209.

② Plato, *Plato Complete Works*, p. 59.

③ Plato, *Plato Complete Works*, pp. 72 – 73.

④ Plato, *Plato Complete Works*, p. 60.

子。苏格拉底曾经提出过一个著名的观点：德性即知识，恶即无知。最大限度地发挥他的这一观点的是希庇阿斯（Hippias）之疑。希庇阿斯感到难以理解的是：为什么有意地做不正义的事情的人比那些不知道自己做了不正义的事情的人要好，法律对前者不是应该比对后者更严厉吗？苏格拉底的观点是，拥有知识与权能（power）的灵魂必然要更正义，而越无知，就越不正义。更强大与更好的灵魂在做不正义的事情的时候是自愿的，不好的灵魂则不是自愿的，好人就是有着好的灵魂的人，坏人则是有着坏的灵魂的人，所以，那些自愿地偏移目标，做出不正义的事情的人只可能是好人。他特意举了一个非常有名的例子，即能够跑得快却自愿跑不快的人比非自愿跑不快的人要好。之所以如此，是因为自愿做不好的事情的人"不为也，非不能也"，而非自愿之人则是"诚不能也"（《孟子·梁惠王上》）。与此相似的是，尼采毒辣地将善人称为弱者，并将善人之善浓缩为一句话："真的，我时常嘲笑那些弱者，他们因为跛足而自以为善！"①　弱者之弱非不为也，诚不能也，这种弱实乃其能力所限，而非自愿的选择。以尼采的观点反观苏格拉底的观点，后者无非在说：正如跛足者并非自愿地跑不快一样，无知者也是因为能力所限而不能做出正义的事情。既然"非不能也"之人比"诚不能也"之人要好，这就意味着，有知识与权能的人即有正义。进一步来说，苏格拉底与尼采都坚持，强者即正义，虽然他们对强者的理解可能有所不同。

尼采试图让"生命"来造反逻各斯，让狄奥尼索斯来造反被钉十字架者，让生成世界来造反存在世界。在他眼中，"怨恨"的古希腊哲学与基督教哲学无异于一种价值的颠覆，而他的重估则要彻底颠覆这种颠覆，然而，他的"怨恨"想要突出的"比较"或"攀比"却不能说是古代的，因为古代哲学为不平等提供了超验的本体论基础，因此限制了比较或攀比的作用。考虑到"知识"与"存在/是"、"无知"与"非存在/非是"在古代哲学中的联系，人与人之间的不平等就被提供了一种本体论依据。基督教亦是如此，作为造物主的上帝与作为被造物的存在者的区分是基督教中的一个核心区分，这种区分是古希腊哲学中的存在与存在者之区分的神学版本。存在者在等级上的划分要么是合乎自然的，要么是合乎神意的，都有一种深沉的本体论基础，因而是合乎逻各斯的"不平等"。这种不平

---

① 〔德〕尼采：《查拉图斯特拉如是说》，孙周兴译，上海人民出版社，2009，第150页。

等在古希腊哲学中可表现为爱智、爱名与爱财之人（理想国中的三个等级）的分别，在基督教中则可表现为属灵阶层与平信徒之间的分别。① 即人与人之间在社会－政治层面上的不平等被视为合理的，因此，比较或攀比被最大限度地防范与遏止了。

据笔者的有限所见，真正直接而明确地提出攀比（作为怨恨的核心结构）这一论题的是卢梭。卢梭将自爱心与自尊心之间的对立归结为自然与人为的对立。他认为，自爱心是一种自然的情感，在人类这里，它将通过理性的引导和怜悯心的节制而产生仁慈和美德；自尊心是一种相对的情感，它是人为的，使每一个人都把自己看得比他人为重，并成为荣誉心的真正源泉。也就是说，对于卢梭来说，古希腊人念兹在兹的荣誉心只是出于攀比而产生的自尊心而已。在真正的自然状态中，自尊心是不存在的，因为每一个人都把自己看成观察其自身的唯一的观察者，是宇宙中关心自己的唯一存在物，是自己才能的唯一评判人，因此，以互相比较为根源的自尊心在他的心灵中是不可能萌芽的。② 野蛮人过自己的生活，文明人对自己生活的感受却是以别人的看法为依据的。③ 走向人与人之间的不平等，就是走向罪恶的深渊的第一步，就是人们之间的攀比。在卢梭这里，人与人之间不平等现象与"攀比"的关联是显而易见的。

到了康德，"比较"亦得到了关注。他将"人性的禀赋"归在"比较性自爱"的名目之下，即自己的幸福，来自与他人的比较。康德区分了

---

① 在封建时代，教会的土地经常变成采邑/封地（fiefs），因为主教与修道院院长也需要封臣（vassals）。君主要求教士提供军事服务，以此来利用教会土地上的战士。第一个封建世纪（即 11 世纪）见证了由教士表述的一种社会理念的支配地位，即世界划分为三个等级：战斗的武士阶层，祈祷的教士阶层与耕种的农民。这三种"自然的等级"取代了基督教世界中更古老的将人们划分为教士与平信徒的做法，前者为人们祷告，施行圣事，后者则有义务供奉与保护教士。甚至在 10 世纪初叶，三个等级的观念已经不足以描述现实世界了，在这个世界中，女性在祷告与耕种，商人与小城市总是举足轻重。从领主阶层来看，他们才是最重要的阶层。他们的捐赠与剑保护和教会，并领导着十字军。11 世纪的封建革命使得西欧的乡村大多兴起了领主政体。皇帝可能是弱小的，他们不再有国库或任何可靠的税收来维持军队，而是需要封臣或钱币来雇用战士。Steven A. Epstein, *An Economic and Social History of Later Medieval Europe*, *1000 – 1500*（Cambridge, New York：Cambridge University Press, 2009），pp. 58 – 59。亦可参见 Jacques Le Goff, *Time*, *Work*, *and Culture in the Middle Ages*, trans. by Arthur, Goldhammer（Chicago, London：The University of Chicago Press, 1980），pp. 53 – 57。

② 〔法〕卢梭：《人与人之间不平等的起因和基础》，李平沤译，商务印书馆，2007，第 155 页。

③ 〔法〕卢梭：《人与人之间不平等的起因和基础》，第 119 页，亦可参见第 91 页。

"动物性的禀赋"与"人格性的禀赋",前者是自然的,后者是道德的,而"人性的禀赋"则处于中间地位,它既不是完全受制于自然规律,也不是作为真正的人(理知世界的自我立法者)而完全独立于感性世界,而是在与他人的比较中获得一种确定性。康德认为,由这种比较性的自爱产生出一种偏好,即在他人的看法中获得一种价值,而且最初仅仅是平等的价值,即不允许别人对自己占有任何优势,总是担忧别人会追求这种优势,最终产生一种不正当的欲求,即谋求自己对他人的优势。① 难怪舍勒犀利地指出,康德如果没有接受霍布斯对人性的预设,就没有必要去设定一个对此混乱进行构形的实践理性了。康德的先天论是对所有作为"混乱"的"被给予之物",也就是对在外的世界与在内的本性的恐惧。对世界之恨就是导致将先天论与关于"构形的""立法的"知性的学说,或者说,与关于使本能成为有序的"理性意志"的学说联结在一起的心理学原因。② 在这里,世界成了需要加以支配、加以控制的东西。

现代哲学摧毁了古代的形而上学,人与人之间的不平等原有的本体论基础已经丧失殆尽,人与人之间的平等成为不言自明的共识,"比较"终于摆脱了以往的束缚而获得了前所未有的正当性。怨恨之人对自身的否定性判断驱使他们去拆除价值的客观性,而唯有在与他人的比较中才能勉强获得一种价值确定性。

二　"我是我所是"的宗教人

笔者之所以试图将西美尔的宗教哲学置于怨恨的观念史中来做出进一步阐释,不仅是因为西美尔将"比较"的现象纳入了视野,而且是因为他将"比较"与"存在/是"联系了起来。

如前所述,西美尔反复论及货币之于现代文化的重要意义,但他从未将现代文化视为一种总体性的货币文化。19 世纪的德国历史学家将德国的 14、15 世纪标示为"平民"的时代,西美尔认为,这种说法指的正是新兴的货币经济状态,其载体则是与古典的贵族政体相对立的城市。城市之间的贫富不均不可能如乡村的地产那样造成等级分明的界限,对货币的

---

① 〔德〕康德:《纯然理性限度内的宗教》,李秋零译,中国人民大学出版社,2011,第12 页。

② 〔德〕舍勒:《伦理学中的形式主义与质料的价值伦理学》,倪梁康译,三联书店,2004,第 80 ~ 81 页。

占有在量上的无限攀升，能够使阶层之间实现互流，从而消除了贵族阶层的确定性。① 这是从货币出发对新的社会形态的解释。随着货币日益成为社会交换的主导媒介，过去的阶层壁垒被打破。更重要的是，货币本身既作为绝对手段，又作为绝对目的将所有不同的价值都等同了起来，这使传统哲学为阶层之间的等级分殊所设立的形而上学基础在心理上进一步瓦解。货币将一切价值都转化为可计算的东西，而可计算性就是可比较性。在此意义上，西美尔对现代文化中的货币的说明就是对孕育出现代人的比较或攀比特性的历史－文化语境的说明。这样的时代就是怨恨气质占主导地位的时代，因为防范攀比的形而上学机制与社会机制都已经解体了，阶层之确定性的丧失与流动性的增强，交换关系的货币化，比较的合理化，这些无非同一历史过程的不同但相关的表现，人们不再从某种客观的宇宙秩序中获得地位上的确定性，而不得不借助与他人的比较来获得相对的确定性。

　　在这种文化中，"是"与"有"之间的对立出现了。西美尔指出，如果我们将在交易中给出的归入"是"（Sein），获得的归入"有"（Haben），那么就间接地表达了：我们用渗透了整个生命的价值感交换了一个较为直接、短暂和急需的价值感。② 他对卖淫、买卖婚姻等现象的分析都是从这个角度来进行的：恒久的价值被短暂的价值所取代，"是"被"有"取代。传统的本体论已经被现代哲学撕裂，传统的客观宗教也随着启蒙理性的攻城拔寨而节节败退，但正是在这样的时代中，西美尔看到了一种截然不同的趋向，即高贵的理想（Vornehmheitideal）。这种理想呈现出来的不是比较之"有"，而是个体生命之"是"。利柏森认为，西美尔为现代社会中的联合提供了两条途径：一是成为终极目标的货币，二是高贵的理想。③ 货币是价值的夷平化过程与大众化过程的催化剂，而高贵的理想则驻足于个体生命本身，守护个体本身所固有的最本己的可能性，它不是在与他人的比较中获得自我价值感，而是自发地出于、通过且为了自身之所是的生生不息的动态事件。按照西美尔的看法，高贵（Vornehmheit）表征的是差别的情感（它以比较为基础）与对任何比较高傲拒绝的全然独特的融合。它一方面强调的是对交换的积极拒斥（Ausschluß des Verwechselwer-

①　Simmel, *Philosophie des Geldes*, GSG 6, 1989, S. 535 – 537.

②　Simmel, *Philosophie des Geldes*, GSG 6, 1989, S. 534.

③　Harry Liebersohn, *Fate and Utopia in German Sociology*, *1870 – 1923*, p. 154.

dens），因为交换将取消差别，将一切事物都建立在一致的基础上；另一方面，它的本质是在与他人的关系中得到体现的。

西美尔强调高贵，目的是突出个体生命之存在本身的独特性。[①] 此处值得一提的是，舍勒在对尼采的怨恨观念进行批判时，特意论及了西美尔。他将西美尔所说的"高贵者"理解为"拒绝将自身与任何其他人进行比较"的人，并承认，西美尔有其正确之处。在他看来，西美尔所说的"高贵"的心态的特质在于，价值的比较——在与他人的比较中来衡量自身的价值——从来就不是把握"我"与他人之价值的基本前提。高贵者具有自我价值感，且原本地指向其本质与存在自身，怨恨之人则只能在与他人价值的比较中来把握自身价值，他们必定自己去挣得存在和价值，必定自己去通过成就来证明自己，"在他们身上具有的不是对世界及其充实的爱，而是操心——操心该怎么了结'充满敌意的世界'，操心怎么从数量上'规定'世界、根据目的安排和塑造世界"。[②] 舍勒的这一解释无异于以最直接的方式为我们展示了西美尔笔下的高贵之人与怨恨之人的根本对立，也就为我们展示了"我是我所是"对价值攀比的自发排斥。

众所周知，在《旧约》里，上帝对摩西说："我是我所是。"（I am who I am）又说："你要对以色列人这样说，那自是者（He who is）打发我到你们这里来。"（《出埃及记》3∶14）"我是"是先知宣讲的中心线索，表现了基督教的上帝和诸神的较量，也表达了这一意义，即在没有持久性的现象世界的废墟中，上帝是（存在）。[③] 在基督教的哲学传统中，奥古斯丁证明，只有上帝可被恰当地称为"是/存在"本身，且其存在与实存是一回事。阿奎那亦证明，在上帝中，本质与存在是同一的。在中世纪的经院哲学中，运动在一个存在者中的出现即意味着该存在者在现实性上的欠缺，意味着屈服于变化的存在者的存在本身即是彻底的偶然，存在与本质的区分不仅表明，除了上帝之外的一切都可以变成它现在所是以外的其他东西，而且意味着除了上帝之外的一切都可能不存在，相比之下，亚里士多德缺乏的正是"我是我所是"（*Ego sum qui sum*）这一观念，而

①　此处可对比西美尔对尼采的个体观的解读，参见〔德〕西美尔《叔本华与尼采》，第151页以下。

②　《舍勒选集》（下卷），第1211页。

③　〔德〕拉辛格：《基督教导论》，静也译，雷立柏校，上海三联书店，2002，第90页。

黑格尔的"精神"恰恰是在运动中显现与证明自身的全部现实性的。①

西美尔继承了黑格尔的这种思路，他没有像传统的形而上学那样提出一个没有过程的存在（ens），而是从存在的具体的现实性与能动性出发对"我是我所是"做出了一种生命哲学的诠释，只不过这种诠释是对基督教的上帝观念一种哲学上的调侃，因为现在试图说出"我是我说是"的是后基督教时代的人，即宗教人。

我们在前面已经证明，西美尔理解的灵魂拯救实际上根本不需要上帝，他的上帝是为了人而存在的，而不是相反。作为价值的解放或祛神秘化（Entzauberung/demystification）的灵魂拯救，其意义是灵魂本身所固有的，只是与外在的、不纯粹与偶然之物混合到了一起。② 西美尔的推论是这样的：宗教的目的是灵魂拯救，灵魂拯救是对我们"应然"的实现，而应然已经内在于不完满的现实之中，我们要做的就是灵魂的去蔽。这种内在的超越实质上悬置了任何外在之物，上帝是否存在根本是无关紧要的。我之所是不再系于任何外在超验的存在者，而只是我本身所固有的东西。他的个体伦理学无疑具有生命哲学的烙印，而对这种个体伦理学进行阐发的出发点就是，特殊的应然就内在于每一个体之中，前者必须作为个体性的构成部分而无须作为超越于个体的某种东西来把握。③ 他所说的灵魂拯救实质上就是对人格性，即灵魂之统一性的发掘，是纯粹自我法则的自我实现，是"我是我所是"。

在《现代文化的冲突》中，西美尔指出，作为无所不包的生命过程的每一次直接脉搏，内在的宗教性是一种存在（Sein），而非拥有（Haben）；是一种虔诚，一种生命存在的方式。这种宗教性不再能经由外在之物而满足，它从某种深度中寻求连续的生命。在这种深度中，生命尚未分离为需要与满足，因此，不需要对象，即不需要外在形式。人们可用一个明显的吊诡来说明这种内在宗教性：灵魂能证明自己的信仰品质，只要它摆脱了

---

① 〔法〕吉尔松：《中世纪哲学精神》，第 70～72 页。

② Georg Simmel，"Die Religion，" GSG 10，1995，S. 99. 此处可对照《灵魂的拯救》（Vom Heil der Seele）一文。在该文中，西美尔阐述了同样的思想：自我的纯粹形式，即自我的应然状态，作为一种理想的现实已然充斥于存在的不完满现实。Georg Simmel，"Vom Heil der Seele，" GSG 7，1995，S. 110 - 111。

③ Friedrich Pohlmann，*Individualität，Geld und Rationalität：Georg Simmel zwischen Karl Marx und Max Weber*（Stuttgart：Ferdinand Enke Verlag，1987），S. 39.

对任何特定内容的信仰。① "有"与"是"的对立就是两种人的对立：大众固守着对教义的信仰，他们是"有"（haben）宗教；对于宗教人而言，其生命的内在形式超越了所有可能的内容，成为一种"超出生命"（über‑Leben）②，宗教人的"宗教"祛除了实质性（Substanzialität）以及与超越内容的牵绊，而返回或发展生命自身及其所有内容的一种内在形式（die inner Form）。③ 他们不仅将宗教作为所有（Besitz）或所能（Können），而且他们的存在就是宗教性的。他们以宗教的方式生存，正如我们的肉体以"有机"的方式运作。④ 也就是说，宗教人本身就宗教性地"是/存在"，相比之下，大众所"有"的宗教则仍然是传统的客观宗教。这当中反映出来的仍然是非对象化的、作为个体生命本身的宗教与对象化的客观宗教之间的区别。

颇具意味的是，西美尔对"有"与"是"的区分在后来的海德格尔这里得到了重申，只不过后者言述的不是宗教性，而是西美尔所说的人的肉身存在：

> 我们不可这样来区分，仿佛楼下居住着身体状况，而楼上居住着感情。作为自我感受的感情恰恰就是我们身体性存在的方式。身体性存在（leiblich sein）并不意味着：在心灵上还有一种负担，即所谓身体；而不如说，在自我感受中，身体自始就已经被扣留在我们自身之中了，而且，身体在其身体状态中充溢着我们自身。……我们并非"拥有"（haben）一个身体，而毋宁说，我们身体性地"存在"（sind）。……我们并非首先"生活着"，尔后还具有一个装备，即所谓的身体；而毋宁说，我们通过我们的肉身存在而生活着。这种肉身存在（Leiben）本质上不同于仅仅带有一个机体。我们从关于身体以及肉身存在方式的自然科学中所认识的大多数东西乃是一些断言，在那里，身体事先被曲解为一个单纯的自然物体了。……每一种感情都是一种具有这样或那样的情调的肉身存在，都是一种如此这般肉身地存在着的情调。陶醉是一种感情，而且，肉身地存在的心情的统一性

---

① Georg Simmel, "Der Konflikt der modernen Kultur," *GSG* 16, 1999, S. 203–204.

② Georg Simmel, "Das Problem der religiösen Lage," *GSG* 14, 1996, S. 382.

③ Georg Simmel, "Das Problem der religiösen Lage," *GSG* 14, 1996, S. 380.

④ Georg Simmel, "Das Problem der religiösen Lage," *GSG* 14, 1996, S. 370.

愈是本质性地占据支配地位，则陶醉就愈加地地道道是一种感情。对于一个十足的醉汉，我们只能说：他"有"了一种陶醉。但他并不是（ist）真的陶醉了。在这里，陶醉并非人们在其中寓于自身而超出自身的状态，而不如说，我们这里所谓陶醉，用通常的表达来讲，只不过一种"酩酊大醉"（Besoffenheit），它恰恰剥夺了我们的一切可能的存在状态。①

正如海德格尔的人不是"有"肉身存在，而是身体性地"是"，西美尔的宗教人也不是"有"宗教，而是宗教性地"是"。宗教人所宣称的实质上正是基督教的上帝所宣称的"我是我所是"的世俗化版本②，他不是首先"生活着"，然后信仰了某种宗教，相反，从理论上来讲，他的信仰完全不需要任何对象化，他的灵魂之所以能证明自己的信仰本质，正在于他摆脱了对任何特定内容、特定对象（如上帝）的信仰。宗教人就是西美尔所说的高贵理想的宗教表达，他本身就是"我是我所是"的自我展示，完全不知道怨恨，因为对他来说，生存本身就是对自身所是的自发绽出，根本无须在与他人的比较或攀比中获得自我价值的确定性。西美尔的宗教人不是"去怨恨之人"，也不是"反怨恨之人"，因为"去"或者"反"总是意味着某种现成的对象立于宗教人之前，有待他去拨乱反正。宗教人只是他之所是，在自身与自身的动态统一中显现。

三　宗教人是否可能：人格性与回忆

但是，宗教人是否可能？由于宗教人所追求的就是内在宗教性本身，所以，这一问题可以合理地被转化为另一问题，即内在宗教性能否直接地表达自身。在这一问题上，西美尔后退了，他怀疑宗教是否真的最终都不需要一个对象。他在最初的《宗教社会学》中已经指明，宗教法则总是不可避免地混杂着其他的世俗因素，而宗教性作为形式范畴在萌生、初级阶段会与其他的形式、内容混合在一起。到了学术生涯后期，他同样认为，正如不存在纯粹的客观宗教一样，主体宗教性亦不可能以全然纯粹的形式得到实

---

① 〔德〕海德格尔：《尼采》（上），第 116 ~ 118 页。
② 当然，根据海德格尔的看法，所谓上帝即存在这样的等式实际上将上帝变成了一个纯粹本体论的概念，上帝也因此被称为 *ens perfectissimum*（完满的存在者）。在这一规定中，完全不包含任何宗教的特征。可参见〔德〕海德格尔《时间概念史导论》，第 235 页。

现。毋宁说，每一种形式都与另一形式发生着具体的混合，但是，假如宗教性可以纯粹形式地实现，那么，它只能在生命过程中实现。① 他对"内在宗教性能否在生命中得以纯粹的实现"亦持比较犹疑的态度。确切而言，生命试图在超越一切外在形式的赤裸裸的直接性中确定与显示自身，但这是无法实现的。由生命规定的知识、意愿与形态，只能以新形式代替旧形式，却无法以生命代替外在形式。这也意味着，内在宗教性最终不得不以某种外在形式（如客观宗教）来显示自身，这实质上又取消了宗教人的现实可能性，而承认了客观宗教的现实合理性。

灵魂的拯救在"我"，也就是在自我法则的实现，这实际上涉及另一个重要概念，即人格性。也正是从这一概念来看，宗教人的不可能性反而更彻底地显示了出来。西美尔将"人格性"视为灵魂的统一，并认为，在客观精神战胜了主观精神的现代语境中，人们已无力将人格性的统一性实现到产品中去。在他后期的论著中，《上帝的人格性》（*Die Persönlichkeit Gottes*）、《宗教的地位问题》（*Das Problem der religiösen Lage*）、《生命直观：先验论四章》（*Lebensanschauung*）等集中反映了他对人格性问题的思考，也标志着其宗教思想的成熟。其中，1911 年发表的《上帝的人格性》被誉为西美尔宗教论著中"在理智上最有启发性的"②，可以说，它对"人格性"概念做了最为具体，也最为深入的阐释。

从现代哲学的发展来看，休谟与康德对于人格性的讨论构成了西美尔的人格性概念的一个重要背景，黑格尔对于同一律的省察也为西美尔的人格性概念所吸收。休谟不仅抛弃了作为实体的灵魂观念，还对人格同一性提出了质疑。他认为，我们归之于心灵的同一性并不足以使不同的知觉合并为一体。相反，如果我们坚持假设诸知觉结合于某种同一性，那么，就必须回答这一问题：在声称一个人格的同一性时，我们究竟是观察到了他的各个知觉之间的真正结合，还是只感觉到我们对这些知觉所形成的观念的结合。他的看法是，由于人的知性在对象之间永远观察不到任何实在的联系，甚至因果联系也无非观念之间的习惯性联系，所以，人格的同一性不是诸知觉的结合，而是知觉的一种性质。③ 他将人格的同一性归于观念

① Georg Simmel，"Rembrandts religiöse Kunst，"*GSG* 13，2000，S. 71.
② A. Javier Trevino，"On Durkheim's Religion and Simmel's 'Religiosity'，"*Journal for Scientific Study of Religion* 37（1998）：194.
③ 〔英〕休谟：《人性论》（上），关文运译，商务印书馆，2014，第 286 页。

之间的联系，否认了人格同一性的客观性。正如胡塞尔指出的那样，休谟否定了作为精神实体的自我中存在一种统一的原则，因此就抹掉了作为全部心灵体验之基础的统一，自我被看作各式各样的、彼此相随的感知。①

　　休谟对于人格同一性的质疑成为康德哲学必须面对的一个问题：如果没有主体的同一性，则客体概念的同一性如何得到保证。康德试图以自我意识的先验统一来保证主体的同一性：纯粹统觉或本源的统觉产生出"我思"表象，而直观的一切杂多与"我思"有一种必然的关系，统觉的先验统一性成为一切表象的可能性的必要条件，它使得一切在直观中被给予的杂多均结合在一个客体概念中。② 这一点在康德对先验心理学的第三个谬误推理，即在对灵魂的人格性的批判中清晰地显示了出来。从思辨理性的角度来看，实在的自我如同自在之物一样是不可知的，康德所说的人格同一性不同于我通过内感观表象出来的"我"，它是先验的人格性，是一切经验性的意识活动的逻辑前提。由此，困扰着休谟的人格同一性问题就在认识论上得到了解决。③

　　但是，康德把理性的无条件性归结为纯粹抽象的、排斥任何区别的自我同一性的做法遭到了黑格尔的批评。他认为，康德未能意识到，灵魂一方面固然具有自我同一性，另一方面却是能动的，自己区别自己的，而不是死的。④ 黑格尔的这一观点亦有助于我们理解西美尔为何更强调统一性，

---

① 〔德〕胡塞尔：《第一哲学》（上），王炳文译，商务印书馆，2010，第213～214页。

② 〔德〕康德：《纯粹理性批判》，邓晓芒译，杨祖陶校，人民出版社，2010，第91页。

③ 这里需要强调的一个问题是，在康德这里，灵魂的人格性主要是实践意义上的。他所理解的人更像二元论式的：在感官世界中，人是在时间之中持存着的存在者，服从于自然的他律；在理知世界中，人是自由的存在者，服从于道德的自律。作为理知世界的成员，只有凭借人格性，包括人在内的有理性的存在者才是自在的目的本身，而人格性即意味着摆脱了整个自然的机械作用的自由和独立。对于康德来说，纯粹实践理性的实践法则是被先天地表象为定言的实践命题，它从根本上就不是来指导或规范被欲求的结果借以可能的行动，因为如此一来，实践规则就变成以身体上的东西为条件了。在意志所服从的经验的自然中，规律只是病理学上的，也就是身体性的规律（〔德〕康德：《实践理性批判》，邓晓芒译，杨祖陶校，人民出版社，2010，第55～58页）。身体性的规律与灵魂的人格性的法则之间的区别在于：前者是客体来规定意志的那些表象，后者则是意志来规定这些客体。职是之故，从纯粹实践理性的角度而言，康德所说的人格性与感官世界，与身体没有任何关系。当他将神圣性——意志与道德律的合一——视为任何在感官世界的理性存在者在其存在的任何时刻都不可能达到的目标，并将"灵魂"不朽作为纯粹实践理性的悬设时，这种人格性之完全无关于"身体"的特点就再明显不过了。亦可对照康德在《纯然理性限度内的宗教》中的相关论述，第11～13页。

④ 〔德〕黑格尔：《小逻辑》，第127～131页。

而不是同一性。用海德格尔的话来说，在同一性（Identität）中有一种
"与"（mit）的关系，也就是有一种中介、一种关联、一种综合：进入一
种统一性（Einheit）中的统一过程。通过费希特、谢林、黑格尔，这种关
系为自己创建了一个住所（eine Unterkunft）。在同一律 "A 是 A" 的
"是"（ist）中，存在者之为存在者就包含同一性，即与自身的统一性。①
西美尔就站在这些巨人的肩膀之上，他将灵魂视为人的肉身存在的统一
性，这是一种比有机体更高的统一性。根据他的看法，有机体乃是肉身此
在的一个片断，其中各个部分都处于紧密的互动之中，它们比我们称为
"无机" 的元素的任何结合都要紧密（这种说法很容易让人想到黑格尔在
《精神现象学》中论及的有机体的内在统一）。西美尔认为，"生命" 在一
个整体的范围内循环，其中，每一部分均由其他部分决定，这种动态的内
在联系我们称之为 "统一"。在整体中，肉身机体的元素相互决定彼此的
功能和形式，但这种整体性并不完全，因为肉身机体与环境处于持续不断
的交换关系中，在这一交换关系中，它显明自身，被容纳进一个更大的整
全（Ganze）之中，因此，严格而言，它不能被视为一个统一，也就是说，
它不能被视为一个可以通过各个部分的关系完全把握的自足整体。② 肉身
机体与世界的交换关系使它不可能成为一个无假于外的自足整体，灵魂则
不然，它无须自外添加任何东西，相反，它需要祛除一切外壳，自由于一
切非自我之物。西美尔由此引出了一个论断：灵魂有着比身体更高的统
一性。

在此基础上，西美尔进一步提出，灵魂的统一性即人格性，灵魂的拯
救就是对人之人格性的显现，也就是对灵魂的统一性的追求。然而，西美
尔不是像奥古斯丁那样通过否定上帝面前的 "我" 来建立一个真正完整的
"我"，而是扎扎实实地将 "我" 建立在一个无须上帝的 "我" 之中，在
此意义上，西美尔倒是彻底的佩拉纠主义者（又译伯拉纠主义者或贝拉基
主义者）。他指出，人格性是由人在时间中的 "回忆"（Erinnerung）来保
证的。他认为，在肉身中显现的有意识的灵魂，其内容所展示出来的关联
性以及相互之间的制约性要远远高于肉身的统一性，这是由精神与肉身的
根本差异引起的。在肉身中，原因消失于结果；这个出现了，那个就会被

---

① 〔德〕海德格尔：《同一与差异》，第 29～30 页。Martin Heidegger, *Identität und Differenz*,
S. 34–35。

② Georg Simmel, "Die Persönlichkeit Gottes," *GSG* 12, 2001, S. 351.

替代，且会变得无关紧要，以致从结果来推导原因时甚至不可能有什么确定性。这种因果关系亦存在精神中，但除此之外，精神还有一种我们称之为"回忆"的方式。此处，西美尔虽然提及"精神"，但他紧接着就说，正是回忆保证了"灵魂"的统一性，即人格性。它意味着，过去的事件不仅是肉身式的因果关系意义上的原因，而且在内容上，它可以保持自身形态上的同一性（Identität），作为后来的事件而再现。① 西美尔的深刻之处在于，他以"回忆"来保证人格性，从而将一种对人的生存时间及生命的现象学理解引入了生命哲学之中。这也使他所理解的人格性不再是康德所构想的先验主体，而是尚未完成的事件，这种思想也影响了后来的舍勒对人格/位格（person）的现象学诠释。②

西美尔指明，在回忆中，不但现在受过去影响，而且过去受现在影响。单维向前的事件的因果性将成为内在于灵魂 – 生命中的一种互动（Wechselwirkung），因为我们在这种生命中仍将过去作为同一的、持续的回忆内容（Erinnerungsinhalt），以致在此出现了一种表面上的吊诡，即不但过去影响现在，现在亦影响过去。意识状态的总体图景出自互动，或者说，出自过去的表象——它在某种程度上表征着我们迄今为止的整个生命——与当下正在产生着的表象之间的互动。因此，我们的意识中有一种互动，也有一种有机 – 人格的统一（die organisch – personde Einheit），后者在整体性上远远高于我们肉身的本质。③ 可以看到，西美尔所理解的人格性是活生生的个体生命的内在形式，是不断生成的动态"过程"，既不是僵死的、固定的状态，也不是抽象的、单纯的实体，因为以某种方式超越于我们意识的心理元素永远处于持续的互动之中，并以此将自身融合为我们称为"人格性"的统一体。也就是说，人格并非一个单一的、不变的中心，而是一种相互渗透（Sich – Durchringen），一种传动，一种相互关联（Sich – Beziehen），一种在所有表象内容范围内的相互融合（Sich – Verschmelzen）。孤立观察到的生命元素似乎是没有定位，没有中断的，但人格与它们不同，它成为一种事件（Geschehen），我们以所有元素之间的互动的形式符号来描述这种事件。④ 对于个体生命而言，人格永远是未完

---

① Georg Simmel, "Die Persönlichkeit Gottes," *GSG* 12, 2001, S. 351 –352.

② 可对照舍勒对于"懊悔"的解释，参见《舍勒选集》（下卷），第 680～682 页。

③ Georg Simmel, "Die Persönlichkeit Gottes," *GSG* 12, 2001, S. 353.

④ Georg Simmel, "Die Persönlichkeit Gottes," *GSG* 12, 2001, S. 354 –355.

成的，也永远是可改变的，它的连续性、流动性使得"现实性＝现在、非现实性＝过去与未来"的等式失去了效力：生命即不断地生成。

　　从"人格性"这一概念出发，宗教人之所以不可能，是因为宗教人的"我是我所是"实质上就是对人格性之统一性的表达，人格性永远是在生成中而未完成的非实体性事件，因此，纯粹的"我是我所是"实际上是不可能在人这里实现的。西美尔极为强调这一点，在他这里，人格永远是不完整的。正如我们将肉身编织进外在世界一样，我们亦将心灵编织进外在世界；正如很难说我们的肉身符合纯粹的有机体概念一样，亦很难说我们的灵魂符合纯粹的人格概念。就此而言，人格的意涵只是一个理念（eine Idee），一个范畴，没有任何经验的个体能够完全符合它。① 西美尔指出，我们的此在有一种时间过程作为其形式，它必须"回忆"以使其内容进入一种总是片断式的互动之中，这一事实使得内容的统一成为不可能，而我们恰恰是凭借这种统一成为绝对意义上的人格的。由此，正如康德仅仅在耶稣身上发现了本体之人的原型一样，西美尔最终也只是将人格性的完满实现放在了上帝身上。他认为，有机体的理念只可能在唯一的表象中完全实现自身，即世界整体（Weltganzen）的表象，根据世界整体这一概念，没有任何事物外在于它，也没有任何事物能够突破世界诸元素之间的互动；同样，上帝概念只能在人格中得到真正的实现，因为上帝不知道人－时间之形式的回忆，这种回忆总是包含自身的对立物，即遗忘（Vergessen）。然而，对上帝来说，不存在过去，其存在的整体性与统一性（Ganzheit und Einheit）不会落入时间牵引的碎片与裂缝中。上帝超越时间的限制，这就是他的形式，正是在这种形式中，其绝对的人格－存在（Perönlich－Sein）才成为可能。人的此在绝非统一，因为他在时间中，并只能通过回忆来联结各个时刻，从而无法成为完全的、真正的人格－存在。② 完全的、真正的人格－存在唯有在上帝这个概念上获得满足，西美尔绕了一个大圈子，最后还是将"我是我所是"的特权还给了上帝。

　　在《生命的矛盾与宗教》中，西美尔提到，上帝不能由理性，亦无须理性来证明，因为它只是灵魂与我们存在之间的情绪关系的反映。所有神秘主义的意义就在于，人们能够从多元的现象背后感知到它们存在

① Georg Simmel, "Die Persönlichkeit Gottes," *GSG* 12, 2001, S. 355.
② Georg Simmel, "Die Persönlichkeit Gottes," *GSG* 12, 2001, S. 356.

的统一，这种统一不是被给予我们的，而是直接内在于我们自身的，因为只有我们自己的灵魂才能将多元与相互疏远的事物统一至一个统一状态中。我们将世界图景的片断与矛盾全部归于一个无所不包的，共同的起源，但是，对世界图景的统一仍然只是宗教的次要功能。它更为本质的功能，尤其对现代人而言，是对内在生命的矛盾（Gegensätze des inneren Lebens）进行统一。在一神论与泛神论的神秘主义中，分离的世界元素在上帝那找到了它们的交错与和解方式，同样，内在于灵魂的对立在宗教行为中达到了和平，扬弃了矛盾。① 在这种统一中，生命的碎片被统一为整体，但是，正如真正的人格－存在只能在上帝身上得到完满的实现，真正的人格性之统一亦只能在上帝这里实现，对于人来说，它似乎就像康德所说的"纯善"与"至善"一样，可望而不可即。

　　因此，对于西美尔来说，生命并不是一种静态的存在，而是永远经历着一种二元论式的张力与冲突，这是我们必须面对而无力解决的。个体－社会与个体－上帝关系是生命自身张力在不同层面上的表现。个体与社会关系以及个体与上帝关系中的约束与自由，仅仅是自我生命情感（Lebensgefühl des Ich）所面临的同一问题在社会与宗教层面上的不同表现，它们是同一二元论的两种形态与表达，这种二元论自其终极根基处决定着我们的灵魂与命运。② 即形式与生命、约束与自由这样的冲突决定我们在社会与宗教层面上的命运。

　　综上所述，西美尔在灵魂与人格性问题上的探索充分吸收与继承了黑格尔、叔本华、尼采与柏格森的哲学，影响了后来的舍勒与海德格尔对相关问题的思考。他在身体与灵魂、灵魂与人格性的关系中，对灵魂做了多维的说明，将灵魂的统一性视为直接内在于我们自身的本质作用，进而以回忆阐发了人格性的时间性与未完成性。但是，人格性的自我法则必然无法直接地实现自身，而只能脱离原初的同一性状态，以精神的方式与生命自身相对立，由此，真正的人格－存在只能作为理念而存在，"我是我所是"的宗教人亦然。

---

　　① Simmel，"Die Gegensätze des Lebens und die Religion ，" GSG 7，1995，S. 294 – 295.
　　② Simmel，"Die Religion，" GSG 10，1995，S. 88.

结　语

尼采曾将僧侣价值方式的前提归结为"憎恨一切与战争有关的东西"，而将贵族的价值判断的前提归结为战争、狩猎、冒险、竞赛等行为。[①] 验之于西方历史，他的这种区分并非无的放矢。在古希腊传统中，战争的确是一个频频出现的主题：在诗歌方面，荷马的《伊利亚特》讲述了特洛伊战争，赫西俄德的《神谱》讲述了诸神之间的战争；在历史方面，希罗多德的《历史》呈现的是希腊人与波斯人之间的战争，修昔底德的《伯罗奔尼撒战争史》呈现的是斯巴达与雅典之间的战争。即使是在尼采所憎恶的苏格拉底以来的西方形而上学传统中，战争主题也有着意味深长的重要性。柏拉图特意为理想国设置了卫士这一阶层，并将其比作血统纯正的牧犬，强调他们一定要对自己人温顺，对敌人凶狠（*Republic*，375a1 – c5，439e1 – 440d5）。[②] 亚里士多德将战争与和平的技艺视为自由人的政治生活中的重要部分（*Politica*，1254b29 – b31），他不仅设想了理想城邦的人口应以多少为宜，还要求立法者注意城邦的军事力量，因为城邦要过政治生活而不是孤立的生活（*Politica*，1265a19 – a27），并特别强调，城邦的卫士若要抗击敌人，应保持海陆运输的便捷（*Politica*，1326b36 – 1327b15）。

在基督教传统中，我们确实能看到尼采所说的"憎恨战争"的倾向。在基督教的早期，伊格纳修（Ignatius）、德尔图良（Tertullian）、奥利金（Origen）均以"爱你的仇敌"这一诫命秉守了一种接近于非暴力不抵抗的立场，甚至有大量士兵在皈依了基督教之后因为坚持这一教义而扔掉武器，拒绝战斗。然而，到了安布罗斯（Ambrose）与奥古斯丁的时候，尤其在奥古斯丁那里，基督教开始与公民身份、爱国主义联结起来。[③] 随着

---

① 〔德〕尼采：《论道德的谱系》，第 18 页。

② 亚里士多德对柏拉图这一观点的批判，可参见 Aristotle, *Politica*，1327b38 – 28a16。

③ Alexander Gillespie, *A History of the Laws of War*：Volume Ⅰ（Oxford and Portland, Oregon：Hart Publishing Ltd. , 2011），p. 21.

罗马帝国的基督教化以及教会的政治、社会影响的增长，神学家们开始为暴力的运用提出正当化理由，这最终在正义战争理论的形成过程中起到了重大作用。虽然很多人相信，奥古斯丁后来发展了安布罗斯就战争问题所提出的一些观点，但大多数人仍坚持，基督教关于正义战争的理论传统应追溯至奥古斯丁。① 这表明，在基督教关于战争问题的思考中，奥古斯丁构成了一个极为重要的起点。

不过，在奥古斯丁这里，与和平相对的战争绝不止人与人之间的外在战争，还有内在战争，即人的心灵内部的战争。他明确表示，战争（bellum）是事物之间的对抗与冲突（*adversitatem atque conflictum*），而所有战争中最严重、最残酷的莫过于意志与激情以及激情与意志之间的对抗（*voluntas sic adversa est passioni et passio voluntati*）。② 这一说法不仅将人心内部的战争纳入"战争"范畴，而且表明，奥古斯丁真正关心的战争乃是人的心灵内部的战争，即灵肉之争。兰根（John Langan）注意到，理解奥古斯丁的正义战争理论的关键在于理解奥古斯丁所说的道德秩序的修复，而这种秩序在根本上是心灵的正确的内在秩序。③ 马塔克斯（John Mark Mattox）亦指出，作为战争之特点的争斗无外乎作为每一个体之特点的灵肉之争的社会对应物而已。④ 依此理路，人与人之间的外在战争无外乎人的心灵内部的战争的外在反映与必然结果而已。

这种思路对我们的启示是，作为西方思想中的一个重要母题，"战争"涉及的不仅是人与人、族群与族群、主权与主权之间的外在战争，而且是人的心灵的内部战争，而外在战争最终不过是内部战争的表现而已。这种思路反映的是将政治身份与人的本质相分离的去政治化趋势⑤与关注人的内在深

---

① Mohammad Taghi Karoubi, *Just or Unjust War?* (Burlington: Ashgate Publishing Company, 2005): 61–62. 对照 Kevin Carnahan, "Perturbations of the Soul and Pains of the Body: Augustine on Evil Suffered and Done in War," *The Journal of Religious Ethics* 36 (2008): 271。

② 〔古罗马〕奥古斯丁：《上帝之城》（下），吴飞译，上海三联书店，2009，第168页。

③ John Langan, "The Elements of St. Augustine's Just War Theory," *The Journal of Religious Ethics* 12 (1984), p. 25.

④ John Mark Mattox, *Saint Augustine and the Theory of Just War* (London, New York: Continuum, 2006), p. 38.

⑤ Hannah Arendt, *Between Past and Future: Six Exercises in Political Thought* (New York: The Viking Press, 1961), pp. 143–171.

度的内向化趋势①，以及这两种趋势的统一。西美尔的宗教理论也是这种
思路的一个展示：他的宗教哲学的重心在于内在宗教性，实质上就是宗教
人的个体生命本身的存在；他的宗教社会学的重心在于外在宗教性，实质
上就是内在宗教性分化之后的产物。正如内在宗教性无法直接、无中介地
表现生命本身一样，外在宗教性不可避免地掺杂着其他的形式与内容，所
以，正如康德所提出的"纯善"理念一样，西美尔所说的"纯粹"的宗
教性，不论是内在的，还是外在的，最终都将是一种潜能或理想，而永远
无法在经验世界中实现。西美尔显然对此了然于心，在他这里，所谓永久
和平恰恰是一种生命冷漠的表现，因为生命本身无时无刻不处于战争之
中，这是生命为了追求纯粹之显现而必然会产生的悲剧。在赫拉克利特那
里，战争并无任何目的论的意图，战争等于存在本身，因为若无形而上的
对立者，无一物可存在。因此，对他来说，询问战争的目的是荒谬至极
的，因为战争即存在（war simply is）。② 同样，我们也可以说，对西美尔
而言，生命即战争，无论是生命的新旧形式之间的战争，还是生命本身与
形式之间的战争。

　　西美尔认为，对生命来说，生命的真实标志就是绝对意义上的斗争
（Kaupf），它包括斗争与和平的对立，而绝对的和平，虽然可能涵括了这
种对立，却依然是一种神圣的奥秘。③ 他以生命的生成性、动态性、过程
性复制了黑格尔的精神辩证法，但是，他取消了黑格尔式的"和解"或
"终结"，而认为生命的悲剧是无法消除的，因为生命无法直接、无中介地
表现自身。也就是说，生命不得不以"有"来表达"是"，且不可能达成
黑格尔式的完成时态。

　　埃克斯罗德曾经批评科塞将西美尔的《生命直观：先验论四章》视为
失败作品的看法。他认为，科塞没有意识到的是，对西美尔而言，辩证式
的思维是一种态度，其中，张力与矛盾并不是要解决的。相反，矛盾表示
着人类生命的复杂性，个体与集体之间的张力表现了辩证思想者的生命体

---

① Charles Taylor, *Sources of the Self: The Making of the Modern Identity* (Cambridge, Massachusetts: Harvard University Press, 2001), pp. 127 – 142.

② John Mark Mattox, *Saint Augustine and the Theory of Just War*, p. 82.

③ Georg Simmel, "Der Konflikt der modernen Kultur," *GSG* 16, 1999, S. 205 – 207.

验。① 科塞将《生命直观：先验论四章》视为失败作品的原因正是埃克斯罗德视之为成功的原因。在此意义上，我们也可以将生命统一理解为对个体人格的不懈追求，它绝不意味着绝对的和平，而只是意味着在无休无止的生命冲突中坚持个体生命的深度。西美尔这样写道：

> 宗教作为众多的生命元素之一，必须与其他的元素相适应，并与它们发展出一种相互关系，从而证明生命的统一与整体性。另一方面，对我们整个经验生活而言，宗教作为一种对立的等价物，它由自身出发表现与平衡着整体生命。在这个意义上，宗教同时是生命的一个环节与一个完整的机体（Organismus），一个存在的部分与存在自身。在生命中，它与所有其他的内容都处于最多元与最矛盾的关系中，但同时，它又超越于生命，因此，在其顶端，它超越了自身，平息了所有的冲突——在这些冲突中，它本身只是生命的一种元素。人们可以相反的方式将这种固有（矛盾）的和解方式表现出来。人需要宗教以消解需要与满足之间的矛盾，应然（Sollen）与行动（Tun）之间的矛盾，理想的世界图景与现实之间的矛盾。但是，宗教并不单单停留在这种和解中，它也回落到斗争状态，其中，它既是对垒中的一方，又是法官。然而，它又超越于这些冲突，将自身提升为更高的权威。它在自身中解决了自身所产生的二元论，并因此无时无刻不是统一或发展中的统一。显然，这是一个无穷的过程，人们不可能保持在生命和生命自身完满的统一与生命和宗教的统一。毋宁说，迷雾仿佛从灵魂的深谷中再次冉冉上升，并日趋浓密，成为这样一种形态：它们再次发生斗争，并与宗教生命相对立，即使是在一个更高的裁判面前。但是，一个更高的跳跃以及与绝对者更深层的关系再次成为需要，以超越纷争，而后者则发生于刚获得的整合与再次超越它的元素或力量之间。但是，一旦宗教被理解为一种无休止的任务，或者一种每一阶段均突破边界、超越自身的发展过程，现代人就可以再次接近宗教。因为这不仅是它的本质，即不是在上帝中平息一切的矛盾，而是要求以宗教——与上帝的主体联系——解决自身生命的矛盾；而且和解性权威自身也并不会停留或凝固在超越一切矛盾的安宁中。矛盾

---

① Charles David Axelrod, *Studies in Intellectual Breakthrough*: *Freud*, *Simmel*, *Buber*（Amherst：University of Massachusetts Press, 1979），p. 54.

总是不断地产生，又不断地得到克服。①

由此，我们也可以理解哈贝马斯为什么断定，狄尔泰、柏格森与西美尔等人的生命哲学虽然突破了先验主体概念，以带有活力论色彩的生命力或意识流代替了先验综合的创造功能，但他们并未摆脱意识哲学的表现模式②，因为所有的冲突、争斗、战争最终都融入了生命的洪流之中。

西美尔一方面肯定了现代人满足宗教需要的出路是回归无外在形式的宗教性；另一方面，又怀疑内在宗教性（实质上就是人格性）作为纯粹的内在形式在现实中实现的可能性。在这个意义上，我们可以断定，西美尔并未完全否定建制宗教在现代文化中的合法性，尽管他笃信这种宗教在相当大的程度上已经失去了说服力。但是在此，我们不得不面临西美尔的一个矛盾：内在宗教性意在为现代社会中的宗教（客观宗教）指明出路，但是，这种出路本身乃是对宗教的一种变相的放弃。因为即使回归生命的内在形式（不论在现实中有没有可能），（客观）宗教的地位问题也没有解决，而是仍然存在。西美尔承认了现代人的宗教需要，却又反过来将这种需要视为宗教性分化的产物：他明显对现存的客观宗教没有信心。因此，他面临的是这样一种双重的尴尬：他意欲建构一种内在宗教性的生命宗教，却发现这种宗教在理论上、现实中都不可能；他试图限制客观宗教的作用而凸显生命宗教的合理性，却不得不承认，前者在理论上、现实中必然长期继续存在。

他的宗教理论试图做的就是在文化理论的框架中突破现代文化，这也注定了他的思路会显得犹疑不定。关于客观宗教，西美尔一方面认为，它是现代"文化的危机"的一个表现，是一种与个体生命相对立的独立存在，会在现代文化中遭遇衰落的必然命运；另一方面又指出，客观宗教仍然能够以教义内容的更替发展来满足大众的宗教需要，因此，他并未否定这种宗教将长期存在的可能性。关于宗教性，西美尔一方面认为，宗教存在（作为生命整体性存在的内在宗教性）的分化使社会宗教性与客观宗教成为可能，在《宗教的地位问题》与《灵魂的拯救》等论文中，他主张回归纯粹的内在宗教性，希望现代人在宗教教义、信条、机构皆已衰微的

---

① Georg Simmel, "Die Gegensätze des Lebens und die Religion," *GSG* 7, 1995, S. 302–303.
② 〔德〕哈贝马斯：《现代性的哲学话语》，曹卫东等译，译林出版社，2004，第 164~165 页。

情境下，依然能够去体悟生命的深度，这是一种没有外在对象的活生生的生命宗教；另一方面，在《现代文化的冲突》中，对他所提出的生命宗教的方案，西美尔又不无无奈地指出，内在宗教性总是不可避免地指向具有外在形式的信仰对象，这是由"文化的冲突"决定的，也是现代人不得不面对的命运。

在这样的阐释中，西美尔对宗教与宗教性始终秉持一种辩证的态度：他肯定了客观宗教必然衰落的文化命运，却并未否定它存在的合理性，这也是他虽然提出要回归内在宗教性，却仍不断论及宗教教义、教会建制的原因所在；他肯定了生命宗教方案的合理性，却并未否定它的非现实性，这也是他虽然提出灵魂拯救的个人主义方式，却仍怀疑生命直接显现自身的可能性的原因所在。由于对宗教性（生命宗教性与社会宗教性）和宗教（生命宗教和客观宗教）的双重区分，西美尔可以根据研究需要而转换于二者之间，这也造成了他的宗教理论的一些含混之处。我们总是能够发现，他在不同的宗教之间，也在不同的宗教性之间回返往复。在这一过程中，他又一直坚持：不存在纯粹的客观－外在宗教，因为它总是与其他的形式与内容混合在一起；也不存在纯粹的主观－内在宗教，因为内在宗教性一旦脱离原初的同一性（而这是必然的），便再也无法直接地显现自身了，这是生命不可撤销的悲剧。

参考文献

中文文献

〔意〕阿奎那，托马斯，2013，《神学大全·第一集·第6卷》，段德智译，商务印书馆。

〔美〕阿伦特，汉娜，2009，《人的境况》，王寅丽译，上海人民出版社。

〔德〕埃利亚斯，诺贝特，2003，《个体的社会》，翟三江、陆兴华译，译林出版社。

〔德〕埃利亚斯，诺贝特，2016，《文明的进程》，王佩莉，袁志英译，上海译文出版社。

〔古罗马〕奥古斯丁，2005，《论三位一体》，周伟驰译，上海人民出版社。

〔日〕北川东子，2002，《齐美尔：生存形式》，赵玉婷译，河北教育出版社。

〔美〕贝格尔，1991，《神圣的帷幕》，高师宁译，上海人民出版社。

〔美〕贝格尔，2003，《天使的传言》，高师宁译，中国人民大学出版社。

〔美〕贝拉，罗伯特，2005，《宗教与美利坚共和国的正当性》，孙尚扬译，载苏国勋、刘小枫主编《社会理论的知识学建构》，上海三联书店。

〔德〕毕尔格，2004，《主体的隐退》，陈良梅等译，南京大学出版社。

〔法〕布尔迪厄、〔美〕华康德，1998，《实践与反思：反思社会学导引》，李猛、李康译，中央编译出版社。

陈戎女，2006，《西美尔与现代性》，上海书店出版社。

成伯清，1999，《格奥尔格·齐美尔：现代性的诊断》，杭州大学出版社。

〔法〕德里达，雅克，2006，《解构与思想的未来》，夏可君编校，吉林人民出版社。

〔法〕笛卡尔，勒内，2010，《第一哲学沉思集》，庞景仁译，商务印书馆。

〔英〕厄尔曼，沃尔特，2011，《中世纪政治思想史》，夏洞奇译，译林出版社。

范丽珠、陈纳、Madsen，Weller、郑筱筠，2010，《制度性宗教 VS 分散性宗教》，《世界宗教文化》第 5 期。

〔英〕费瑟斯顿，1992，《格奥尔格·齐美尔专辑评介》，何义译，《国外社会科学》第 2 期。

〔法〕福柯，米歇尔，1999，《必须保卫社会》，钱翰译，上海人民出版社。

〔法〕福柯，米歇尔，2003，《不正常的人》，钱翰译，上海人民出版社。

〔法〕福柯，米歇尔，2012，《规训与惩罚》，刘北成、杨远婴译，三联书店。

〔法〕福柯，米歇尔，2011，《生命政治的诞生》，莫伟民、赵伟译，上海人民出版社。

〔英〕福特，大卫，2005，《现代神学家》，董江阳、陈佐人译，道风书社。

〔英〕弗里斯比，大卫，2003，《现代性的碎片：齐美尔、克拉考尔和本雅明作品中的现代性理论》，卢晖临、周怡、李林艳译，商务印书馆。

〔美〕弗林斯，曼弗雷德，2006，《舍勒的心灵》，张志平、张任之译，上海三联书店。

〔德〕哈贝马斯，尤尔根等，2013，《对于缺失的意识》，郁喆隽译，商务印书馆。

〔德〕哈贝马斯，尤尔根，2000，《合法化危机》，刘北成、曹卫东译，上海人民出版社。

〔德〕哈贝马斯，尤尔根，2004，《现代性的哲学话语》，曹卫东等译，译林出版社。

〔澳〕哈里森，彼得，2016，《科学与宗教的领地》，张卜天译，商务印书馆。

〔德〕海德格尔，马丁，2000，《存在与时间》，陈嘉映，王庆节译，三联书店。

〔德〕海德格尔，马丁，2004，《林中路》，孙周兴译，上海译文出版社。

〔德〕海德格尔，马丁，2009，《路标》，孙周兴译，商务印书馆。

〔德〕海德格尔，马丁，2014，《尼采》（上、下），孙周兴译，商务印书馆。

〔德〕海德格尔，马丁，2009，《时间概念史导论》，欧东明译，商务印书馆。

〔德〕海德格尔，马丁，2014，《同一与差异》，孙周兴、陈小文、余明峰译，商务印书馆。

〔德〕海德格尔，马丁，2010，《形而上学导论》，熊伟、王庆节译，商务印书馆。

〔古希腊〕赫西俄德，2013，《工作与时日神谱》，张竹明、蒋平译，商务印书馆。

〔美〕赫希曼，阿尔伯特，2014，《自我颠覆的倾向》，贾拥民译，商务印书馆。

〔德〕黑格尔，2006，《精神哲学》，杨祖陶译，人民出版社。

〔德〕黑格尔，2014，《逻辑学》（下），杨一之译，商务印书馆。

〔德〕黑格尔，2014，《小逻辑》，贺麟译，商务印书馆。

〔德〕黑格尔，2013，《哲学史讲演录》，贺麟、王太庆译，商务印书馆。

〔美〕拉莫尔，霍姆斯，2005，《卢曼的社会分化理论述略》，载苏国勋、刘小枫主编《社会理论的诸理论》，上海三联书店。

〔英〕吉登斯，安东尼，2011，《现代性的后果》，田禾译，黄平校，译林出版社。

〔法〕吉尔松，艾蒂安，2008，《中世纪哲学精神》，沈清松译，上海人民出版社。

汲喆，2009，《礼物交换作为宗教生活的基本形式》，《社会学研究》第3期。

〔德〕伽达默尔，2013，《诠释学Ⅰ：真理与方法》，洪汉鼎译，商务印书馆。

〔德〕伽达默尔、〔法〕德里达等，2014，《德法之争：伽达默尔与德里达的对话》，孙周兴、孙善春编译，商务印书馆。

〔德〕康德，伊曼努尔，2010，《纯粹理性批判》，邓晓芒译，杨祖陶校，人民出版社。

〔德〕康德，伊曼努尔，2010，《实践理性批判》，邓晓芒译，杨祖陶校，人民出版社。

〔德〕康德，伊曼努尔，2011，《纯然理性限度内的宗教》，李秋零译，中国人民大学出版社。

〔美〕科塞，刘易斯，2007，《社会思想名家》，石人译，上海人民出版社。

〔德〕拉辛格，约瑟夫，2002，《基督教导论》，静也译，雷立柏校，上海三联书店。

〔法〕勒高夫，雅克，2014，《试谈另一个中世纪》，周莽译，商务印书馆。

李猛，1999，《论抽象社会》，《社会学研究》第 1 期。

〔美〕利文斯顿，詹姆斯，1998，《现代基督教思想——从启蒙运动到第二届梵蒂冈公会议》，何光沪译，四川人民出版社。

林端，2002，《儒家伦理与法律文化》，中国政法大学出版社。

刘小枫，1998，《现代性社会理论绪论》，上海三联书店。

〔匈〕卢卡奇，格奥尔格，2005，《理性的毁灭》，程志民等译，江苏教育出版社。

〔德〕卢克曼，托马斯，2003，《无形的宗教：现代社会中的宗教问题》，覃方明译，中国人民大学出版社。

〔德〕卢曼，尼古拉斯，2005，《信任：一个社会复杂性的简化机制》，翟铁鹏、李强译，上海人民出版社。

〔德〕卢曼，尼古拉斯，1998，《宗教教义与社会演化》，刘锋、李秋零译，道风书社。

〔法〕卢梭，让－雅克，2007，《人与人之间不平等的起因和基础》，李平沤译，商务印书馆。

〔英〕罗素，伯特兰，2013，《宗教与科学》，徐奕春、林国夫译，商务印书馆。

〔德〕洛维特，卡尔，2002，《世界历史与救赎历史》，李秋零译，三联书店。

〔德〕洛维特，卡尔，2006，《从黑格尔到尼采》，李秋零译，三联书店。

〔德〕马克思，2000，《1844 年经济学哲学手稿》，人民出版社。

〔英〕马仁邦，约翰，2015，《中世纪哲学：历史与哲学导论》，吴天岳译，北京大学出版社。

〔德〕迈尔，海因里希，2004，《古今之争中的核心问题》，林国基译，华夏出版社。

〔美〕麦奎利，2014，《探索人性》，何光沪、高师宁译，道风书社。

〔法〕莫斯，2005，《礼物：古式社会中交换的形式与理由》，汲喆译，上海人民出版社。

〔德〕尼采，2009，《查拉图斯特拉如是说》，孙周兴译，上海人民出版社。

〔德〕尼采，2007《偶像的黄昏》，卫茂平译，华东师范大学出版社。

〔德〕尼采，2011，《权力意志》（上、下卷），孙周兴译，商务印书馆。

倪梁康，1994，《现象学及其效应：胡塞尔与当代德国哲学》，三联书店。

〔英〕欧克肖特，2019，《宗教、政治与道德生活》，张铭、姚仁权译，上海译文出版社。

〔美〕帕利坎，2009，《大公教的形成》，翁绍军译，华东师范大学出版社。

〔法〕帕斯卡尔，2013，《思想录：论宗教和其他主题的思想》，何兆武译，商务印书馆。

渠敬东，1999，《缺席与断裂：关于失范的社会学研究》，上海人民出版社。

〔英〕瑞泽尔，乔治，2009，《布莱克维尔社会理论家指南》，凌琪等译，江苏人民出版社。

〔美〕萨林斯，2019，《人性的西方幻象》，王铭铭编选，赵丙祥等译，三联书店。

〔德〕舍勒，马克斯，2004，《伦理学中的形式主义与质料的价值伦理学》，倪梁康译，三联书店。

〔德〕舍勒，马克斯，1999，《舍勒选集》（上、下卷），刘小枫选编，上海三联书店。

〔德〕舍勒，马克斯，1996，《死 永生 上帝》，孙周兴译，道风书社。

〔德〕施路赫特，沃尔夫冈，2004，《理性化与官僚化》，顾忠华译，广西师范大学出版社。

〔德〕施米特，卡尔，2008，《霍布斯国家学说中的利维坦》，应星、朱雁冰译，华东师范大学出版社。

〔美〕斯达克，罗德尼，2003，《信仰的法则》，杨凤岗译，中国人民大学出版社。

苏国勋，2005，《社会理论与当代现实》，北京大学出版社。

孙尚扬，2001，《宗教社会学》，北京大学出版社。

〔加〕泰勒，查尔斯，2016，《世俗时代》，张容南等译，上海三联书店。

〔加〕泰勒，查尔斯，2001，《现代性的隐忧》，程炼译，中央编译出版社。

〔德〕特洛尔奇，恩斯特，1998，《基督教理论与现代》，朱雁冰译，道风书社。

〔英〕特斯特，基思，2010《后现代性下的生命与多重时间》，李康译，北京大学出版社。

〔法〕涂尔干，埃米尔，2003，《乱伦禁忌及其起源》，汲喆等译，上海人民出版社。

〔法〕涂尔干，埃米尔，2000，《社会分工论》，渠东译，三联书店。

〔法〕涂尔干，埃米尔，1995，《社会学方法的准则》，狄玉明译，商务印书馆。

〔法〕涂尔干，埃米尔，2002，《社会学与哲学》，渠栋译，上海人民出版社。

〔法〕涂尔干，埃米尔，1999，《宗教生活的基本形式》，渠东、汲喆译，上海人民出版社。

〔法〕托克维尔，阿历克西，2012，《旧制度与大革命》，冯棠译，商务印书馆。

〔法〕托克维尔，阿历克西，2009，《论美国的民主》，董国良译，商务印书馆。

〔德〕韦伯，马克斯，2004，《经济与历史 支配的类型》，康乐、简惠美译，广西师范大学出版社。

〔德〕韦伯，马克斯，2007，《新教伦理与资本主义精神》，康乐、简惠美译，广西师范大学出版社。

〔德〕韦伯，马克斯，2004，《学术与政治》，钱永祥等译，广西师范大学出版社。

〔德〕韦伯，马克斯，2004，《中国的宗教 宗教与世界》，康乐、简惠美译，广西师范大学出版社。

〔德〕韦伯，马克斯，2005，《宗教社会学》，康乐、简惠美译，广西师范大学出版社。

〔法〕韦尔南，让－皮埃尔，2001，《神话与政治之间》，余中先译，三联书店。

〔法〕韦尔南，让－皮埃尔，2012，《希腊思想的起源》，秦海鹰译，北京大学出版社。

〔英〕希林，克里斯，〔英〕梅勒，菲利普，2009，《社会学何为?》，李康译，北京大学出版社。

〔德〕西美尔，格奥尔格，2002，《货币哲学》，陈戎女等译，华夏出版社。

〔德〕西美尔，格奥尔格，2000，《金钱、性别、现代生活风格》，顾仁明等译，学林出版社。

〔德〕西美尔，格奥尔格，1991，《桥与门：齐美尔随笔集》，涯鸿等译，上海三联书店。

〔德〕西美尔，格奥尔格，2003，《生命直观：先验论四章》，刁承俊译，三联书店。

〔德〕西美尔，格奥尔格，2009，《叔本华与尼采》，朱雁冰译，上海人民出版社。

〔德〕西美尔，格奥尔格，2003，《现代人与宗教》，曹卫东等译，中国人民大学出版社。

夏瑰琦、徐昌治编，1996，《圣朝破邪集》，建道神学院。

〔英〕休谟，大卫，2014，《人性论》（上），关文运译，商务印书馆。

〔美〕亚历山大，杰弗里，2005，《分化理论：问题及其前景》，载苏国勋、刘小枫主编《社会理论的诸理论》，上海三联书店。

〔美〕亚历山大，杰弗里，2003，《新功能主义及其后》，彭牧、史建华、杨渝东译，译林出版社。

余英时，2001，《中国近世宗教伦理与商人精神》，安徽教育出版社。

余英时，2004，《现代儒学的回顾与展望》，三联书店。

〔美〕詹姆斯，威廉，2005，《宗教经验种种》，尚新建译，华夏出版社。

外文文献

Abraham，M. Francis. 1989. *Sociological Thought：From Comte to Sorokin，Marx，Spencer，Pareto，Durkheim，Simmel，Weber，Mannheim.* Bristol，IN.：Wyndham Hall Press.

Arendt，Hannah. 1961. *Between Past and Future：Six Exercises in Political Thought.* New York：The Viking Press.

Aristotle. 1925. *The Works of Aristotle*，Vol. IX. Translated by W. D. Ross，St. George Stock，and J. Solomon. Oxford：Clarendon Press.

Atoji，Yoshio. 1984. *Sociology at the Turn of the Century：On G. Simmel in Comparison with F. Tönnies，M. Weber and É. Durkheim.* Translated by Y. Atoji，K. Okazawa and T. Ogane. Tokyo：Dobunkan Publishing Co.，Ltd.

Backhaus，Gary. 2003. "Husserlian Affinities in Simmel's Later Philosophy of History：The 1918 Essay." *Human Studies* 26：223 – 258.

Beck，Ulrich and Elisabeth Beck – Gernsheim. 2002. *Individualization：Institutionalized Individualism and its Social and Political Consequences.* London：SAGE Publications.

Beck，Ulrich. 2010. *A God of One's Own.* Translated by Rodney Livingstone. Cambridge：Polity Press.

Bellah，Robert. 1988. "Civil Religion in America." *Daedalus* 3：97 – 118.

——1988. "Comment：Twenty Years after Bellah：Whatever Happened to American Civil Religion？" *Sociological Analysis* 2：147.

——2007 "Democracy in America Today：Preface to the 2007 Edition of 'Habits of the Heart'." *Sociology of Religion* 2：213 – 217.

——2007. "Ethical Politics：Reality or Illusion？" *Daedalus* 4：59 – 69.

——2007. "Reading and Misreading 'Habits of the Heart'." *Sociology of Religion* 2: 189 – 193.

——2011. *Religion in Human Evolution: From the Paleolithic to the Axial Age.* Cambridge, Massachusetts: Belknap Press of Harvard University Press.

—— 2006. *The Robert Bellah Reader.* Durham and London: Duke University Press.

Berger, Peter. 2001. "Reflections on the Sociology of Religion Today." *Sociology of Religion* 62: 443 – 454.

Berman, Hraold. 1983. *Law and Revolution I: The Foundation of the Western Legal Tradition.* Cambridge, MA: Cambridge University.

Bird, Colin. 1999. *The Myth of Liberal Individualism.* Cambridge: Cambridge University Press.

Cantó Milà, Natàlia. 2005. *A Sociological Theory of Value: Georg Simmel's Sociological Relationism.* Bielefeld: Transcript.

Carnahan, Kevin. 2008. "Perturbations of the Soul and Pains of the Body: Augustine on Evil Suffered and Done in War." *The Journal of Religious Ethics* 36: 269 – 294.

Casanova, Jose. 1994. *Public Religions in the Modern World.* Chicago and London: The University of Chicago Press.

Coser, Lewis A., eds. 1965. *Georg Simmel.* Englewood Cliffs, N. J.: Prentice – Hall.

Dabbelaere, Karel. 2000. "From Religious Sociology to Sociology of Religion: Towards Globalisation?" *Journal for the Scientific Study of Religion* 39: 433 – 447.

David, Ashley. 2001. *Sociological Theory: Classical Statements.* Boston: Allyn and Bacon.

Drozdek, Adam. 2007. *Greek Philosophers as Theologians.* Aldershot, England: Ashgate; Burlington, VT.

Epstein, Steven. 2009. *An Economic and Social History of Later Medieval Europe, 1000 – 1500.* Cambridge, New York: Cambridge University Press.

Foucault, Michel. 1980. *Power/Knowledge: Selected Interviews and Other Writings* 1972 – 1977. Edited by Colin Gordon. New York: Pantheon Books.

——2009. *Security*，*Territory*，*Population*. Translated by Graham Burchell. New York：Palgrave Macmillan.

——2011. *The Courage of Truth*. Translated by Graham Burchell. London：Palgrave Macmillan.

——2005. *The Hermeneutics of the Subject*. Translated by Graham Burchell. New York：Palgrave Macmillan.

Frisby，David. 1994. *Georg Simmel*：*Critical Assessments*. London：Routledge.

——2002. *Georg Simmel*：*Revised Edition*. London：Routledge.

——1992. *Simmel and Since*：*Essays on Georg Simmel's Social Theory*. London & New York：Routledge.

——1992. *Sociological Impressionism*：*A Reassessment of Georg Simmel's Social Theory*. London：Routledge.

Funkenstein，Amos. 1986. *Theology and the Scientific Imagination*. Princeton：Princeton University Press.

Gentile，Emilio. 2006. *Politics as Religion*. Translated by George Staunton. Princeton：Princeton University Press.

Geyer，Carl – Friedrich. 1991. "Georg Simmel：eine Religion der Immanenz." *Zeitschrift für Philosophische Forschung* 45：186 – 208.

Gillespie，Alexander. 2011. *A History of the Laws of War*：Volume I. Oxford and Portland，Oregon：Hart Publishing Ltd.

Glock，Charles. 1961. "Review." *The American Journal of Sociology* 66：394.

Gordon，Marshall. 1993. *In Search of the Spirit of Capitalism*：*An Essay on Max Weber's Protestant Ethic Thesis*. Aldershot，Hampshire：Gregg Revivals.

Habermas，Jürgen. 1996. "Georg Simmel on Philosophy and Culture：Postscript to a Collection of Essays." Translated by Mathieu Deflem. *Critical Inquiry* 22：403 – 414.

Harrington，Austin. 2008. "A Sociology of the Demonic：Alfred Weber's Concept of 'Immanent Transcendence." *Journal of Classic Sociology* 8：89 – 108.

——2006. "Social Theory and Theology." In *Handbook of Contemporary European Social Theory*，edited by Gerard Delanty，pp. 37 – 49. London and New York：Routledge.

Heidegger，Martin. 1983. *Einführung in die Metaphysik*. Frankfurt am Main：

Vittorio Klostermann.

——2006. *Identität und Differenz.* Frankfurt am Main： Vittorio Kloster-
mann.

Helle， Horst Jürgen. 2001. *Georg Simmel： Einführung in seine Theorie und
Methode.* München： Oldenbourg.

Jalbert， E. John. 2003. "Time， Death， and History in Simmel and Hei-
degger. " *Human Studies* 26： 259 – 283.

Jaworski， Gary Dean. 1997. *Georg Simmel and the American Prospect.* Albany：
State University of New York Press.

Johansson， Thomas. 2000. *Social Psychology and Modernity.* Buckingham &
Philadelphia： Open University Press.

Kaern， Michae. 1990. *Georg Simmel and Contemporary Sociology.* Dordrecht：
Kluwer Academic Publishers.

Karoubi， Mohammad Taghi. 2005. *Just or Unjust War?* Burlington： Ash-
gate Publishing Company.

Kracauer， Siegfried. 1995. *The Mass Ornament： Weimar Essays.* Cambridge，
MA： Harvard University Press.

Krech， Volkhard. 2000. "From Historicism to Functionalism： The Rise
of Scientific Approaches to Religions around 1900 and Their Socio – Cultural
Context. " *Numen* 47： 244 – 265.

——1998. *Georg Simmels Religionstheorie.* Tübingen： Mohr Siebeck.

Laermans， Rudi. 2006. "The Ambivalence of Religiosity and Religion：
A Reading of Georg Simmel. " *Social Compass* 53： 479 – 489.

Langan， John. 1984. "The Elements of St. Augustine ' s Just War
Theory. " *The Journal of Religious Ethics* 12： 19 – 38.

Lasn， Scott. 1999. *Another Modernity： A Different Rationality.* Oxford：
Blackwell Publishers Ltd.

Leck， Ralph Matthew. 2000. *Georg Simmel and Avant – garde Sociology： The
Birth of Modernity.* Amherst， N. Y. ： Humanity Books.

Levine， Donald Nathan. 1995. *Visions of the Sociological Tradition.* Chicago：
University of Chicago Press.

Liebersohn， Harry. 1988. *Fate and Utopia in German Sociology，* 1870 –

1923. Cambridge, Mass. : MIT Press.

Lukes, Steven. 1973. *Émile Durkheim: His Life and Work.* London: Allen Lane.

MacIntyre, Alasdair. 2007. *After Virtue: A Study of Moral Theory.* Notre Dame, Indiana: University of Notre Dame Press.

Marshall, Gordon. 1993. *In Search of the Spirit of Capitalism: An Essay on Max Weber's Protestant Ethic Thesis.* Aldershot: Gregg Revivals.

Mattox, John Mark. 2006. *Saint Augustine and the Theory of Just War.* London, New York: Continuum.

McCole, John. 2005. "Georg Simmel and the Philosophy of Religion." *New German Critique* 94: 8 – 35.

Megill, Allan. 1985. *Prophets of Extremity: Nietzsche, Heidegger, Foucault, Derrida.* Berkeley and Los Angeles, California: University of California Press.

Milbank, John. 2006. *Theology and Social Theory: Beyond Secular Reason.* Maden: Blackwell Publishing.

Mila, Natalia Canto. 2005. *A Sociological Theory of Value: Georg Simmel's Sociological Relationism.* Bielefeld: Transcript.

Nisbet, Robert. 1961. "Review." *Review of Religious Research* 2: 137.

Pickering, W. S. F. eds. 1984. *Durkheim's Sociology of Religion: Themes and Theories.* London: Routledge and K. Paul.

——2001. *Émile Durkheim: Critical Assessments of Leading Sociologists.* London & New York: Routledge.

Plato. 1997. *Plato Complete Works.* Edited by John M. Cooper. Indianapolis, Cambridge: Hackett Publishing Company, Inc. .

Poggi, Gianfranco. 1993. *Money and the Modern Mind: George Simmel's Philosophy of Money.* Berkeley: University of California Press.

Pohlmann, Friedrich. 1987. *Individualität, Geld und Rationalität: Georg Simmel zwischen Karl Marx und Max Weber.* Stuttgart: Ferdinand Enke Verlag.

Pyyhtinen, Olli. 2010. *Simmel and "The Social".* New York: Palgrave Macmillan.

Ritzer, George. 1996. *Classical Sociological Theory.* New York: McGraw – Hill.

Roberts, Keith. 2004. *Religion in Sociological Perspective.* Belmont, CA : Wadsworth.

Scaff, Lawrence A. . 1989. *Fleeing the Iron Cage.* Berkeley: University of California Press.

Scheler, Max. 1994. *Ressentiment.* Translated by Lewis B. Coser & William W. Holdheim. Milwaukee Wisconsin: Marquette University Press.

Scott, John. 2007. *Fifty Key Sociologists: The Contemporary Theorists.* New York: Routledge.

Sellerberg, Ann – Mari. 1994. *A Blend of Contradictions: Georg Simmel in Theory and Practice.* New Brunswick, N. J. : Transaction Publishers.

Simmel, Georg. 1968. *The Conflict in Modern Culture and Other Essays.* Translated by K. Peter Etzkorn. New York: Teachers College Press.

——1955. *Conflict.* Translated by Kurt H. Wolff. New York: Free Press.

——1997. *Essays on Religion.* Edited and translated by Horst Jürgen Helle & Ludwig Nieder. New Haven: Yale University Press.

——1991. *Formal Sociology: The Sociology of Georg Simmel.* Edited by Larry Ray. Aldershot, Hants: E. Elgar.

——1988 – 2017. *Gesamtausgabe.* Frankfurt am Main: Suhrkamp.

——1971. *On Individuality and Social Forms: Selected Writings.* Edited by Donald N. Levine. Chicago: University of Chicago Press.

——2005. *Rembrandt: An Essay in the Philosophy of Art.* Translated and edited by Alan Scott and Helmut Staubmann. New York: Routledge.

——1997. *Simmel on Culture: Selected Writings.* Edited by David Frisby and Mike Featherstone. Thousand Oaks, Calif: Sage Publications.

——1923. *Soziologie: Untersuchungen über die Formen der Vergesellschaftung.* München: Duncker & Humblot.

——1990. *The Philosophy of Money.* Edited by David Frisby, Translated by Tom Bottomore and David Frisby. London; New York : Routledge.

——1964. *The Sociology of Georg Simmel.* New York: Free Press.

——1984. *Georg Simmel on Women, Sexuality, and Love.* Translated by Guy Oakes. New Haven: Yale University Press.

Spykman, Nicholas J. 2004. *The Social Theory of Georg Simmel.* New Brunswick, N. J.: Transaction Publishers.

　　Starr, E. Bradley. 1996. "The Tragedy of the Kingdom: Simmel and Troeltsch on Prophetic Religion." *The Journal of Religious Ethics* 24: 141 – 167.

　　Swatos, William H. 1989. "Religious Sociology and the Sociology of Religion in America at the Turn of the Twentieth Century." *Sociological Analysis* 50: 363 – 375.

　　Taylor, Charles. 2001. *Sources of the Self: The Making of the Modern Identity.* Cambridge, Massachusetts: Harvard University Press.

　　Trevino, Javier. 1998. "On Durkheim's Religion and Simmel's 'Religiosity'." *Journal for Scientific Study of Religion* 37: 191 – 196.

　　Turner, Bryan S. 1996. *The Early Sociology of Religion.* New York: Routledge.

　　Voegelin, Eric. 2000. *The Collected Works of Eric Voegelin*, Vol. 15: *Order and History*, Vol. 2: *The World of the Polis.* Columbia and London: University of Missouri Press.

　　Wallace, Ruth. 1999. *Contemporary Sociological Theory: Expanding the Classical Tradition.* New Jersey: Prentice Hall.

　　Weber, Max. 1958. *From Max Weber: Essays in Sociology.* New York: Oxford University Press.

　　——2002. *The Protestant Ethic and the "Spirit" of Capitalism and Other Writings.* Translated & edited by Peter Baehr & Gordon C. Wells. New York: Penguin Books.

　　Weinstein, Deena and Michael Weinstein. 1993. *Postmodern (ized) Simmel.* London: Routledge.

　　Wood, Matthew. 2010. "The Sociology of Spirituality: Reflections on a Problematic Endeavor." In *The New Blackwell Companion to The Sociology of Religion*, edited by Bryan S. Turner, pp. 267 – 283. Malden, MA: Wiley – Blackwell.

　　Yang, C. K. 1967. *Religion in Chinese Society: A Study of Contemporary Social Functions of Religion and Some of Their Historical Factors.* Berkeley: University of California Press.

索　引

图书在版编目（CIP）数据

西美尔的宗教理论研究／邵铁峰著. -- 北京：社
会科学文献出版社，2021.11
国家社科基金后期资助项目
ISBN 978 - 7 - 5201 - 8291 - 1

Ⅰ.①西…　Ⅱ.①邵…　Ⅲ.①格奥尔格·齐美尔（
Georg Simmel 1858 - 1918）- 宗教学 - 研究　Ⅳ.
①B516.59 ②B920

中国版本图书馆 CIP 数据核字（2021）第 073223 号

·国家社科基金后期资助项目·

西美尔的宗教理论研究

著　　者／邵铁峰

出 版 人／王利民
责任编辑／袁卫华　罗卫平
责任印制／王京美

出　　版／社会科学文献出版社·人文分社（010）59367215
　　　　　地址：北京市北三环中路甲 29 号院华龙大厦　邮编：100029
　　　　　网址：www.ssap.com.cn
发　　行／市场营销中心（010）59367081　59367083
印　　装／三河市龙林印务有限公司

规　　格／开　本：787mm×1092mm　1/16
　　　　　印　张：13.25　字　数：220 千字
版　　次／2021 年 11 月第 1 版　2021 年 11 月第 1 次印刷
书　　号／ISBN 978 - 7 - 5201 - 8291 - 1
定　　价／128.00 元